基本法釋法問題探究
從法理學角度剖析

白晟 著

商務印書館

本書原名《香港基本法解釋問題研究 —— 以法理學為視角》，
經中國政法大學出版社授權獨家出版發行。

基本法釋法問題探究 —— 從法理學角度剖析

作　　者：白　晟
責任編輯：張宇程
封面設計：楊愛文
出　　版：商務印書館 (香港) 有限公司
　　　　　香港筲箕灣耀興道 3 號東滙廣場 8 樓
　　　　　http://www.commercialpress.com.hk
發　　行：香港聯合書刊物流有限公司
　　　　　香港新界大埔汀麗路 36 號中華商務印刷大廈 3 字樓
印　　刷：陽光印刷製本廠有限公司
　　　　　香港柴灣安業街 3 號新藝工業大廈 6 字樓 G 及 H 座
版　　次：2015 年 4 月第 1 版第 1 次印刷
　　　　　© 2015 商務印書館 (香港) 有限公司
　　　　　ISBN 978 962 07 6557 5
　　　　　Printed in Hong Kong

序

　　白晟是我指導的比較法學專業博士生，本書以作者的博士學位論文為主體。與我指導的其他博士生選取比較民商法研究方向作為論文選題不同，作者選取了比較憲法學研究方向的香港基本法解釋問題作為論文題目。作者選題直面中國乃至國際具有重大理論和實際意義的法律問題，筆路藍縷，努力探索，應予肯定。

　　香港基本法是具有原創性的中國法律，是鄧小平對中國和世界政治及法律制度的重大貢獻。香港基本法解釋問題不僅對政治學、經濟學和哲學等學科有重大的理論和現實意義，而且對法學及其中的憲法學、比較法學等專業具有特殊的意義。就比較法學而言，香港基本法本身是不同法系融合的產物，對香港基本法的研究有助於我們近距離地了解和研究普通法法系的傳統和文化；內地的法治正在加速現代化建設，普通法法系重視法律程序和技術的優點可以為我們提供很好的借鑒。更為重要的是，從 1997 年 7 月 1 日起，香港法制已經融入中國法制，即使從中國法制發展的角度，我們也應加強對香港基本法的研究。中國法學會比較法學研究會 2009 年年會曾對"一國兩制的理論與成功實踐"進行了專門討論。但總體而言，目前內地對香港基本法的研究現狀與該問題的重要性不成比例。

　　本書作者嘗試"小題大做"，分別從解釋主體、對象、體制、方法和實踐等方面對香港基本法解釋問題進行了較全面的探討。其中注重具體案例、注重不同主體的法律實踐的研究方法符合比較法學研究的發展方向，儘管書中不乏可以討論之處，但此種努力值得肯定。

值得指出的是，香港終審法院於 2011 年 6 月 30 日依據《中華人民共和國香港特別行政區基本法》第 158 條第 3 款的規定，提請全國人大常委會對香港基本法第 13 條第 1 款和第 19 條進行解釋，這是香港回歸祖國 14 年後的第一次。全國人大常委會於 2011 年 8 月 26 日通過了《關於〈中華人民共和國香港特別行政區基本法〉第 13 條第 1 款和第 19 條的解釋》。這既說明了本書主題的現實意義，也反映了作為香港基本法主要解釋主體的香港終審法院和全國人大常委會之間的良性互動。

本書的研究是一個良好的開始，也是作者深思熟慮的成果。香港基本法解釋問題的最新發展值得中國的法學研究者高度關注，其中的許多問題值得進一步深入探討。熱切希望作者將香港基本法解釋問題的研究深入下去、繼續努力，做出更大的貢獻。

潘漢典

於中國政法大學比較法學研究院

目錄

序 / i

前言 / 1

第一章　香港基本法的定位 —— 解釋對象的辨析 / 15

第一節　關於法律解釋對象的一般認識 / 16
一、辨析作為法律解釋對象的香港基本法的必要性 / 16
二、研究法律解釋對象應予考慮的因素 / 17

第二節　香港基本法之謎 —— 對傳統分類理論的挑戰 / 20
一、法的一般分類理論中的"不一般"對象 / 21
二、法的特殊分類理論中的"特殊"問題 / 23
三、法系視角下的混合身份 / 25
四、歷史類型中的灰色地帶 / 26

第三節　一種新的定位介紹 —— 政治憲法學的視角 / 28
一、討論的背景 / 29
二、香港回歸的實質 —— 恢復主權行使 / 30
三、制定香港基本法 —— 在香港建構國家主權 / 32
四、"不成文憲法"的法理學基礎 / 33

第四節　基於法學立場的思考：香港基本法的定位初識 / 36
一、香港基本法在法的淵源體系中的定位 / 38
二、法律體系中的香港基本法 —— 與其他基本法律的比較 / 40
三、一種新型的國家結構 —— 複雜單一制 / 41
四、香港基本法可定位為"憲法性法律" / 46

第二章　香港基本法解釋主體的角色探討 / 51

第一節　研究香港基本法解釋主體的必要性 / 52

一、關於法律解釋主體的一般認識 / 52

二、中國原有的法律解釋主體範圍的突破與豐富 / 57

第二節 香港法院的發展歷史和架構 / 59

一、香港的政制變遷 / 59

二、香港法制的形成與特點 / 60

三、香港特別行政區法制的基本結構 / 63

四、香港特別行政區的法院架構 / 69

第三節 香港終審法院的解釋角色適應 / 72

一、香港終審法院的設立是香港回歸前後司法體制的最大變化 / 72

二、有關香港特別行政區終審法院的問題及解決 / 74

三、香港終審法院的功能分析與"制度真空" / 76

四、香港終審法院在"吳嘉玲案"中的角色錯位 / 78

第四節 全國人大常委會解釋角色的變化 / 84

一、中國法律解釋體制中立法解釋的新變化 / 84

二、全國人大常委會的解釋權激活和性質變化 / 85

三、立法機關行使司法解釋權的實踐考察 —— 以英國為例 / 89

四、啟示和反思 / 95

第三章　香港基本法解釋權配置的解讀：
　　　　　法學方法論的視角 / 99

第一節 有關香港基本法解釋條款的形成 / 101

一、起草過程中的爭議 / 101

二、最終設計與妥協 / 104

第二節 香港基本法第 158 條的文本解釋 / 108

一、文字釋義 / 108

二、結構分析 / 112

三、合憲性解釋 / 117

第三節 香港基本法第 158 條的系統解釋 / 120

一、體系解釋 / 120

二、法意探尋 / 124

第四節 香港基本法解釋權配置的理論概括 / 130

一、香港基本法解釋權的性質 / 130

二、全國人大常委會解釋香港基本法與香港司法終審的關係 / 132

三、香港基本法解釋的場合 / 133

四、解釋香港基本法的根據 / 135

五、香港基本法解釋權配置的理論概括 / 142

第四章 香港基本法解釋技術的分析：
以解釋方法為例 / 147

第一節 關於法律解釋技術的一般認識 / 148

一、法律解釋技術的內涵 / 148

二、"技藝理性"與"自然理性"的辨析 / 151

三、法律解釋技術的內容 / 156

四、法律技術的局限 / 160

第二節 普通法法系應用層次的法律解釋方法 / 163

一、法律解釋三大規則 / 163

二、其他解釋規則 / 174

三、憲法解釋 / 176

第三節 對香港終審法院在"居港權系列案"中應用的解釋
方法的考察與分析 / 184

一、技術分析本身需要技術：對兩位憲法學者分析的評價 / 184

二、香港法院的自我陳述 / 188

三、解釋衝突源自內部分歧還是外部分歧：一種過程的考察 / 195

四、終審法院是技術"錯誤"還是判斷"失誤"？ / 199

第四節 民法法系的解釋方法 / 204

一、古羅馬的法律解釋 / 204

二、中世紀的法律解釋 / 207

三、近現代民法法系的法律解釋 / 208

第五節 全國人大常委會的解釋方法 / 212

一、全國人大常委會釋法的提起 / 213

二、全國人大常委會第一次釋法與評價 / 217

三、全國人大常委會釋法的發展 / 227

第五章 香港基本法解釋實踐的考察與評價 / 235

第一節 關注香港基本法解釋實踐 —— 方法論的啟示 / 236

一、比較法學方法發展的一個趨勢 / 237

二、中國法律社會學的興起和發展 / 243

三、憲法學研究中的實踐關注 —— 重讀龔祥瑞 / 251

第二節 香港特區終審法院解釋實踐的解讀與評價 / 256

一、香港特區終審法院解釋香港基本法的實踐考察 / 256

二、解釋衝突的原因探尋 / 262

三、香港法院法律解釋制度的變化 / 277

第三節 全國人大常委會解釋實踐的解讀與評價 / 280

一、全國人大常委會解釋實踐考察 / 280

二、全國人大常委會解釋制度的成長 / 288

三、解釋體制完善與法律觀念更新 / 293

第四節 憲政新意與法學反思 / 296

一、香港基本法解釋的實踐互動 / 296

二、成長中的香港基本法 —— 憲政新意 / 300

三、方法論的思考 —— 波斯納法官的啟示 / 308

四、法學反思：實踐法律觀的呼喚 / 316

結論 / 329

參考文獻 / 333

後記 / 345

前　言

根據意大利法學家羅道爾夫・薩科（Rodolfo Sacco）的觀點，從法律起源來講，法律變化有首創性革新和模仿兩大類。前者的例子有英國衡平法院法官所最先承認的信託財產制（Trust）以及斯堪的納維亞國家所首創的巡視官制（Ombudsman）。他還認為，"在所有的法律變化中，也許只有千分之一是首創性革新"。[1] 沈宗靈教授認為，"一國兩制"的原則可以説是當代中國所首創的一個政治和法律原則的卓越例證。[2]《中華人民共和國香港特別行政區基本法》（以下標題簡稱"香港基本法"，正文簡稱《基本法》）是根據"一國兩制"原則創制的具有原創性的法律，它於 1997 年 7 月 1 日正式生效，迄今已實施了 18 個年頭。其間，《基本法》的兩大解釋主體的解釋實踐及衝突與互動值得特別關注：

（一）全國人大常委會的香港基本法解釋權規定與實踐

全國人大常委會對基本法的解釋權在《基本法》第 158 條第 1款中有明確規定。但如從實踐角度考察全國人大常委會的特別行政區基本法解釋權，結果是耐人尋味的。筆者在《北大法寶・中國法律檢索系統》上以"全國人大常委會"為"發佈部門"，以"解釋"作為"標題關鍵詞"進行檢索，得到如下 30 項結果：[3]

1. 全國人大常委會關於《中華人民共和國民法通則》第

1　有關薩科的觀點見 R. Sacco, "Legal Formants: A Dynamic Approach to Comparative Law", *American Journal of Comparative Law*, 1991, vol. 39, p.398，轉引自沈宗靈：《比較法研究》，北京大學出版社，1998 年版，第 513 頁。
2　沈宗靈前引書，第 513 頁。
3　《北大法寶・中國法律檢索系統》，載"北大法律信息網"（http://www.pkulaw.cn），瀏覽時間：2015 年 1 月 26 日。

九十九條第一款、《中華人民共和國婚姻法》第二十二條的解釋。

2. 全國人大常委會關於《中華人民共和國刑事訴訟法》第二百七十一條第二款的解釋。

3. 全國人大常委會關於《中華人民共和國刑事訴訟法》第二百五十四條第五款、第二百五十七條第二款的解釋。

4. 全國人大常委會關於《中華人民共和國刑事訴訟法》第七十九條第三款的解釋。

5. 全國人大常委會關於《中華人民共和國刑法》第二百六十六條的解釋。

6. 全國人大常委會關於《中華人民共和國刑法》第三百四十一條、第三百一十二條的解釋。

7. 全國人大常委會關於《中華人民共和國刑法》第三十條的解釋。

8. 全國人大常委會關於《中華人民共和國刑法》第一百五十八條、第一百五十九條的解釋。

9. 全國人大常委會法制工作委員會關於司法解釋集中清理工作情況的報告。

10. 全國人大常委會關於《中華人民共和國澳門特別行政區基本法》附件一第七條和附件二第三條的解釋。

11. 全國人大常委會關於《中華人民共和國香港特別行政區基本法》第十三條第一款和第十九條的解釋。

12. 全國人大常委會關於《中華人民共和國刑法》有關出口退稅、抵扣稅款的其他發票規定的解釋。

13. 全國人大常委會關於《中華人民共和國刑法》有關文物的規定適用於具有科學價值的古脊椎動物化石、古人類化石的解釋。

14. 全國人大常委會法制工作委員會關於申請解釋固體廢物污

染環境防治法第七十七條有關規定的答覆意見。

15. 全國人大常委會關於《中華人民共和國香港特別行政區基本法》第五十三條第二款的解釋。

16. 全國人大常委會關於《中華人民共和國刑法》有關信用卡規定的解釋。

17. 全國人大常委會關於《中華人民共和國香港特別行政區基本法》附件一第七條和附件二第三條的解釋。

18. 全國人民代表大會常務委員會關於《中華人民共和國刑法》第九章瀆職罪主體適用問題的解釋。

19. 全國人大常委會關於《中華人民共和國刑法》第三百一十三條的解釋。

20. 全國人民代表大會常務委員會關於《中華人民共和國刑法》第二百九十四條第一款的解釋。

21. 全國人民代表大會常務委員會關於《中華人民共和國刑法》第三百八十四條第一款的解釋。

22. 全國人大常委會關於《中華人民共和國刑法》第二百二十八條、第三百四十二條、第四百一十條的解釋。

23. 全國人大常委會關於《中華人民共和國刑法》第九十三條第二款的解釋。

24. 全國人民代表大會常務委員會關於《中華人民共和國香港特別行政區基本法》第二十二條第四款和第二十四條第二款第（三）項的解釋。

25. 全國人民代表大會常務委員會關於《中華人民共和國國籍法》在澳門特別行政區實施的幾個問題的解釋。

26. 全國人民代表大會常務委員會關於《中華人民共和國國籍法》在香港特別行政區實施的幾個問題的解釋。

27. 全國人大常委會辦公廳關於經濟特區法規適用區域問題的解釋。

28. 全國人大常委會法制工作委員會對"特定礦種"和"國家規定實行保護性開發的特定礦種"的法律適用解釋意見。

29. 全國人民代表大會常務委員會關於加強法律解釋工作的決議。

30. 全國人大常委會關於解釋法律問題的決議 [失效]。

對上述 30 項略作分析可以發現：①第 30 項已經失效，實際有效的解釋為 29 項；②第 9、14、27、28 項的主體為全國人大常委會辦公廳或法制工作委員會，這些解釋的實效不成問題，但法律效力並非沒有爭議，畢竟與全國人大常委會自身的解釋有所區別；[4] ③第 29 項屬於全國人大常委會的授權決定；④第 1-8、12-13、16、18-23 項是關於民法和刑法（含刑事訴訟法）的解釋，其中除第 1 項外其餘都是刑法解釋；⑤其餘的第 11、15、17、24-26 項都是有關特別行政區基本法的。

需要說明的是，上述結果並不等於全國人大常委會法律解釋的全部。因為全國人大常委會的有些解釋是以"決議"或"決定"的名義發佈的。王振民教授曾就全國人大常委會解釋憲法的實踐進行過研究，比如全國人大常委會於 1983 年 9 月 2 日通過的《關於國家安全機關行使公安機關的偵查、拘留、預審和執行逮捕的職權的決定》應該說是一項憲法解釋。[5] 考慮到此種情況，可以將上述結果限定為以"全國人大常委會"的名義和明確冠以"解釋"名稱的

4　筆者在全國人民代表大會官方網站"中國人大網"的《法律法規庫》同樣以"全國人大常委會"為"發佈部門"，以"解釋"作為"標題關鍵詞"進行檢索，得到 26 項結果，其中第 4、17、18 項都不在其內，正好驗證了筆者的看法。

5　王振民：《中國違憲審查制度》，中國政法大學出版社，2004 年版，第 291-293 頁。

解釋，或將其稱之為"正式解釋"（或規範解釋）。

迄今為止，全國人大常委會有效的"正式解釋"有 25 項，其中 1 項是授權解釋。其餘的 24 項解釋中，民法刑法解釋有 18 項，佔到四分之三，有關特別行政區基本法的解釋（含澳門特別行政區）有 6 項，佔四分之一，由此可見特別行政區基本法在全國人大常委會解釋實踐中的重要地位。進一步分析會發現，如果不考慮特別行政區基本法實施前的第 25、26 項解釋，剩餘 4 項解釋都是有關《香港基本法》的解釋實踐。

由此帶來的問題是：《香港基本法》有關全國人大常委會解釋權的原意是甚麼？全國人大常委會為甚麼會如此關注《香港基本法》的解釋問題？如何理解和認識全國人大常委會的解釋實踐？

（二）香港特區[6] 法院 —— 特別是終審法院的香港基本法解釋權規定與實踐

香港特區法院 —— 特別是終審法院的《基本法》解釋權在《基本法》中也有明確規定（《基本法》第 158 條第 2、3 款）。其中第 158 條第 3 款明確規定了香港終審法院的提請解釋義務。截至 2005 年，香港特區法院已解釋了三分之一的《基本法》條款，[7] 而香港終審法院從未提請過一次。時至 2011 年 5 月，香港終審法院仍未提請過一次。這種現象肯定不是《基本法》的初衷。問題出在哪裏？是實踐中從未發生過需要提請解釋的問題，還是《基本法》規定出現了明顯漏洞？是提請解釋的客觀條件不成就，還是香港終審法院主觀上不願意提請解釋？如果香港終審法院故意規避《基本法》的

6　本書的"特區"特指"特別行政區"，澳門特區亦指"澳門特別行政區"。

7　梁愛詩：〈基本法爭議難預知〉，載《文匯報》，2005 年 5 月 5 日。轉引自王振民：〈論回歸後香港法律解釋制度的變化〉，載《政治與法律》，2007 年第 3 期。

明確規定而不提請解釋，我們應如何看待《基本法》的有關規定？是坐視其被虛置，還是加以修改抑或另找出路？

此外，香港特區法院，特別是終審法院在解釋《基本法》實踐中發展了"違憲審查權"。如何認識這種"違憲審查權"？是《基本法》中暗含着或"潛伏"着這種"違憲審查權"，還是香港特區法院，特別是終審法院巧妙或隱蔽地實施了越權或"篡權"？

（三）全國人大常委會和香港終審法院在《基本法》解釋實踐中的衝突和互動

在"吳嘉玲案"[8]中，香港終審法院於 1999 年 1 月 29 日的判決書中宣稱，"法院有司法管轄權去審核全國人民代表大會或人大常委會的立法行為是否符合《基本法》，倘若發現其抵觸《基本法》時，有權宣佈此等行為無效"。由此引發內地"四大護法"猛烈批評。[9]香港終審法院於 1999 年 2 月發佈了"澄清聲明"。[10]同年 6 月，應香港特區行政長官的請求，[11]國務院向全國人大常委會提出解釋請求，全國人大常委會作出了關於《基本法》的"解釋"。"解釋"明確指出，"終審法院在判決前沒有依照《基本法》第 158 條第 3 款的規定請全國人大常委會作出解釋，而終審法院的解釋又不符合

---

8 香港特區終審法院：〈"吳嘉玲案"判決書〉（Ng Ka-Ling and others v. Director of Immigration），FACV14/1998、FACV15/1998、FACV16/1998，載"香港特區司法機構網站"（http://www.judiciary.gov.hk），瀏覽時間：2011 年 3 月 12 日。

9 內地四名曾參加《基本法》起草工作的著名法學家蕭蔚雲、邵天任、王叔文和許崇德於 1999 年 2 月 6 日對終審法院的判決發表了措詞強硬的批評。參見新華社新聞稿："內地法律專家對終審法院判決的意見"，載佳日思、陳文敏、傅華伶主編：《居港權引發的憲法爭論》，香港大學出版社，2000 年版，第 55-60 頁。

10 香港特區終審法院：〈"吳嘉玲案"終審法院"聲明"〉（Ng Ka-Ling and others v. Director of Immigration），FACV000014AY/1998，載"香港特區司法機構網站"（http://www.judiciary.gov.hk），瀏覽時間：2011 年 3 月 23 日。

11 香港行政長官：〈香港行政長官向國務院提交的報告〉，載"香港特別行政區政府基本法網站"（http://www.basiclaw.gov.hk），瀏覽時間：2011 年 2 月 20 日。

立法原意"。[12] 這一次解釋衝突被許多人稱之為"憲政衝突"。我們應如何看待這次解釋衝突？衝突的原因究竟如何？在《基本法》框架內是否能夠避免此類衝突？

更值得關注的是，解釋衝突還在繼續。在"莊豐源案"[13]中，香港三級法院堅持普通法的解釋方法（嚴格的字面解釋），駁回了入境處處長的請求。2001年7月22日，即終審法院判決後的第3天，全國人大常委會法工委發言人發表談話："香港特區終審法院的判決，與1999年6月26日全國人大常委會《關於〈中華人民共和國香港特別行政區基本法〉第22條第4款和第24條第2款第3項的解釋》不盡一致，我們對此表示關注。"[14] 這種不一致明顯屬於解釋衝突。我們應如何評價這種不一致或解釋衝突的持續？

有關問題還包括：全國人大常委會解釋《基本法》是否應限於自治範圍以外的條款？如何確定自治範圍以外的條款？應該依據甚麼標準來確定自治範圍以外的條款？是否應有專門的解釋程序？等等。

值得欣慰的是，2011年6月8日，香港終審法院就"剛果民主共和國案"[15]達成3:2多數判決，決定根據《基本法》第158條第3款提請全國人大常委會就《基本法》第13條第1款和第19條進行

12　全國人大常委會：《關於〈中華人民共和國香港特別行政區基本法〉第22條第4款和第24條第2款第3項的解釋》，載"中國人大網"（http://www.npc.gov.cn），瀏覽時間：2011年3月23日。

13　香港終審法院：〈"莊豐源案"終審判決書〉（Chong Fung-yuen v.The Director of Immigration），FACV26/2000，載"香港特區司法機構網站"（http://www.judiciary.gov.hk）；另見前引網站，〈"莊豐源案"原審判決書〉，HCAL67/1999，〈"莊豐源案"上訴審判決書〉，CACV 61/2000，瀏覽時間：2011年3月12日。

14　〈人大法工委發言人發表談話〉，載"人民網"（http://www.people.com.cn），瀏覽時間：2011年3月18日。

15　香港終審法院：〈"剛果民主共和國案"判決書〉（Democratic Republic of the Congo and Others v.FG Hemisphere Associates LLC），FACV 5、6&7/2010，載"香港特區司法機構網站"（http://www.judiciary.gov.hk），瀏覽時間：2011年9月10日。

解釋，這是香港回歸後終審法院首次提請解釋。全國人大常委會認為，香港特別行政區終審法院提請解釋的做法符合《中華人民共和國香港特別行政區基本法》第 158 條第 3 款的規定。2011 年 8 月 26 日，第十一屆全國人大常委會第二十二次會議通過了關於《中華人民共和國香港特別行政區基本法》第 13 條第 1 款和第 19 條的解釋。這可視為《基本法》實施以來，香港終審法院與全國人大常委會就《基本法》解釋規定的一次良性互動。如果注意觀察可以發現，香港上訴法院原訴法庭、上訴法庭和終審法院之間以及各級法院內部各法官之間關於提請全國人大常委會解釋的問題存在很大的爭議，[16] 由此也說明，有關香港終審法院提起解釋的問題仍具有重大的理論和現實意義。

無疑，上述問題屬於真正的中國的法律問題，中國的法學界無法迴避也不應迴避這些問題。

誠如梁治平先生所言，透過這些法律上已有的和可能的爭議，我們可以了解到"一國兩制"所面臨的某些重大問題，而這些問題並不只是香港的，它們同時也是中國的。這並不是一個象徵性的說法，因為自 1997 年開始，香港不只在名義上，而且在政治上和法律上也成為中國的一個部分；為香港政制奠定基礎的《基本法》也不只是香港特區的法律，它還是中國的法律，是中國現行法制尤其是憲政秩序的一個部分。因為這個緣故，受到"釋法"影響的便不只是香港特別行政區和《基本法》，也包括中國現行的政治和法律

16　高等法院上訴法庭：〈"剛果民主共和國案"判決書〉(Democratic Republic of the Congo and Others v. FG Hemisphere Associates LLC)，CACV 373/2008 & CACV 43/2009，載"香港特區司法機構網站"(http://www.judiciary.gov.hk)，瀏覽時間：2011 年 9 月 10 日。高等法院原訴法庭：〈"FG 半球聯營公司案"判決書〉(FG Hemisphere Associates LLC v. Democratic Republic of the Congo and Others)，HCMP 928/2008，載"香港特區司法機構網站"(http://www.judiciary.gov.hk)，瀏覽時間：2011 年 9 月 10 日。

制度。[17]

　　曾任全國人大常委會副秘書長、基本法委員會主任的全國人大法律委員會主任委員喬曉陽認為，香港、澳門的成功實踐，已經充分證明："一國兩制"不僅是一個充滿智慧的偉大構想，而且具有極強的實踐性和強大的生命力。

　　鄧小平在評價作為"一國兩制"法律化文件的《基本法》時指出："你們經過將近五年的辛勤勞動，寫出了一部具有歷史意義和國際意義的法律。說它具有歷史意義，不只對過去、現在，而且包括將來；說國際意義，不只對第三世界，而且對全人類都具有長遠意義。這是一個具有創造性的傑作。"鄧小平的這段話十分精闢地指出了"一國兩制"及《基本法》的偉大意義。

　　首先，從歷史看，"一國兩制"不僅是史無前例的嶄新事業，而且必將對未來產生深遠影響。可以說，這種影響絕不只是可以預見的幾十年，而必將是十分長遠的。

　　其次，從國際看，"一國兩制"的意義遠遠超出國界，不僅影響發展中的第三世界，而且也影響發達國家，影響全人類，是全人類的共同財富。可以說，"一國兩制"是中華民族對世界和人類文明的眾多貢獻中的又一項偉大貢獻，為世界解決這類問題提供了新的思維和典型範例。

　　最後，從影響的領域看，"一國兩制"不僅在政治、法律方面，而且在經濟、哲學、文化等各個方面，都具有極其深刻的影響。可以說，"一國兩制"不僅是對人類政治制度和政治理論、法律制度和法學理論（不僅是憲法學、行政法學，而且是法理學等各

17　梁治平：〈"一國兩制"與中國的憲政制度建設〉，載梁治平：《法治十年觀察》，上海人民出版社，2009 年版，第 234 頁。

個法學領域）提出了重大挑戰，而且也是對經濟制度和經濟學理論、哲學思想和人的思維方式等都提出了重大挑戰。"一國兩制"是解放思想、實事求是的典範，是原則性與靈活性高度統一的典範，充分體現了求同存異、開放包容精神，充分體現了和平和諧、合作共贏的思想。因此，"一國兩制"不僅是一個極其豐富的政治學、法學理論寶庫，也是一個極其豐富的經濟學、哲學、文化等理論寶庫，值得我們認真挖掘。[18]

梁治平認為，《基本法》的解釋實踐在中國憲政制度建設的歷史上開創了一個新的局面。

首先，"一國兩制"本身就是一個全新的構想，而把這一構想付諸實踐，逐一落實到政治和法律的層面，這種嘗試在中國近代以來的憲政發展史上可以說前所未有，具有劃時代的意義。對於有志於推動中國的法治和憲政事業的人來說，這是一次機會，也是一個挑戰，要成功應對這一挑戰，不但需要政治上的智慧和勇氣，而且需要成熟的、法律上的技藝。

其次，作為一個地方政府的香港特區政府，其與中央人民政府的關係通過《憲法》和《基本法》加以確定，這在中國社會主義憲政史上也是一個極其重要的發展。儘管在比較憲法的一般理論和實踐上，中央與地方的關係是典型的憲法問題，但是傳統上，我們很少把它們當作憲法問題來處理。然而在依法治國的原則下，中國未來的政治發展有必要也有可能進一步地法律化，在這方面，實施《基本法》的經驗並非不能借鑒。

再次，《基本法》既是一部憲法性法律，更是一部具有充分可

18　喬曉陽：〈深刻理解"一國兩制"的偉大意義〉，載陳弘毅：《香港特別行政區的法治軌跡》，中國民主法制出版社，2010 年版，序言。

適用性的法律。因此,《基本法》不但在香港的政治、法律和社會生活中伸手可觸,在中國的憲政秩序中也是一個新鮮而活潑的因素。《基本法》實施不過十幾年,人大釋法便有四次。[19]無論人們對這四次釋法的政策結果如何評價,其法律上的意義無可否認。釋法把政治問題和社會問題法律化,圍繞釋法而產生的討論和互動更使人們把注意力集中到法律機制的完善和發展方面,在這個過程中,中國的憲政制度獲得了發展的機會。

最後,由《基本法》連接起來的法制具有相當不同的法律文化淵源,《基本法》的實施則為雙方通過接觸、對話和互動而彼此了解和互相學習,提供了一個重要場所,許多人都意識到,在諸如"釋法"一類問題上產生的歧見,很大程度上是因為法律文化的衝突所致。要弭平衝突,協調不同的法律文化,使之兼容乃至互補,既需要時間和耐心,也需要善意和寬容。而從積極的方面看,兩種法律文化的相遇和融合,為轉型時期的中國了解和學習先進的法律制度,進而推動中國憲政制度的建設,提供了一個難得的機會。

總之,有關人大釋法的實踐並不只是為我們提供了一個生動的個案,幫助我們了解"一國兩制"實行過程中面臨的某些基本的法律問題,更重要的是,它創造了一種能夠激活現存憲政秩序的機制,從而提供一個新的契機,使更多憲政層面上的制度實踐和制度創新成為可能,而這無論是對香港的政治和法律發展,還是對整個中國的憲政制度建設,都具有重要意義。因為"一國兩制"能否成功,最終取決於"一國"與"兩制"這兩個元素之間是否和協,而這種和協只有在憲政制度不斷發展和完善的基礎上方可能達成。[20]

19　梁治平的文章發表於全國人大常委會第三次釋法之後,但文中提到的研究香港基本法解釋和實施的意義同樣適用於現在。

20　梁治平前引書,第 235-236 頁。

梁治平呼籲：現在到了認真對待《基本法》的時候了。中國的憲法學家們在談到美國聯邦最高法院的裁決時如數家珍，對"馬伯里訴麥迪遜案"（Marbury v. Madison）更是津津樂道。近年來，他們又開始熱衷於談論"齊玉苓案"（所謂中國的"馬伯里訴麥迪遜案"）、"張先著案"和"孫志剛案"，談論憲法的司法化、司法審查和憲法法院制度。然而，令人不解同時也令人遺憾的是，他們對自己身邊發生的如此重要的憲政制度實踐卻很少關心，很少發言。似乎"一國兩制"以及圍繞香港《基本法》的制度實踐同他們關注和討論的問題沒有直接的關聯。這是一個失誤，這是一種疏忽，這也是一個沒有理由的忽略。這種失誤和忽略會使改革家們在構想和設計改革方案時，失去一個有益的觀照，更會在中國憲政制度建設的思想資源和制度資源的利用方面，造成巨大損失。[21]

不僅如此，由於《基本法》的制度設計，兩地的法律互動、碰撞主要集中在《基本法》的解釋問題上，《基本法》內在要求的法治原則使兩地的分歧、論爭甚至政治衝突也多通過《基本法》解釋得以體現，從而使《基本法》解釋問題成為各種價值觀念、利益、傳統、制度等交匯的中心，重大的解釋爭議往往亂象紛呈、莫衷一是，甚至出現"三個人有五種見解"[22]的奇特景觀。這既反映了作為原創性法律的《基本法》自身的複雜性，也說明我們的研究需要進一步深入的必要性。

正是有感於《基本法》實施中的真實問題和研究《基本法》解釋問題的重要意義，特別是受益於陳弘毅教授的諸多著述，[23]本書

21　梁治平前引書，第 236 頁。
22　林來梵：《對"人大釋法"爭議的除魅——論不能自足的司法制度》，載林來梵：《剩餘的斷想》，中國法制出版社，2007 年版，第 53 頁。
23　陳弘毅教授在內地出版了四部著作：《法治、啟蒙與現代法的精神》（中國政法大學出版社，1998 年版）、《法理學的世界》（中國政法大學出版社，2003 年版）和《香港特別行政區的

擬對"《基本法》解釋問題"進行專門研究。

筆者受蘇力"語境論"[24] 的啟發，嘗試從《基本法》解釋中的問題入手，以法理學為視角進行綜合分析。

法律解釋理論方面，本書主要借鑒孫國華教授的思路[25] 和張志銘教授的研究成果。[26] 筆者嘗試分別從解釋體制、解釋技術和解釋實踐等三個角度對《基本法》的解釋問題進行探討，以期獲得對《基本法》解釋問題比較全面的考察和整體的認識。

本書的結構為：第一章集中討論《基本法》的性質和特點，並嘗試從法學角度對《基本法》進行定位分析；第二章重點探討《基本法》的解釋主體 —— 特別是全國人大常委會的角色轉換和香港

法治軌跡》(中國民主法制出版社，2010 年版) 和《憲法學的世界》(中國政法大學出版社，2014 年版)。此外，作者還發表了〈"一國兩制"的法治實踐：十年的回顧與反思〉(《全國人大》，2007 年第 12 期，第 18-19 頁) 一文以及早期的另外兩篇重要論文：〈終審法院對"無證兒童"案的判決：議會至上和司法審查〉和〈終審法院對"無證兒童"案的判決：對適用《基本法》第 158 條的質疑〉等。梁治平先生曾就《法理學的世界》一書評論道：作者立足香港，放眼天下，他的法理學世界不但包容廣大、豐富多彩，而且極富人間性，而他關於香港政制、法律與社會所寫的篇什最見功力。(陳弘毅前引《法理學的世界》，"梁序"第 I-II 頁。) 筆者深感梁治平的評論不僅適合陳弘毅的《法理學的世界》一書，同樣適合陳弘毅在內地的另外三兩部著作和重要論文。筆者從中受到很多啟發和教益。如果評論不足，只能說作者身為香港學者，其關注點和視角都是從"香港看天下"，對中國的法制和理論都有一些可商榷之處。—— 補註於 2015 年 1 月。

24　有關"語境論"的研究方法，可參見蘇力：〈語境論 —— 一種法律制度研究進路和方法的建構〉，載蘇力：《也許正在發生：轉型中國的法學》，法律出版社，2004 年版，第 233-266 頁。

25　法律解釋包含三個方面的內容：一指說明法律規範的一種行為和過程；二指法律解釋制度；三指法律解釋技術。見孫國華、郭華成：〈法律解釋新論〉，載《政治與法律》，1988 年第 5 期。

26　見張志銘：《法律解釋操作分析》，中國政法大學出版社，1999 年版；論文〈當代中國的法律解釋問題研究〉，載《中國社會科學》，1996 年第 5 期；〈關於中國法律解釋體制的思考〉，載《中國社會科學》，1997 年第 2 期；〈法律解釋概念探微〉，載《法學研究》，1998 年第 5 期。特別是其發表於 2007-2008 年的《法律解釋原理》一文 (張志銘：〈法律解釋原理〉(上、中、下)，載《國家檢察官學院學報》，2007 年第 6 期，2008 年第 1、2 期)，認為應把法律解釋定義為對法律文本意思的理解和說明，其概念主要涉及法律解釋的場合、法律解釋的主體、法律解釋的對象、法律解釋的目標和目的、法律解釋的理論模式等五個方面。法律解釋的基本問題是在對法律的理解和適用中，如何妥善處理法律的確定性和妥當性的關係，這在很大程度上也就是法治視野中的規則制約與人的自由裁量的關係問題。法律解釋的基本內容，包括法律解釋原理、法律解釋技術和法律解釋體制三方面。法律的解釋問題值得關注的一個重要原因，就是概念法學的衰微和近現代法治觀念的轉型和發展。

終審法院的角色適應；第三章主要從規範角度分析《基本法》第
158 條的解釋權配置；第四章從法律技術角度考察普通法法系和民
法法系的法律解釋方法，並在此基礎上對全國人大常委會和香港終
審法院的解釋方法進行考察和評價；最後一章側重對全國人大常委
會和香港終審法院的解釋實踐進行考察和分析，並從方法論和實踐
觀兩個角度對法學進行反思。

第 一 章

香港基本法的定位

——解釋對象的辨析

　　本章集中討論《基本法》的定位問題。《基本法》的定位迄今為止仍然是一個眾說紛紜、莫衷一是的問題。本章從梳理關於法律解釋對象的一般認識開始，探討《基本法》本身對傳統法學的諸多挑戰，介紹一種政治憲法學視角下的新定位，最後給出筆者基於法學立場的定位嘗試。

第一節　關於法律解釋對象的一般認識

一、辨析作為法律解釋對象的香港基本法的必要性

　　本書《基本法釋法問題探究》已經預設了解釋對象為《基本法》，但對解釋對象的辨析並非沒必要。比如，雖然可以在解釋對象為《基本法》的認識上達成共識，但對解釋對象是《基本法》的文字（語詞）還是規範的問題上看法並不相同。而且，在解釋《基本法》發生分歧的時候，必然涉及到《基本法》的制定根據或淵源，從解釋的角度看也就是解釋的輔助材料，香港法院普遍看重《中英聯合聲明》的效力，內地法學家更看重《中華人民共和國憲法》的權威。更為重要的是，作為解釋對象的《基本法》在我國的法律體系中處於甚麼地位？如果是屬於普通法（相對於根本法），當然可以適用一般法律解釋；如果屬於憲法性法律，就應該適用憲法解釋。憲法解釋確實屬於法律解釋，但二者並非完全一致。關於《基本法》的定位問題恰恰是目前學界爭議極大的一個問題。因此，從解釋對象的角度辨析《基本法》不僅是全面分析《基本法》解釋制度和活動的題中應有之意，也是研究《基本法》解釋主體、解釋體制、解釋技術等問題的前提條件。簡而言之，對解釋對象的

辨析，有助於理解實踐中的解釋分歧，有助於選擇更合理的研究視角，也有助於為整個研究奠定堅實的基礎。

二、研究法律解釋對象應予考慮的因素

張志銘教授認為，研究法律解釋對象應區分作為研究對象的"文本"和作為研究目標的"文本的意義"。在此基礎上，張志銘教授細緻地考察了文本和語境材料、解釋的階段性目標和最終目標、法律條文和法律規範、解釋目標和解釋目的、文本解釋的兩種路徑以及法律文本的特點等問題。[1] 筆者認為，其中的文本理論、文本為主兼顧語境材料和對象與目的區分，對本書的研究具有較大參考價值。

（一）文本理論

文本理論源於法國哲學家保羅・利科（Paul Ricoeur），文本理論是通過與對話的對照展開的。首先，利科認為，在說的語言中，說話者總是要說他要說的東西；而在寫的言詞和文本中，說話者的當下性不存在了，只有文本和它的意義，文本成了獨立的東西。說話者不在了，重點就落在了文本及它說的東西上，而不是作者要說的東西了。但是，也不能因此把作者和作者的意向完全排除在解釋的過程之外。作者的意義和文字的意義具有一種辯證關係，它們互相依賴。其次，在說的語言中，聽者是預先由對話關係決定的，而寫的言語是面向求知的讀者，潛在地面向任何能閱讀的人。因此，文本同它產生的社會歷史條件無關，人們對它可以有無限多的閱讀。

文本的意義和重要性是從與它的讀者的辯證關係中派生出來

1　張志銘：〈法律解釋概念探微〉，載《法學研究》，1998 年第 5 期。另參見張志銘：〈法律解釋原理〉（上），載《國家檢察官學院學報》2007 年第 6 期；張志銘：《法律解釋操作分析》，中國政法大學出版社 1999 年版，第 34-36 頁。

的。如果一個文本是為公眾寫的，那麼公眾對文本的反應決定了社會對它的接受，與它在社會中的地位。最後，文本不受直指指稱的限制。意義可分為主觀意義和客觀意義，前者指說話者想說的意思，後者指言語本身的意思。按照德國邏輯學家 F. L. G. 弗萊格（F. L. G. Frege）對意義的區分，意義的客觀方面可再分為含義和指稱。在口語中，指稱最終受對話處境限制，但文本卻沒有對話處境這種當下性。因此，文本指稱就不像口語的指稱那麼確定，在文本中，直指指稱實際上被懸置起來。口語的指稱總是一種既定事實，而文本的指稱卻是一種可能性。[2]

以上三個基本特點，顯然為包括法律文本在內的任何文本所共有。此外，也應該注意研究法律文本的特性。儘管對法律文本特性的完整闡述，是一個需要專門探討而迄今仍為研究者所忽視的、非常有意義的問題，但是，我們還是可以感到法律文本與其他各種文本有明顯的不同。比如與文學作品比較：法律是一種關於人們權利和義務的規範體系，法律文本與文學作品等各種非規範性文本的根本不同，就在於法律文本具有規範性和權威性。法律文本是一種規範化的文本，這表現在它是立法制度或程序運作的產物，而非個人的自由創作；它必須運用規範的立法語言，追求表意上的平實、直接、嚴謹和準確，而不能運用比喻、誇張、擬人等修辭手法，不能運用感嘆號、問號、引號、省略號等標點符號，不能追求個別化的獨特語言風格；它所針對的是法律主體的外部行為，而不能在內心刻畫、感情描述上比高低；它的形成不可能無拘無束，而必然要受到人們關於立法活動的各種"預設"的制約，如立法者應該使用規

2　張汝倫：〈利科〉，載張汝倫：《現代西方哲學十五講》，北京大學出版社，2003年版，第305-308頁。另參見張汝倫：《意義的探尋——當代西方釋義學》，遼寧人民出版社，1986年版，第245-260頁。

範的普通語詞或專門語詞，應該遵行憲法，應該避免荒謬或明顯不公的結果出現，應該不使立法具有溯及既往的效力，等等。

同時，法律文本是一種權威性的文本，在司法裁判的法律適用過程中，解釋者對法律文本的解釋，必須以對法律文本權威的承認為前提，必須服從制度和程序的制約；而且，強調這種制約並不需要擔心被指責為 "專制主義"。這和文學作品是不一樣的，因為在文學領域，認為確立文學作品的意義，是文學批評與文學研究的合法目的這種觀點受到非常嚴厲的批評。那種企圖限制意義生成的語境範圍，或者企圖使作品意義生成那無休無止、不斷推演的不確定過程停止下來的做法，被指責為 "專制主義"。但法律不是這樣，因此理查德‧波斯納（Richard A. Posner）說："法律文本與文學文本之間有巨大的差別。"[3]

（二）解釋對象和目標

法律解釋的對象和目標是兩個不同的概念，前者要回答的問題是 "解釋甚麼"，後者要回答的問題是 "為甚麼解釋"。解釋當然是要發現條文的規範含義，但對後者的不同認識往往會影響對前者的認識。例如，如果解釋者奉行的是 "主觀說"（歷史原意說），認為法律解釋的目標是探求立法者在制定法律時的主觀意圖，那麼他就會把包括立法準備材料在內的各種反映立法者意圖的歷史材料，歸入法律解釋對象的範圍。反之，如果解釋者奉行 "客觀說"（語義原意說），認為法律解釋的目標是探尋體現在法律文本中的客觀的規範含義，那麼他就不會把這些材料歸入解釋對象的範圍。所以解釋者在法律解釋目標上的偏重，也會導致他在解釋材料認識和運用上的偏重。

3　張志銘：〈法律解釋原理〉（上），載《國家檢察官學院學報》，2007 年第 6 期。

（三）法律文本和語境材料

在法律解釋的對象上，應該區分法律文本和語境材料。"文本"是哲學解釋學中廣泛使用的一個術語，按照法國哲學家利科廣為接受的界定，"文本就是任何由書寫所固定下來的話語"，它是語言實現的合理形式之一，是與言談話語相對應的書寫話語。這種區分是非常有意義的。法律文本同樣是一種"書寫話語"。因此，如果認為法律解釋的對象是法律文本，同時又認為其範圍包括法律規範的條文、立法文獻，如立法理由書、草案、審議記錄等，以及立法當時的社會、經濟、政治、技術等附隨情況，那麼就會有不對稱的問題，因為各種"附隨情況"可能會以非文本的形式出現。法律解釋所直接針對的法律文本或法律條文，是狹義的法律解釋對象，而法律條文與各種相關的語境材料一道構成廣義的法律解釋對象。法律解釋在狹義上就是法律文本、法律條文，廣義上才涉及到各種語境材料，這種語境包括書面的，也包括非書面的。一個法律的通過有一定的歷史背景，通過這個法律的情況是怎麼樣的，這個會經常有助於我們對法律的理解。[4]

第二節　香港基本法之謎[5]
——對傳統分類理論的挑戰

有關《基本法》解釋的直接條文是《基本法》第 158 條，根據解釋學循環原理，對《基本法》第 158 條的解釋需以對《基本法》

4　張志銘前引文。

5　此處借用強世功一篇文章的題目"基本法之謎"，載《讀書》，2008 年第 9 期。

的理解和解釋為前提。因此，《基本法》的定位是我們迴避不了的問題。然而，當運用傳統的法的分類理論對《基本法》進行定位分析時，我們將面臨諸多"難題"。

一、法的一般分類理論中的"不一般"對象

法的一般分類是指世界上所有國家的法律都可適用的分類，[6]如國內法和國際法、一般法和特別法等。與其他法的分類，如法的特殊分類、法的歷史類型等相比，法的一般分類適用範圍較廣，作為分類標準，爭議也較小。但《基本法》不僅僅是"特別行政區"的基本法，而且是"特別"類型的法，法的一般分類理論在此遭遇了"不一般"的對象。

1. **國內法和國際法**。這種分類的標準是法的創製和適用主體不同。就《基本法》而論，從國內的角度看，無疑屬於國內法，《基本法》中也有明確規定。但不能否認的是，《基本法》含有國際因素。陳弘毅認為，香港管治權的移轉也涉及國際條約（《中英聯合聲明》）的實施，因此，根本規範的移轉是否可進一步追溯到國際法的層次，也是一個可以探討的課題。[7]

2. **根本法和普通法**。這類分類的標準是法律效力、內容和制定程序不同。一般地說，這種分類主要適用於成文憲法制國家，在實行不成文憲法制國家（如英國），這種分類並不重要，因為具有憲法性內容的法律，在法律地位上與一般法律是相同的。在成文憲法制國家，根本法即憲法，它在一個國家中享有最高的法律地位和最高的法律效力，憲法的內容、制定主體、程序及修改程序都不同

6　張文顯主編：《法理學》（第 3 版），法律出版社，2007 年版，第 140 頁。
7　陳弘毅："《香港特別行政區基本法》的理念、實施與解釋"，載陳弘毅：《法理學的世界》，中國政法大學出版社，2003 年版，第 337-338 頁。

於普通法,而是有比較嚴格的程序要求。普通法指憲法以外的法律,其法律地位和法律效力低於憲法,其制定主體和制定程序不同於憲法,其內容一般涉及調整某一類社會關係,如民法、刑法等等。有人把根本法稱之為"母法",把普通法稱之為"子法"。

憲法是根本法,香港回歸後仍然只有一部憲法,其他為普通法。但問題並不那麼簡單。"香港的憲法"、"小憲法"的説法並非空穴來風。陳弘毅認為,雖然《基本法》不是一個主權國家的憲法,但它的確是一份"憲法性文件",具有憲法性文件的一些典型特徵。它既規劃了香港特別行政區內部的政治體制,包括其立法、司法和行政架構的產生、權力和相互關係,又規範了香港特別行政區和中央政府的關係,包括兩者之間權力分配的原則。此外,它設定了人權保障的制度。[8] 陳弘毅特別比較了內地和香港學者就《基本法》是否應視為"憲法性文件"的不同看法:內地學者認為《基本法》是"基本法律"之一,香港學者普遍認為《基本法》是特區的憲法性法律或憲法性文件。[9] 香港司法界也普遍持與香港法學界同樣的看法,如香港高等法院上訴法庭在"馬維錕案"[10] 的判詞中指出:"基本法不單是國際條約下的成果,也是中國全國性法律和香港特區的憲法。"[11] 在"吳嘉玲案"中,香港終審法院的判詞也有類似的文辭表達。[12]

8　陳弘毅前引書,第 344 頁。

9　陳弘毅前引書,第 344 頁,註 22。

10　香港高等法院上訴法庭:〈"馬維錕案"判決書〉(HKSAR v. Mawai Kwan David and Others),CAQL1/1997,載"香港特區司法機構網站"(http://www. judiciary.gov.hk),瀏覽時間:2011 年 3 月 12 日。

11　原文為英文,即 "The Basic Law is not only a brainchild of an international treaty, the Joint Declaration. It is also a national law of the PRC and the constitution of the HKSAR. 參見 Ng Ka-Ling and others v. Director of Immigration,FACV14/1998,載"香港特區司法機構網站"(http://www. judiciary.gov.hk),瀏覽時間:2011 年 3 月 12 日。

12　前引網站,FACV14/1998、FACV15/1998、FACV16/1998,瀏覽時間:2011 年 2 月 23 日。

　　3. **一般法和特別法**。這類分類的標準是適用的範圍不同。一般法是指針對一般人、一般事、一般時間、在全國範圍普遍適用的法；特別法是指針對特定人、特定事、特定地區、特定時間有效的法律。以人而論，民法是適用於一般人的法，教師法是適用於特定部分人（教師）的法。以事而論，民法適用於一般民事法律行為和事件，收養法則針對收養這一特殊的民事法律行為和事件。以地區而論，民法是適用於全國的法律，特別行政區和經濟特區的法只適用於特別行政區和經濟特區。以時間而論，戒嚴法僅在戒嚴期間生效，其他法律則在修改和廢止以前一直有效。

　　《基本法》是一般法還是特別法呢？對此不能簡單回答，需要具體分析。按照制定機關它是基本法律，適用於全國範圍，無疑屬於一般法或適用於全國範圍的法；但就其內容而言，確實主要適用於香港特區。對人而言，《基本法》既然適用於全國，對全國公民都有效，這種效力主要指義務，但對香港居民而言，則包含權利和義務。因此，有論者指出：通常，某部法律是一般法還是特別法是不難判斷的，而《基本法》以其適用上的兩重性，同時兼備一般法和特別法的特徵，確切地體現出《基本法》的法律地位，為世界立法史上所罕見。[13]

二、法的特殊分類理論中的 "特殊" 問題

　　法的特殊分類是指僅適用於某一類和某一些國家的法律的分類，[14] 如民法法系中的公法和私法、普通法法系中的普通法和衡平法以及聯邦制國家中的聯邦法和聯邦成員法。以其中的聯邦法和聯

13　薛喜成：〈略論香港基本法的法律地位〉，載《政府法制》，1997 年第 8 期。
14　張文顯前引書，第 142 頁。

邦成員法而論，我國是單一制國家，本來不存在這種分類。但由於特區基本法的實施，香港、澳門已回歸祖國，對我國的國家結構產生了重大影響，因而出現了此種"特殊"問題。

鄭賢君教授認為，聯邦制以剩餘權力為理論、分權原則為基礎確定中央和地方法律關係，單一制以授予權力為理論、自治原則為基礎確定中央和地方法律關係。單一制國家的形成原理和聯邦制國家不同。單一制國家本身就是統一不可分的整體，國家權力在理論上基於人民而獲得存在，是每個個人的聯合。國家權力起始處於完整狀態，由全體人民組成單一國家。中央政府可直接對人民行使權力。[15]

陳弘毅則認為，雖然《基本法》所體現的"一國兩制"模式與外國的"聯邦制"有異，但《基本法》所處理的自治權範圍問題、憲法性文件的解釋和糾紛爭議的解決的問題，以致對賦予自治權的憲法性文件的修改的限制問題等，正是聯邦制中的關鍵問題。或許可以這樣說，《基本法》和聯邦國家憲法所處理的問題是類似的，但它們所提供的解決問題方案卻有所不同。比較起來，我們可以看到，和聯邦制一樣，《基本法》所設立的也是一種涉及中央政府和地方政府的管轄權劃分或分配的安排，如果我們把香港特別行政區的自治權的範圍與美國、加拿大或澳洲的成員州的自治權的範圍予以比較，我們甚至會發覺，香港的自治權在範圍上是比這些聯邦制國家中的州的自治權更為廣泛的（例如在立法權、稅務、貨幣、關稅、出入境管制或國際參與上）。[16]

我們應如何認識《基本法》建構的中央與特區關係？傳統的單

15　鄭賢君：〈聯邦制和單一制下國家整體與部分之間關係之理論比較〉，載《法學家》，1998年第4期。

16　陳弘毅前引書，第344-346頁。

一制顯然無法解釋這種有聯邦制因素，但又不屬於聯邦制的特殊關係。

三、法系視角下的混合身份

法系是比較法學家經常使用的一個概念。一般地説，它可以理解為由若干國家和特定地區（組成）的、具有某種共性或歷史傳統的法律的總稱。[17] 通常用於對不同國家或地區的法律制度進行分析比較。中國比較法學家沈宗靈教授認為，當代中國的法律是適用於佔全世界四分之一人口的大國的法律；同時，中國的現代化建設是具有中國特色的社會主義現代化建設；中國奉行獨立自主的外交政策。僅就這些事實而論，當代中國的法律在比較法學中，應佔有一個獨立地位，而不應居於依附於三大法系或其中任何之一的"次要"地位。[18]《基本法》實施後，香港特別行政區的法律納入到我國的法律體系之中。但由於歷史原因，香港原有的法律按照它的歷史傳統，屬於普通法法系。就《基本法》而論，它是全國人大制定的基本法律，但同樣應該看到，《基本法》與中國一般的立法有很大的不同，它滲入了不少香港原有的英式法制的元素。《基本法》的不少條文都是從《中英聯合聲明》中搬過去的，而這份《中英聯合聲明》是中英兩國的專家共同起草的。《中英聯合聲明》中那些關於 1997 年後的香港法制的條文，反映了香港原有英式法制的特點。[19] 因此我們可以説，《基本法》具有混合法的特點。

17　沈宗靈：《比較法研究》，北京大學出版社，1998 年版，第 45 頁。
18　沈宗靈前引書，第 50 頁。
19　陳弘毅前引書，第 338 頁及註 12。

四、歷史類型中的灰色地帶

筆者曾於 1998 年撰文探討《基本法》對當代中國法制和中國法學帶來的許多變化和提出的挑戰，其中討論了法的歷史類型的分類問題。[20]

法的類型是馬克思主義法理學所特有的一種分類方法，是按照經濟基礎和階級本質而劃分的法的類別。凡是建立在同一經濟基礎之上，反映同一階級的意志，維護同一階級統治的法，屬於同一類型。[21] 按照這種分類方法，香港特別行政區立法會制定的法律，和香港保留下來的原有的法律屬於資本主義法，內地的法律仍是社會主義法，從而形成在一國之內兩種法的類型並存的奇觀。誠然，在一國之內存在兩種或兩種以上不同法律制度的情況，在中外歷史上和現實生活中不乏其例，但我國現有的一個國家兩種法的類型的特別之處在於，兩種法律制度的社會經濟基礎和階級本質是不同的。新中國成立前，也曾出現過國民黨統治區的法與解放區、革命根據地的法並存的現象，但它們與今天的一個國家兩種法的類型並存相比，在法律地位、相互關係等方面有重大不同。[22] 我國目前的一個國家兩種法的類型並存的奇觀，為我國法理學提出了嶄新的研究課題。

更具挑戰性的是，如何用上述分類方法對《基本法》本身進行分析。有論者提出，在香港實行的法律（包括《基本法》），從整體上、本質上說，仍然是資本主義的。這是因為香港特別行政區不實行社會主義制度和政策，保持原有的資本主義制度不變。法律制度

---

20 白晟：〈香港特別行政區基本法的法理學思考〉，載《政法論壇》，1998 年第 3 期。
21 《中國大百科全書・法學》，中國大百科全書出版社，1984 年版，第 81-82 頁。
22 沈宗靈主編：《法理學》，高等教育出版社，1994 年版，第 476-477 頁。

是整個資本主義制度的重要組成部分，當然它的基本性質也不可能改變。從實際作用上看，香港特別行政區法律，主要維護資本主義的經濟、政治制度，保護私有財產權，保障資本主義經濟的發展。法律保護私有財產所有權，就是從根本上保護資本主義制度，這是決定香港特別行政區法律的資本主義性質的主要依據。所以，我們從整體上確認香港特別行政區法律是資本主義性質的。[23]

　　但反對的觀點也不無道理：其一，《基本法》是全國人大制定的。全國人大是這個社會主義國家的最高權力機關，它代表人民行使國家立法權，它所制定的法律當然是體現我國工人階級領導的全體人民的意志和利益的。其二，《基本法》是根據憲法制定的，有利於維護國家統一、主權和領土完整，有利於我國的現代化建設。它和其他法律共同組成了以憲法為核心的社會主義法律體系，是我國社會主義法律體系中的一個基本法律，是這個法律體系的組成部分。其三，《基本法》是按照"一國兩制"方針制定的，是一個全國性的法律，要在全國實行，從全國範圍來說，它維護國家統一、主權和領土完整，保護國家安全和社會主義制度，保證中央人民政府對香港特別行政區的直接管轄權，規定香港特別行政區是我國不可分離的地方行政區劃，體現了《基本法》的社會主義法律性質。[24] 用同樣的分類方法對同一部法律進行分析，卻得出不同甚至相反的結論（參見蕭蔚雲主編的《一國兩制與香港基本法律制度》一書中的有關論述），既說明了這部法律的獨特性，也引發我們對此種法的分類的深刻反思。

　　此外，正如筆者將在本章第四節所討論的，《基本法》在法的

23　蕭蔚雲主編：《一國兩制與香港基本法律制度》，北京大學出版社，1990 年版，第 12 頁。
24　蕭蔚雲前引書，第 103-105 頁。

淵源分類和部門法分類中也有不同的觀點。

德國詩人歌德（Johann Wolfgang von Goethe）有言，理論是灰色的，生命之樹常青。理論受到實踐的挑戰是常有之事。國際人權法對國內法與國際法分類的挑戰，經濟法、勞動法對公法與私法分類的挑戰，證明法律發展的勃勃生機。但一部法律及實踐對法的分類理論的全面衝擊實屬罕見。這既是《基本法》屬原創性法律的證明，也對我們的法學理論構成真實而全面的挑戰。中國法學（包括憲法學和法理學等學科）理應對此給予回應。

第三節　一種新的定位介紹
——政治憲法學[25] 的視角

田飛龍博士認為，"政治憲法學"是最近兩三年在北京法政學界興起的一種關於重新理解政治與憲法、政治學與憲法學的學術思潮，始作俑者是陳端洪。[26] 林來梵教授認為，北大的強世功和陳端洪屬於一個陣營，客觀上對"規範法學"形成了某種"夾攻"之勢。而其攻勢之迅猛，出手之凌厲，明眼人都能領教。林來梵也曾並無不敬地借用"通假"的手法，將這種動向稱之為"全端轟"（陳端洪）

---

25 筆者注意到，原作寫作時特別是發表後，政治憲法學在國內有了很大發展。其代表除陳端洪、強世功外，還增加了高全喜、田飛龍、翟小波等。高全喜更發表了大量著述，其中〈政治憲法學的興起與嬗變〉（載《交大法學》，2012 年第 1 期）一文，對政治憲法學作為一個思想學術派別進行了梳理和描述。陳弘毅隨後也有專文討論高全喜的政治憲法學（〈高全喜先生的政治憲法學〉，載陳弘毅：《憲法學的世界》，中國政法大學出版社，2014 年版）。考慮到本書是舊作新版，特別是本書主題《香港基本法》的解釋問題與強世功的論述關聯性更強，本節內容基本未做改動，只以"腳註"方式註明最新發展。全書以相同方式處理類似問題時，以"補註於 2015 年 1 月"加以註明。——補註於 2015 年 1 月。

26 田飛龍：〈在政治憲法學第四場對話中主持人發言〉，載"北大公法網"（http://www.publiclaw.cn）、"清華公法網"（http://www.law.tsinghua.edu.cn）瀏覽時間：2011 年 3 月 1 日。

加 "強勢攻"（強世功）。[27] 陳端洪和強世功對《基本法》都有專門論述，本節以強世功為例，嘗試對政治憲法學視角下的《基本法》定位進行解讀。

與第二節陳弘毅提到的二十世紀 90 年代內地法學界對《基本法》的定位不同，目前法學界對《基本法》的定位雖不統一，但已明顯有所發展。比如，李琦認為，《基本法》是憲法的特別法；[28] 劉茂林教授認為，《基本法》是憲法性法律；[29] 強世功教授同樣把《基本法》歸入 "憲法性法律" 中。[30] 從表面看，強世功與劉茂林對《基本法》的定位沒有任何區別。但如仔細閱讀二人的相關論述，就會發現，強世功的定位不僅在論證上比劉文更詳盡、細緻，而且思路更開闊，涉及範圍更廣，影響更大。這也是本節對之解讀的主要原因。

一、討論的背景

與前述劉茂林主要針對 "《基本法》是憲法的特別法" 而展開論證不同，強文直接回應香港法學界和司法界的定位觀點。

在香港回歸後的 "憲政第一案" —— "馬維錕案" 中，特區上訴法院對基本法有一段生動的描述："基本法不僅是《中英聯合聲明》這個國際條約的產兒，它也是全國人大制定的國內法和香港特別行政區的憲法。它將載入《中英聯合聲明》中的基本政策翻譯為更為可操作的術語。這些政策的實質就是香港目前的社會、經濟和

27　林來梵：〈憲法學界的一場激辯〉、〈交鋒在規範法學的死地〉、〈"政治憲法學" 的非分之想〉等，載 "梵夫俗子"（林來梵的法律博客）（http://linlaifan. fyfz.cn），瀏覽時間：2011 年 3 月 1 日。

28　李琦：〈特別行政區基本法之性質：憲法的特別法〉，載《廈門大學學報》（哲學社會科學版），2002 年第 5 期。

29　劉茂林：〈香港基本法是憲法性法律〉，載《法學家》，2007 年第 3 期。

30　強世功：〈中國憲法中的不成文憲法 —— 理解中國憲法的新視角〉，載《開放時代》，2009 年第 12 期。

法律制度將會 50 年不變。基本法的目的就是要保證這些基本政策的貫徹落實，以及保持香港特別行政區的繼續穩定和繁榮。因此，主權變化之後保持連續性是至關重要的。……基本法是一個獨一無二的文件。它反映兩國之間簽訂的一個條約。它處理實施不同制度的主權者與自治區的關係。它規定政府不同部門的機關和職能。它宣佈公民的權利和義務。因此，它至少有三個緯度：國際的、國內的和憲法的。人們必須認識到它不是由普通法的法律人所起草的。它是用中文起草的並附帶了一個官方的英文本，但發生分歧時中文本優先於英文本。" [31]

這段文字反映了基本法的特殊性，只不過香港法律界人士普遍強調《基本法》來源於《中英聯合聲明》，而忽略了《基本法》來源於《憲法》及其與憲法的關係；強調《基本法》是香港特區的憲法，而忽略了《基本法》也是全國人大制定的"法律"；強調《基本法》保護香港的經濟、社會和法律制度"不變"，而忽略了《基本法》處理"主權者與自治權的關係"給香港帶來的變化。香港回歸之後，經濟、社會方面的"兩制"並行不悖，相互輔助，但卻在人大釋法、《基本法》23 條立法以及處理香港政制發展問題上產生了緊張和衝突。表面上看這是"兩制"問題，可實質上是"一國"的建構問題，即要在香港原來的基礎上增加"一國"的要素。[32]

二、香港回歸的實質 —— 恢復主權行使

不能從形式主義的角度來理解憲法在香港的效力問題，也不能

31　香港高等法院上訴法庭：〈"馬維錕案"判決書〉(HKSAR v. Ma Wai Kwan David and Others)，CAQL1/1997，載"香港特區司法機構網站"(http://www. judiciary. gov.hk)，瀏覽時間：2011 年 3 月 12 日。

32　強世功：〈基本法之謎〉，載《讀書》，2008 年第 9 期。另參見強世功：〈基本法的形式與實質〉，載強世功：《中國香港：政治與文化的視野》，三聯書店，2010 年版，第 237-271 頁。

從形式主義的角度來把憲法與《基本法》的關係理解為憲法與法律的關係，因為這種形式主義的憲法觀不符合“一國兩制”的精神實質，也不符合香港回歸祖國的歷史現實，實際上忽略了《基本法》對中國憲政體制的特殊貢獻，看不到“一國兩制”和《基本法》給中國憲政體制帶來的革命性變化。這種形式主義的法律觀實際上無法解釋《基本法》的特殊性。[33]

　　從法理上說，新中國從來不承認三個不平等條約，香港的主權一直屬於中國。憲法作為建構國家主權的法律文件，無疑適用於香港。可事實上，中央政府對香港僅僅擁有“主權權利”，而不具有“主權行使”，[34] 因此，憲法的內容在香港實際上無效。中央對香港恢復主權行使就意味着中央要將“主權權利”轉化為“主權行使”，使憲法的內容在香港發揮實際的法律效果。然而，由於中央採取“一國兩制”，並通過《基本法》將“一國兩制”固定下來，這就意味着《基本法》對憲法的內容加以有限吸納和過濾，使其既滿足“一國”的要求，同時保證“兩制”。因此，《基本法》就是憲法的補充性法律，《基本法》的起草過程實際上類似中央（內地人）與香港人補結社會契約的過程，只有在締結社會契約的意義上，我們才能理解《基本法》制定過程中的曲折故事。

　　《基本法》的制定過程看起來像制憲會議，更像內地草委與香港草委之間“有限度”的對等談判。之所以說是“有限度”，就是談判的內容已經確定了，即《中英聯合聲明》中刊載的中央對港方針政策，而在談判形式上，中央都處於絕對主導地位，因此它又體現出

33　強世功：〈中國憲法中的不成文憲法 —— 理解中國憲法的新視角〉，載《開放時代》，2009年第 12 期。

34　強世功：〈香江邊上的思考之六 —— 主權：政治的智慧與意志〉，載《讀書》，2008 年第 4 期；另參見強世功：〈主權 —— 王道與霸道之間〉，載強世功：《中國香港：政治與文化的視野》，三聯書店，2010 年版，第 121-146 頁。

全國人大制定法律的特徵。《基本法》既然是中央（內地）與香港之間重訂社會契約的過程，實際上就是一部"中央與香港特區關係法"。

三、制定香港基本法 ── 在香港建構國家主權

從形式主義的憲法觀來看，《基本法》是全國人大制定的"法律"，但在政治運作中，它實際上是一部在香港建構國家主權的憲法性法律。它之所以被稱為"小憲法"，並不是通常理解為在香港特區擁有類似憲法的最高地位，而是由於它是在香港局部地區建構主權的國家憲法。無論是香港的政治體制，還是行政長官和立法會普選，都關係到中央與特區的關係，關係到"愛國者治港"這個"絕對憲法"。可見，《基本法》不僅涉及到我國成文憲法在香港的實施，而且關係到我國不成文憲法在香港的實施，因為《基本法》制定過程中關於香港政治體制以及普選模式和普選步伐的爭議，實際上都是圍繞如何確保"愛國者治港"展開的，而這恰恰是鞏固香港屬於中國這個政治共同體的關鍵所在。

由此可見，《基本法》在形式上是全國人大制定的"法律"，可在實際上是中國憲法的有機組成部分，正是由於《基本法》作為憲法性法律的存在，中國不再是單一的社會主義國家，而是以社會主義為主體同時包容了資本主義制度在內的混合型國家，中國也不再是傳統意義的單一制國家，而是包含局部"高度自治"的單一制國家。今日中國的面貌不再是 1982 年憲法所反映的面貌，而是它和《基本法》結合在一起所反映出的面貌。《香港基本法》、《澳門基本法》這樣的憲法性法律，無疑是我國憲法中不成文憲法的重要淵源。[35]

35　強世功：〈中國憲法中的不成文憲法 ── 理解中國憲法的新視角〉，載《開放時代》，2009 年第 12 期。

一部《基本法》歸根到底就是一部中央與特區的關係法，就是在香港保留原有資本主義制度不變的情況下，建構國家主權的憲法性文件，它把"一國兩制"從政治政策變成了實實在在的、可以具體運作的法律制度。從構想到談判再到制定成法律，無疑傾注了鄧小平大量的心血。《基本法》可以當之無愧地稱之為"鄧小平基本法"，它屬於 1982 年憲法的有機組成部分。這部法律和憲法一起，反映了鄧小平對中國政治的完整想像。

因此，《基本法》不是普通的"法律"，作為中央與特區關係法實際上是對 1982 年憲法的補充和擴展。如果考慮到《澳門基本法》，再考慮到將來解決台灣問題而進行的法律建構，那麼"中國"的面貌已超出了現代民族國家的範疇，恢復到了古典的"多元一體"的文明中國的風貌。[36] 而這樣一個新中國是通過 1982 年《憲法》、《香港基本法》、《澳門基本法》以及未來處理台灣問題的法律共同建構起來的。在這個意義上，中國雖然有一部嚴格意義上的成文憲法，但卻不是成文憲法國家，而是不成文憲法國家，即它的憲法是由不同的憲法性文件構成的。香港基本法不僅是香港的憲法，也是國家憲法的有機組成部分。

四、"不成文憲法"的法理學基礎

戴雪（A. V. Dicey）第一次從法律科學的意義上全面釐定了英國憲法的內涵，並從英國政治實踐中提煉出英國憲法的三個主導性原則：議會主權、法治原則和憲法慣例，由此我們也可以看出"憲法慣例"在英國憲法中的重要地位。"憲法慣例"的提出顯然繼承

36　強世功：〈香江邊上的思考之九——"一國"之謎：中國 vs. 帝國〉，載《讀書》，2008 年第 8 期。

了此前約翰・斯圖亞特・密爾（John Stuart Mill）提出的"不成文的憲法準則"（Unwritten Maxims of Constitution）這個概念，這意味着憲法概念並非必然是美國式的法典化成文憲法。

戴雪提出的"憲法律"與"憲法慣例"的法理意義在於拓寬憲法學的研究對象與範圍，使憲法學研究超越了概念主義、形式主義和文本主義所關注的法典化的成文憲法，從而關注包括憲法典在內的、在政治生活中實際發揮憲法運行的規則，從而奠定了"不成文憲法"的法理基礎。

憲法學説中流行的"成文憲法"與"不成文憲法"的分類似乎將二者對立起來，而忽略了"不成文憲法"的研究視角實際上囊括了"成文憲法"本身。換句話説，"不成文憲法"與"成文憲法"並不是並列關係，而應當是前者包含、囊括後者的關係。英國當代憲法學家惠爾（K. C. Wheare）就是從這個立場出發，徹底顛覆了傳統憲法學關於"成文憲法"與"不成文憲法"的劃分。

惠爾認為："政府體制都是由這種法律和非法律規則混合而成，這種規則的集合體就可以叫'憲法'。"在此基礎上，他區分了狹義憲法和廣義憲法，前者從上述憲法概念中挑選出一部分法律規則；後者則不僅關注這些法律規則，而且關注非法律規則。而所謂"法律規則"與"非法律規則"的區別在於："一是被書寫於憲法或某議會或其他法律文件中的規範政府的規則——多數是法律規則；另一是其他規則，主要是規範政府的風俗、慣例和習慣，這些規則通常都不是被精確設計並載入文書的。"

惠爾提出區分這兩種規則和兩種憲法概念的意義，實際上延續了戴雪的理論傳統，所不同的是，他在戴雪的基礎上向前推進了一步：所有的憲法國家都是不成文憲法國家，由此成文憲法與不成文憲法的區分就失去了意義。在所有國家，不只是英國，法律和非法律規則、成文和不成文規則，是混雜在一起而構成政府體制的。……把憲法分為成文和不成文的做法是應該拋棄的。較好的區分是：有成文憲法的國家和沒有成文憲法的國家，或者更簡單些，即有憲法典的國家和沒有憲法典的國家。

惠爾對"成文憲法"與"不成文憲法"概念的重構，實質上奠定了"不成文憲法"的正當性基礎，相比之下，"成文憲法"不過是"不成文憲法"的組成部分。在"非法律規則"的汪洋大海中，成文憲法典不過是一座孤島。英國與其說"有不成文憲法"，不如說英國"沒有成文憲法"。

惠爾的憲法概念的重構之所以能夠取得成功，就在於他秉持了戴雪的理論傳統，堅持認為"憲法說甚麼是一回事，實踐中發生甚麼完全是另一回事。……世界上幾乎所有國家都有憲法，但在很多國家，憲法是受到忽略和輕蔑的"。由此可見，惠爾考察的不是被人們稱之為"憲法"的法典或法律文本，而是考察政府的體制在實踐中是如何運作的。如果我們換一個憲法概念來說，惠爾考察的實際上是"實效憲法"（Effective Constitution），它實際上是由一系列憲法性的法律文件、憲法慣例以及憲法學說和傳統所構成的，其中可能有憲法典，也可能根本就沒有憲法典。儘管美國憲法以"成文憲法"而著稱，可是對美國憲政實踐的考察，就會發現美國憲政的運作並不完全按照成文憲法的規定展開。越來越多的美國憲法學家們發現，在美國成文憲法的背後，具有一套不成文憲法，其中不僅有隱秘的憲法文本，還有憲法慣例、學說和傳統等等。

如果我們擺脫形式主義憲法學對成文憲法文本的關注，轉向對不成文憲法的關注，那麼我們就會發現，對中國政制構成至關重要的不成文憲法中有四種不同的淵源類型,即規範性憲章、憲法慣例、憲法學說和憲法性法律。[37] 香港基本法就是其中的憲法性法律。

強世功關於《基本法》定位的觀點並無新意,但其論據和論證無疑極具"革命性",也是筆者迄今為止所讀到的有關《基本法》定位的最具系統、最有深度的論述。關於中國憲法屬於不成文憲法的觀點,不僅對憲法學界構成強大衝擊和強勢攻(強世功)擊,對整個法學也會產生"地震"效應。就此效果而言,似乎有違作者"以英國憲法學家為榜樣"[38] 的初衷。"然而,正如一位同學所說,'有限性就是真實性,片面性就是深刻性'。"[39] 就對思想的衝擊和啟發而言,上述論述給予筆者的影響是巨大而深刻的,儘管某些論點仍需斟酌和反思。

第四節　基於法學立場的思考:
香港基本法的定位初識

筆者欣賞強世功的思考,但對其泛化法的淵源(如把《中國共產黨黨章》也列入法的淵源)的觀點不敢苟同。此外,以筆者的理解,強世功的〈中國憲法中的不成文憲法——理解中國憲法的新視角〉一文與其說是法學論文,不如說是政治學論文更為恰當。儘管法學特別是憲法學和政治學都要研究憲法,憲法本身也兼有政治和法律雙重屬性,但憲法學畢竟不同於政治學。

37　強世功:〈中國憲法中的不成文憲法——理解中國憲法的新視角〉,載《開放時代》,2009年第 12 期。

38　強世功:〈不成文憲法:英國憲法學傳統的啟示〉,載《讀書》2009 年第 11 期。

39　龔祥瑞:〈寫在卷首〉,載龔祥瑞:《憲政常談》(上),北京大學法律系、政治及行政系,1990 年版,內刊。

卡爾·拉倫茨（Karl Larenz）有言："研究法律政治的法律家必須由各該當學科尋找必要的資料、經驗素材。另一方面，法律政治本來就是法學的正當工作領域，法學的參與對於這個領域是不可或缺的。……即使在作'法律政治式'的論述，法學仍有其應遵守的界限，因為法學必須取向於現行法秩序的基本原則，雖然這些原則本身具有發展的可能性，但同時會因歷史的演變而受影響，在這個涵義上，這些原則對於未來具有'開放性'。假使法學不想轉變成一種或者以自然法，或者以歷史哲學，或者以社會哲學為根據的社會理論，而想維持其法學的角色，它就必須假定現行法秩序大體看來是合理的。……它所關心的不僅是明確性及法的安定性，同時也致意於：在具體的細節上，以逐步進行的工作來實現'更多的正義'。誰如果認為可以忽略這部分的工作，事實上他就不該與法學打交道。"[40]

筆者贊同舒國瀅教授的"法學立場之辨"：法學作為科學活動與其說是認識和揭示真理，不如說是追求"理解"，即通過解釋、論證、論辯（對話）等方式合理地解決人們在法律認識上的意見分歧和觀點衝突，達成具有主體間性的、可普遍接受的"共識"，直至建構一套公認的、系統化的法律知識體系，並由此而形成法學的"知識共同體"。這種認識和傳授知識的活動，當然不同於自然科學和以自然科學理論旨趣建構的社會科學。我們試圖回歸到"內在觀點之法學"或"法學之內的法學"，而不是專業法學以外的思想者的法學（"法學外的法學"）。這種"內在觀點之法學"的重要之點，在於它始終不能完全游離於各個時代發生效力的實在法。持"內在觀點之法學"立場的法學家不能像哲學家或倫理學家一樣，首先站在超實在

---

40 ［德］卡爾·拉倫茨：《法學方法論》，陳愛娥譯，商務印書館，2003 年版，第 76-77 頁。

法或實在法之外的立場來批判法律，不能完全用道德的評價代替法律的評價，不能簡單地預先假設一切實在法都是"非正義的法"，是非法之法。法學家對法律的批評首先應當是"體系內的"批評，實在法為法學家提供了思考的起點和工作的平台，但同時也限制了法學家提問的立場和問題思考的範圍。法學家完全可以表達自己在法律上的個人價值判斷，甚至像抒情詩人那樣呈展自己渴望無限接近天空的浪漫想像，但法學家不能像詩人那樣利用過度修辭的語言張揚自己的情感。他們如果不想讓自己的判斷和想像完全流於無效，那麼他們就必須用所謂理性、冷靜、剛性的"法言法語"包裹起這種判斷和想像，按照"法律共同體"之專業技術的要求，邏輯地表達為法律共同體甚或整個社會均予認可的意見和問題解決的辦法。也就是說，法學家必須依託實在法按照"法學範式"來進行作業。[41]

　　基於以上考慮，筆者在此嘗試從法學的角度對《基本法》進行定位分析。

一、香港基本法在法的淵源體系中的定位

　　張文顯主編的普通高等教育國家級規劃教材系列之《法理學》中，將"特別行政區基本法及特別行政區法律"單列一類法的淵源，位居第七：在當代中國法的淵源中，有兩種特殊種類的法的淵源，即特別行政區基本法和特別行政區法律。我國《憲法》第31條規定："國家在必要時得設立特別行政區。在特別行政區內實行的制度按照具體情況由全國人民代表大會以法律規定。"特別行政區基本法，由全國人民代表大會制定通過。特別行政區基本法雖也

41　舒國瀅：〈尋訪法學的問題立場——兼談"論題學法學"的思考方式〉，載《法學研究》，2005 年第 3 期。

是由全國人民代表大會制定的基本法律，但它們是不同於法的淵源之一的基本法律。主要區別是基本法律是在全國通行，而特別行政區基本法則只是在特別行政區施行。特別行政區法律，是指根據憲法和特別行政區基本法，在特別行政區內施行的法律。[42]

　　筆者對此有兩點異議：其一是特別行政區基本法與法的淵源之一的基本法律有區別，但理由不在於"特別行政區基本法只是在特別行政區施行"（具體區別在後文探討）。正如陳弘毅所言，《基本法》不單是一部香港法律(同時是香港特別行政區的憲制性文件)，它也是一部"全國性法律"，其約束力遍及全國。《基本法》在香港的實施，是中國對香港行使主權的象徵和保證。[43] 基本法中大部分條文只涉及港澳的內部事務，這些條文在特別行政區以外的地方的實際作用不大。但是，基本法中確有部分條文要求特別行政區以外的人予以遵守，如中央政府在對港澳行使其法定權力時須按照基本法的規定，又如各省、自治區和直轄市在與港澳交往時須遵守基本法的規定（第 22 條）。[44] 其二更為根本，法的淵源的分類標準是制定機關及效力，特別行政區基本法無論從制定機關、效力，還是形式，都不應列在第七位。筆者認為，特別行政區基本法與特別行政區法律應區別開來，特別行政區的法律（含原有法律和特區立法會制定的法律）仍列在第七位，但應將基本法歸回到"基本法律"之列。

　　我國法的淵源體系把"基本法律"單列出來，不同於一般法律，正是為了凸顯其重要地位。"基本法律"的淵源類別是指由全國人民代表大會制定和修改的，規定或調整國家和社會生活中，在

42　張文顯前引書，第 136 頁。
43　陳弘毅：《〈香港特別行政區基本法〉的理念、實施與解釋》，載陳弘毅：《法理學的世界》，中國政法大學出版社，2003 年版，第 338 頁。
44　陳弘毅：《香港特別行政區的法治軌跡》，中國民主法制出版社，2010 年版，第 21 頁。

某一方面具有根本性和全面性關係的法律，包括關於刑事、民事、國家機構的和其他的基本法律。[45]"基本法律"區別"法律"之處正在於後者是由全國人民代表大會常委會制定和修改的。正是在"淵源類別"的意義上，而非在"法律部門"的意義上，香港《基本法》的名稱可以說是恰如其分。周旺生教授曾從立法技術的角度，針對中國規範性法律文件的名稱存在的明顯弊端，建議將中國規範性法律文件的名稱簡化為九種，即憲法、基本法、法、法規、規章、授權規定、條例、變動案和實施細則。其中"基本法"指全國人民代表大會通過的除憲法外的基本法律。《基本法》屬於使用正確的名稱，其他原來稱法或其他名稱的，應改稱基本法，如《中華人民共和國刑法》、《中華人民共和國民族區域自治法》可以分別改稱《中華人民共和國刑事基本法》、《中華人民共和國民族區域自治基本法》。全國人民代表大會通過的所有基本法律的名稱中，都應當有"基本法"的字樣，以區別於全國人大常委會通過的其他法律。基本法只有全國人民代表大會才有權通過。[46]考慮到二十世紀80年代全國人大常委會的"嚴打"決定（對《刑法》進行了重大修改）曾引起的法學界爭議，不宜將"基本法律"與"法律"的淵源類別相混同。

二、法律體系中的香港基本法 —— 與其他基本法律的比較

《基本法》屬於法的淵源體系中的基本法律，這也是老一輩法學家（如蕭蔚雲等）所堅持的，但《基本法》與其他基本法律如刑法、民法（含《民法通則》、《物權法》、《合同法》等）等有無區別？如有區別，區別在哪裏？就都是由全國人民代表大會制定這一點來說，

---

45 沈宗靈主編：《法理學》，北京大學出版社，2003年版，第282頁；另參見《憲法》第62條第3款規定。

46 周旺生：《規範性文件起草》，中國民主法制出版社，1998年版，第379-380頁。

確實沒有區別，確實都屬於基本法律。但如果注意法律的內容以及制定的程序，就會發現明顯的不同。這就需要引入法律體系的視角。

法律體系指由一個國家的全部現行法律規範分類組合為不同的法律部門而形成的有機聯繫的統一整體。其中的法律部門是指一個國家根據一定的標準和原則劃分的本國同類法律規範的總稱。[47] 作為憲法的法律部門是指作為同類法律規範總稱的憲法及憲法相關法，其中現行憲法是基礎性的法律文件，還包括處於附屬層次的法律，如《民族區域自治法》（2001 年修正）、《全國人民代表大會組織法》（1982 年）等。《基本法》就屬於憲法法律部門或憲法及憲法相關法。憲法部門或憲法相關法不僅與民法部門、刑法部門等法律部門一樣屬於法律部門的分類，更是國家法律體系的主導法律部門，它是中國社會制度、國家制度、公民的基本權利和義務及國家機關的組織與活動的原則等方面法律規範的總和。它規定國家和社會生活的根本問題，不僅反映了國家法律的本質和基本原則，而且確立了各項法律的基本原則。這些法律相對於其他法律而言，與憲法的關係更密切。[48] 因此，憲法部門或憲法及憲法相關法是我國法律體系的基礎和主導性的法律部門，是其他部門法所有規範性法律文件的最高依據，處於特殊的地位，起着特殊的作用。因此，《基本法》不僅屬於法的淵源中的基本法律，而且屬於法律部門中的憲法法律部門或憲法及憲法相關法。

三、一種新型的國家結構 —— 複雜單一制

王禹博士提出一種新的解釋觀點：根據中央與地方的關係，可

---

47 沈宗靈主編：《法理學》，北京大學出版社，2003 年版，第 296-297 頁。
48 蔣朝陽：〈論基本法在國家法律體系中的法律地位〉，載《"一國兩制" 研究》，2009 年第 1 期。

以將單一制分為簡單單一制、複雜單一制和複合單一制。所謂簡單單一制是指在單一制國家裏，中央與地方只有一種法律關係，即所有的國家結構單位都是普通行政區域，而沒有特殊國家結構單位的設置，如土耳其、瑞典、孟加拉國等。所謂複雜單一制，是指在單一制的國家結構形式下，存在着普通國家結構單位和特殊國家結構單位的區別，中央與地方存在着兩種或兩種以上的不同法律關係。如我國的單一制國家結構形式下，既存在着作為普通國家結構單位的省和直轄市，又有特殊國家結構單位的民族自治區和特別行政區。設置民族自治區是為解決國內民族關係，設置特別行政區是為解決歷史遺留的領土問題，所以，我國屬於複雜單一制的國家結構形式，此外還有葡萄牙和芬蘭等。所謂複合單一制，是指在單一制國家裏，部分出現與聯邦制互相結合的國家結構形式。聯邦制與單一制的本質區別在於單一制的國家只有中央才有主權，地方沒有主權，而在聯邦制的國家裏，聯邦和各成員國都擁有主權，各成員單位有權制定自己的憲法，甚至有退出聯邦的權力。烏茲別克、阿塞拜疆、烏克蘭、希臘和坦桑尼亞都屬於單一制國家，但其組成單位卻出現了獨立的政治實體，如烏茲別克斯坦共和國出現了卡拉卡爾帕克斯坦共和國（Karakalpakstan Republic），阿塞拜疆共和國出現了納希切萬自治共和國（Nakhchivan Autonomous Republic），烏克蘭出現了克里米亞自治共和國（Autonomous Republic of Crimea），希臘在其北部山區建立了阿蘇斯神權共和國（Mount Athos），坦桑尼亞聯合共和國內部出現了有權制定自己憲法的桑給巴爾（Zanzibar）。這些共和國有權制定自己的憲法，有的甚至有退出國家的權力，這種國家結構的特點在於其主體是單一制，但其個別地方實行聯邦制。[49]

49　王禹：《"一國兩制"憲法精神研究》，廣東人民出版社，2008年版，第21-24頁。

筆者贊同這樣一種比較法基礎上的理論探索，因為它回應了關於《基本法》建構的中央與地方關係的兩個主要困惑：

1. "一國兩制"發展了傳統單一制的國家結構形式。傳統的憲法學理論認為，單一制的國家結構形式是由若干地方行政區域單位組成的單一主權國家。單一制的實質是一種中央集權制，大權統於中央，中央負責重大決策，地方負責執行中央制定的有關法律和政策。地方政府在憲法上只是中央在地方的派出機關，代表中央在地方行使國家權力，地方必須接受中央的統一領導和監督，更沒有脫離中央而獨立的權力，最典型的單一制是法國 1980 年權力改革以前的單一制。在單一制的國家，也存在許多地方自治單位。基於民族的、歷史的或其他的考慮，中央往往允許地方享有一定的自治權力，管理本地的地方性事務。在單一制的國家結構形式實行地方自治的制度，也可以稱為"地方自治單一制"，不過仍屬於傳統單一制的範圍。我國內地中央和一般省市的關係屬於典型的單一制，而在民族自治地方，卻可以認為屬於"地方自治單一制"。憲法授予民族自治地方部分立法權，民族自治地方可以制定適用於本地的自治條例和單行條例，以及部分人事權，如民族自治地方的行政首長由自治民族的公民擔任，還有部分的行政管理權等。不過，這仍屬於傳統單一制的形式。

但自香港特別行政區和澳門特別行政區成立之後，中央授權香港和澳門擁有高度自治權，包括行政管理權、立法權、獨立的司法權和終審權。香港和澳門保持原來的自由港地位，不實行外匯管制，可以有自己的區旗和區徽，發行自己的貨幣，保持財政獨立，不向中央交稅，可以以自己的名義參加非國家為單位的國際組織和國際會議，可在經濟、貿易、航運、通訊、旅遊、文化、科技和體育等領域簽訂和履行有關國際協議。這些權力遠遠超過了傳統單一制下的地方自治的範圍。而且，這些權利也遠遠超過了聯邦制下各成員國的權力。如《美國憲法》規定各州不得行使的權力其中包括不得締結條約、同盟或聯盟；不得鑄造貨幣；不得發行信用券；不得通過褫奪公權的法案；等等。《瑞士憲法》規定，關於關稅的事項統屬聯邦管轄；全國郵電統由聯邦管理；與貨幣領域有關的一切權力均由聯邦行使；聯邦決定度量衡體制；等等。

2. **特別行政區不能說是聯邦制，仍在單一制的框架內。** 特區不享有聯邦制國家各成員國的"自主組織權"。"自主組織權"也稱"憲法制定權"，是指在聯邦制國家，聯邦各成員國有自己制定自己憲法的權力。如 1936 年《蘇聯憲法》第 16 條："每一加盟共和國都有根據本共和國的特點而制定的並與《蘇聯憲法》完全相符合的憲法"（《俄羅斯憲法》第 77 條規定："各共和國、邊疆區、州、聯邦直轄市、自治州、自治區的國家權力機關體系由俄羅斯聯邦各主體根據俄羅斯聯邦憲法制度基礎和聯邦法律所規定的組織國家權力的代表機關和執行機關的一般原則而獨立確定。"）。而《基本法》則由中央制定、解釋和修改，特區無權制定自己的基本法，更無權決定自己的政治體制發展方向。聯邦制國家各成員國享有自己的主權，在聯邦制下，聯邦成員國的權力屬於本身所固有。除少數國家外，聯邦制憲法都規定"剩餘權力"歸於各成員國本身。《基本法》則規定高度自治權是中央授予的。[50]

基於上述理由，《基本法》不宜稱作"小憲法"，也不宜稱作憲法的特別法。對於前者，誠如王禹博士所言，確有一些國家用基本法指稱憲法，如 1948 年通過的《德意志聯邦共和國基本法》和 1900 年制定並多次修改的《澳大利亞基本法》，也有些國家的憲法

---

50 王禹前引書，第 21-24 頁。

在其憲法條文中明確宣佈本憲法為國家的基本法，如 1972 年《匈
牙利人民共和國憲法》第 177 條規定：“憲法是匈牙利人民共和國
的基本法。”1921 年的《列支敦士登公國憲法》第 111 條規定：“本
憲法作為國家基本法公佈之後，即具有普遍約束力。”但在我國法
律體系中，憲法是用根本法的名稱來替代的，我國《憲法》裏沒有
出現用“基本法”一詞來替代憲法。在我國複雜單一制的國家結構
形式裏，任何地方都不能擁有自主組織權，無權制定自己的憲法。
將基本法稱“小憲法”，容易將我國的複雜單一制混同於類似於烏
茲別克、阿塞拜疆、烏克蘭以及希臘等國的複合單一制，從而對我
國國家結構形式產生不正確的認識和判斷。[51] 而且小憲法是形容性
的語詞，是相對於“大憲法”而言的，綜觀世界各國，沒有“大憲
法”這一說法，這一稱謂在學理上既不準確也不嚴謹。[52]

　　對於後者，特別法與一般法的關係是建立在同一級法律效力基
礎之上，在同一效力等級的法律之間，存在一般法與特別法的區
分。如我國《立法法》第 83 條規定：“同一機關制定的法律、行政
法規、地方性法規、自治條例和單行條例、規章，特別規定與一般
規定不一致的，適用特別規定。”該條確立了一般法與特別法的區
分，並確立了特別法優於一般法的適用原則。在我國法的淵源系列
裏，憲法沒有也不可能和《基本法》處於同一位階。對憲法而言，
不存在憲法特別法或憲法性特別法之說。這是因為，憲法的制定機
關和制定程序不同於其他法律，而且憲法具有最高法律效力，不能
也不允許以憲法之下的法律來修改、補充或變通，即使憲法條文面
臨變遷，也只能通過制憲和修憲程序進行。[53] 如果《基本法》是憲

51　王禹前引書，第 75-77 頁及註。
52　劉茂林：〈香港基本法是憲法性法律〉，載《法學家》，2007 年第 3 期。
53　蔣朝陽前引文。

法的特別法，則意味着特別法優於一般法，其結果可能是在特別行政區《基本法》高於憲法，可能導致以《基本法》排除憲法在特區實施的結果，因此也是不合適的。

四、香港基本法可定位為"憲法性法律"

如上所述，《基本法》在我國法的淵源體系中屬於"基本法律"，在我國法律體系（部門法體系）中屬於"憲法法律部門或憲法及憲法相關法"，對我國的國家結構也產生了重大影響。不僅如此，它在內容上保護香港的資本主義制度50年不變，在制定、修改、解釋的主體和程序方面也採取了不同於刑法、民法等基本法律的特殊保障措施。就制定和修改而言，根據《中華人民共和國全國人民代表大會組織法》與《立法法》的規定，有權向全國人大提出修改法律議案的主體有：全國人大主席團、全國人大常委會、全國人大各專門委員會、國務院、中央軍事委員會、最高人民法院、最高人民檢察院，以及出席全國人大的各省、自治區、直轄市的代表團，以及30名以上的全國人大代表聯名，共有9類主體。《基本法》規定基本法的修改提案權只能有3個主體：全國人大常委會、國務院或香港特別行政區。此外，根據《中華人民共和國憲法》第67條第3款和《立法法》第7條第3款的規定，全國人民代表大會常務委員會在全國人民代表大會閉會期間，對全國人民代表大會制定的法律進行部分補充和修改，但是不得同該法律的基本原則相抵觸。按照王禹博士的分析，全國人大常委會雖然可以對《基本法》附件一、二和三進行部分修改和補充（對三者進行部分修改和補充的程度有所不同，對附件一是批准，對附件二是備案，對附件三是決定），但《基本法》明確規定修改《基本法》的權力屬於全國人大，其用意就在於排除全國人大常委會修改基本法。[54]

綜合以上各點，筆者認為可以將《基本法》定位為"憲法性法律"。此種定位與香港某些學者如陳弘毅等的定位接近甚至趨同，[55] 有交流的便利，但視角不限於香港，也包括了內地乃至國家整體。與第三節強世功的定位沒有區別，但視角是法學而非政治學。同劉茂林的區別在於論證思路和角度（事實上，劉茂林教授的論文更多是反駁，論證方面比較薄弱）。香港學者的定位思考明顯受到英國不成文憲法中"憲法性法律"的實踐和理論的影響，強世功也表示"中國憲法學人要在今天的世界上贏得高貴和尊嚴，無疑要以英國憲法學家們為榜樣"。[56] 由第三節可看出，強文的理論資源也受英國憲法學的明顯影響。王振民也認真思考了"普通法的治理哲學"。[57] 龔祥瑞的憲法學更是以英國憲法學為基礎，這可以從其代表作《比較憲法與行政法》[58] 以及發表在《比較法研究》上的一系列論文〈法與改革——讀邊沁與密爾：《政府論》、[59]〈法與政治——讀白芝浩《英國憲法》〉、[60]〈憲法與法律——讀戴雪《英憲之

54　王禹前引書，第 96-97 頁。

55　閱讀陳弘毅〈憲法、基本法與普通法律〉一文更加證實了筆者的看法。陳弘毅早在香港回歸前的 1986 年就指出，英國政府在中英協議白皮書"註釋"部分，作出了清楚的分析："中華人民共和國在 1997 年 7 月 1 日恢復對香港行使主權時，香港將成為中華人民共和國的一個特別行政區，享有高度自治權。由中華人民共和國全國人民代表大會制定的基本法，將成為香港特別行政區的憲制文件（着重號為筆者所加，下同）。一直以來作為香港憲制文件的英皇制誥和皇室訓令，將予以取消。"換句話說，1997 年 7 月 1 日時，香港原有的憲法（即英皇制誥和皇室訓令），將由基本法所取代。……簡單來說，基本法就是香港特別行政區的憲法文件。……特別行政區成立後，香港現行的法律基本不變，這個不變是指普通法律而不是指憲法。……或許可以這樣說：基本法的實際重要性，在政治方面及憲法理論方面，多於在法律和經濟方面。見陳弘毅、陳文敏：《人權與法治：香港過渡期的挑戰》，廣角鏡出版社有限公司，1987 年版，第 7-9 頁。——補註於 2015 年 1 月。

56　強世功：〈"不成文憲法"：英國憲法學傳統的啟示〉，載《讀書》，2009 年第 11 期。

57　王振民：《中央與特別行政區關係》，清華大學出版社，2002 年版，第 391-397 頁。

58　龔祥瑞：《比較憲法與行政法》，法律出版社，1985 年版。

59　龔祥瑞：〈法與改革——讀邊沁與密爾：《政府論》〉，載《比較法研究》，1995 年第 1 期；另參見[英]邊沁：《政府片論》，沈叔平等譯，商務印書館，1996 年版；[英]J. S. 密爾 (John Stuart Mill)：《代議制政府》，汪瑄譯，商務印書館，1982 年版。

60　龔祥瑞：〈法與政治——讀白芝浩《英國憲法》〉，載《比較法研究》，1995 年第 2 期；

法的研究導論》〉、[61]〈法與憲法 —— 讀詹寧斯《法與憲法》〉、[62]〈法律與正義 —— 讀丹寧法官的判決書和他的著作〉[63] 中得到證明。強文高度評價的惠爾的《現代憲法》也由龔祥瑞推薦於 1989 年先行出版並由龔祥瑞親自作序。[64]

筆者也贊同英國憲法學從實際出發的優良學術傳統，但筆者的論證主要基於中國的現有學術傳統和法律文本。此種論證思路一方面尊重中國現有的學術傳統和法律文本，方便國內學術界的交流和對話，另一方面也可兼容屬於英國普通法傳統的香港學者和法官的認識和話語。更重要的是，此種論證比較"經濟"，不需要有關各方太"費勁"就可交流，甚至在潛移默化中形成共識，達到"低調"不"低效"的結果。應該承認，筆者的此種考慮仍然受到英國憲法學的影響，但更多受到的是"保守"、"漸進"和"實際"的"思路"影響。而且僅僅是受到影響，更根本的還是作為中國的學者面對中國的問題回歸中國的傳統：實事求是，從實際出發，包括從中國的現行法律和現有法學傳統出發。

值得一提的是，張志銘教授最近撰文指出，中國政府在法律體系認識和實踐上的主要技術特徵可概括為四個方面，即理性主義的

另參見 [英]沃爾特·白芝浩（Walter Bagehot）：《英國憲法》，夏彥才譯，商務印書館，2005 年版。

61　龔祥瑞：〈憲法與法律 —— 讀戴雪《英憲之法的研究導論》〉，載《比較法研究》，1995 年第 3 期；另參見 [英]戴雪：《英國憲法》，雷賓南譯，中國法制出版社，2001 年版。

62　龔祥瑞：〈法與憲法 —— 讀詹寧斯《法與憲法》〉，載《比較法研究》，1995 年第 4 期；另參見 [英]詹寧斯（Sir Ivor Jennings）：《法與憲法》，龔祥瑞、侯健譯，三聯書店，1997 年版。

63　龔祥瑞：〈法律與正義 —— 讀丹寧法官的判決書和他的著作〉，載《比較法研究》，1997 年第 1 期；另參見 [英]丹寧（Lord Denning）：《法律的訓誡》，龔祥瑞校、楊百揆、劉庸安、丁健譯，羣眾出版社，1985 年版；[英]丹寧：《法律的訓誡》，楊百揆、劉庸安、丁健譯，法律出版社，1999 年版；[英]丹寧：《法律的正當程序》，李克強、楊百揆、劉庸安譯，法律出版社，1999 年版；[英]丹寧：《法律的界碑》，劉庸安、張弘譯，法律出版社，1999 年版；[英]丹寧：《最後的篇章》，劉庸安、李燕譯，法律出版社，1999 年版；[英]丹寧：《家庭故事》，劉庸安譯，法律出版社，1999 年版等。

64　[英]K. C.惠爾：《現代憲法》，吳擷英校訂，甘藏春、覺曉譯，寧夏人民出版社，1989 年版。

建構思路、國家主義色彩、立法中心—行政配合的運作模式，以及
簡約主義的風格。這些特徵在集合意義上鑄就了當下中國在法律體
系建設上的某種封閉性質。關於"一國兩制"實踐下特別行政區法
律在法律體系中的地位，在立法當局關於法律體系構建的藍圖中幾
乎沒有體現。整個法律體系、法律部門劃分的內容，大致上還是一
個內地法律體系的概念。這在法律體系構建的技術表述上不能不説
是一個重大的缺欠。[65] 筆者認為，張志銘的批評是成立的，也説明
我國立法當局的認識和目前的法學理論都需進一步深化和反思。

65　張志銘：〈轉型中國的法律體系建構〉，載《中國法學》，2009 年第 2 期。

第二章

香港基本法解釋
主體的角色探討

　　法律解釋主體事關誰在解釋、誰應解釋的問題，不僅是法律解釋活動必不可少的構成要素之一，而且是研究法律解釋體制的前提。本章集中探討作《基本法》解釋主體的全國人大常委會和香港特別行政區（以下簡稱"香港特區"）法院—特別是特區終審法院的角色適應與變化。

第一節　研究香港基本法解釋主體的必要性

一、關於法律解釋主體的一般認識

　　法律解釋主體的範圍取決於對法律解釋場合的認識。從理論上說，有法律，就有對法律的理解和解釋活動。法律解釋的歷史與法律存在和發展的歷史同樣久遠。[1] 如果對法律解釋存在的場合沒有限定，那麼它就存在於法律活動的各個領域，作為在這些領域活動的所有主體也必然成為法律解釋的主體。不僅如此，由於現代社會生活的各個領域幾乎都不同程度地涉及法律和法律調整，因此法律解釋的主體甚至可以與現實生活的主體相提並論。團體和國家機構解釋法律，個人也解釋法律；法律職業者在自己的職業活動中解釋法律，非法律職業者在自己的日常生活和工作中也可能會解釋法律。當然，儘管每個團體或個人都可以而且事實上都在解釋法律，但並非每個團體或個人的解釋都有法律效力。

　　就有法律效力的解釋而言，法學界的看法也不一致。如果把法律解釋的場合限定於具體個案的司法裁判和法律適用，那麼就可能

1　張志銘：〈法律解釋概念探微〉，載《法學研究》，1998 年第 5 期。

認為法律解釋的主體是法官，所謂法律解釋就是司法解釋。如果把法律解釋限定於法定解釋權的行使，那麼就會把法律解釋的主體限定於特定的擁有解釋權的立法機關、司法機關和行政機關。國內法學界有關法律解釋的爭議，很大程度上源於對法律解釋場合的理解和認定。

陳金釗教授在法律解釋方面多有著述，他認為："法律解釋權主要是最高法院和各級法院的審案法官對各種法源形式和事實的法律意義的解釋説明權。最高法院解決的是統一解釋的問題，而法官解決的是在個案中釋明法律的意義問題。"[2]由此可見，陳文所指的法律解釋實際是司法解釋。陳金釗自己也曾説明：法律解釋主要是指司法解釋或法官解釋，司法解釋實質上必須是法律解釋，用法律解釋稱呼司法解釋是一種習慣用法。[3]

董皞博士集中探討了司法解釋問題。他認為，司法解釋的主體是一個具有中國特色的問題。在大多數西方國家，司法解釋就是法官對制定法的解釋，這是明白無誤的，儘管在他們的法律裏可能找不到一個司法解釋或法官釋法的字眼，但這似乎成了一個不言自明的事情。在那裏，司法就是指法院的審判活動，司法機關就是法院，司法解釋即為法官對法律的解釋。特別在普通法系國家，法官製作的判例不僅可以對成文法進行解釋，而且可以創制法律規則，即所謂"法官造法"。對於法律解釋也只有法官才有這樣的權力。"在英美，立法部門制定的規則只有經過法官的解釋和運用，才真正被吸收進法律制度裏面。如果某一事項沒有判例時，法學家們便要說'關於這一點，沒有法律'，即使對這一事項可能有某些立法

2　陳金釗：〈論法律解釋權的構成要素〉，載《政治與法律》，2004 年第 1 期。

3　陳金釗：〈對法律解釋的詮釋（代序）〉，載魏勝強：《法律解釋權研究》，法律出版社，2009 年版，序言。

規定。"在大陸法系，儘管曾經否認、禁止法官對法律的解釋，但最終還是走上了承認、重視法官對法律解釋這條路。有的國家甚至規定："如本法無相應規定時，法官應依據慣例；如無慣例時，依據自己作為立法人所提出的規則裁判。"[4]直接將法官置於立法者的地位。總之，司法解釋就是法官對法律的解釋，而不是其他任何機關或個人對法律的解釋。

中華人民共和國成立以後，司法解釋的主體是由法律予以規定的。1955年6月23日全國人大常委會頒佈的《關於解釋法律問題的決議》將司法解釋權只賦予最高人民法院審判委員會。1981年6月10日全國人大常委會又頒佈《關於加強法律解釋工作的決議》規定："凡屬於法院審判過程具體應用法律、法令的問題，由最高人民法院進行解釋。凡屬於檢察院檢察工作中具體應用法律、法令的問題，由最高人民檢察院進行解釋。"另外《人民法院組織法》和《人民檢察院組織法》也作了類似的規定。將司法解釋的主體由最高人民法院的審判委員會進一步擴大到最高人民法院和最高人民檢察院，這一擴大的實質在於使司法解釋的主體由原來的一個單一審判組織，改變為兩個職能不同的司法機關和檢察機關。兩個不同的司法解釋主體，由於其職能的不同，其工作性質和任務也必然不同，其對同一事實和法律進行觀察的角度也會有所不同，這必定會影響對同一法律的理解，從而導致兩個解釋主體在相同情形之下，對同一解釋對象作出不同的解釋。

司法機關和檢察機關是兩個工作聯繫十分緊密但職能不同的機

4　1907年國會通過，1912年生效的《瑞士民法典》第1條第2款。據謝懷栻翻譯：第1條包括3款：①凡本法在文字上或解釋上有相應規定的任何法律問題，一律適用本法；②如本法沒有可以適用的規定，法官應依據習慣法，無習慣法時，應依據他作為立法者所制定的規則裁判之；③於此情形，法官應遵循公認的學理與慣例。參見謝懷栻：《大陸國家民法典研究》，中國法制出版社，2004年版，第78頁。

關。在我國，檢察機關有偵查、起訴和監督三重職能，當兩個機關對同一問題有不同的解釋時，檢察機關按照自己的（理解）解釋偵查、起訴的案件，在審判階段就可能出現另外一種出乎檢察機關預料的判決結果，而作為監督機關的檢察機關則極有可能以自己的理解和解釋對司法機關進行"監督"。於是就使司法機關和檢察機關在對法律進行解釋前的協調成為必要或必然。在這種情形下，審判就可能變成與公訴機關的妥協，司法獨立也許就只是保留了一個名稱而已。這實際上是對法制統一的一種削弱或破壞。同時司法解釋以兩個國家機關的名義作出，這就從形式上混淆或掩蓋了司法權與檢察權的區別，從根本上否定或抹煞了司法解釋是針對案件適用法律作出裁決這一實質，即所謂具體運用法律、法令問題的解釋。

　　既然是法律規定國家機關而非審判組織進行司法解釋，那麼，法律規定的作為司法解釋主體的國家機關，和法律未規定的非司法解釋主體的國家機關聯合作出司法解釋就成為可能。因為這裏已看不出審判組織與非審判組織的區別，所表現出來的只是同為國家機關，有的有權而有的則無權，在有無司法解釋權的問題上似乎只是一個法律有無授權的區別而已，突破這一授權界限在一般人看來也似無大礙。另外，既然可以以國家機關的名義發佈解釋，作為實際運作解釋的機關內部機構有甚麼理由不可以以自己的名義直接發佈呢？這樣不是更加名副其實嗎？正因為如此，幾十年來最高人民法院與其他國家機關聯合發佈解釋法律的文件，最高人民法院內部機構直接發佈解釋法律的文件的情形才會屢屢出現。

　　司法過程是上至最高人民法院下至基層人民法院審理案件時，都需要進行的審判過程，而每一個具體案件的司法過程都包含着理解、解釋、運用法律三個環節，也就是説每一個具體案件審理過程中都存在着不同程度的對法律解釋的問題。廣義地説，無論哪一層級的審判都存在司法解釋，這些解釋對法律適用者所面對的案件具有實在的法律效力。至於現在學者和立法者將司法解釋主體只界定在國家最高司法機關，只是來源於對解釋效力範圍方面的考慮，根據效力範圍將司法解釋限制在對司法具有普遍約束力的層面上。無論如何，任何一個層級的法律適用者正在對法律進行着有效的解釋是客觀存在的，學者、立法者包括案件的當事人必須正視這一點，在這裏真正有效解釋法律的不是司法機關，不是整個法律，而是擁有審判權的法官和審判組織。所以，我們可以説司法解釋的主體就是法官和審判組織（即人民法院的獨任審判員、合議庭、審判委員會）。但是根據不同效力範圍的司法解釋，將司法解釋區分為最高司法解釋和法律適用解釋，並在其權限、形式方面加以區別規範則是很有必要的。[5] 董皥在另一篇論文中更明確指出，司法解釋作為法律適用的手段本不應該出現一個解釋體制的問題，但我國的現實狀況是將司法解釋作為一種權力進行配置，因而形成了二元一級的司法解釋體制。現在看來，這種體制有不少弊端。我國應建立一元多級的司法解釋體制，司法解釋的主體只能是法官和審判組織。[6] 曾擔任法官的董皥博士對有關司法解釋的分析既有現實基礎又有理論深度，筆者深表贊同。

張志銘教授在對我國的法律解釋體制進行了細緻的分析和反思的基礎上，對法律解釋權的分割和壟斷提出了質疑，[7] 並對"兩張皮"現象予以批評。從國內目前的情況看，儘管人們在認識上普遍把法律解釋與法律實施相聯繫，但就具體的聯繫方式而言，卻存在

5　董皥：〈司法解釋之管見〉，載《政法論壇》，1997 年第 6 期。

6　董皥：〈我國司法解釋體制及其改革芻見〉，載《法商研究》，2001 年第 5 期。

7　張志銘認為，司法解釋和具體個案相脫離，這就是很純粹的中國特色，但是缺乏最根本的一個學理。參見張志銘：〈法律解釋原理〉（上），載《國家檢察官學院學報》，2007 年第 6 期。

"兩張皮"現象：一是在制度和實踐層面，一般把法律解釋限於"抽象解釋"，不承認"具體解釋"；二是在理論研究層面，近年來出版的一些著作都把法律解釋視為"具體解釋"，無視"抽象解釋"的存在（潛在的看法顯然是把"抽象解釋"視為法律創制，而非法津解釋），從而表現出與國際學術的"接軌"和對話。[8]

二、中國原有的法律解釋主體範圍的突破與豐富

在當代中國，僅憲法、法律規定的國家機關的法律解釋，即法定解釋，才具有法律約束力，學埋解釋並無法律約束力。我國憲法、法律對法律解釋的權限劃分可稱為法律解釋的體制。[9]在法律解釋的主體上，包括全國人大常委會、最高人民法院、最高人民檢察院、國務院及其主管部門、省級人大常委會和省級政府主管部門。此外，由於 1986 年修正後的《地方各級人民代表大會和人民政府組織法》規定省、自治區人民政府所在地的市和經國務院批准的較大的市的人民代表大會及其常委會（在本級人大閉會期間），有權制定地方性法規。有學者認為，上述決議第 4 項關於地方性法規解釋的規定，在主體上應包括省、自治區人民政府所在地的市和經國務院批准的較大的市的人大常委會和人民政府主管部門。[10]

我們來看《基本法》的有關規定。《基本法》第 158 條規定，本法的解釋權屬於全國人民代表大會常務委員會。全國人民代表大會常務委員會授權香港特別行政區法院在審理案件時對本法關於香港特別行政區自治範圍內的條款自行解釋……。《基本法》第 80 條

8　張志銘：〈法律解釋概念探微〉，載《法學研究》，1998 年第 5 期。

9　沈宗靈：〈論法律解釋〉，載《中國法學》，1993 年第 6 期。

10　張志銘：〈當代中國的法律解釋問題研究〉，載《中國社會科學》，1996 年第 5 期；另參見張志銘：〈中國的法律解釋體制〉，載《中國社會科學》，1997 年第 2 期。

規定，香港特別行政區各級法院是香港特別行政區的司法機關，行使香港特別行政區的審判權。第 85 條規定，香港特別行政區法院獨立進行審判，不受任何干涉，司法人員履行審判職責的行為不受法律追究。

從《基本法》第 158 條的規定中我們發現，作為地區法院的香港特區法院擁有明確的法律解釋權，這一點明顯不同於內地，由此突破了最高人民法院壟斷司法解釋權的局面。第 158 條中的香港特區法院是複數，含香港特區各級法院，結合第 80 條的規定，可知香港各級法院都有法律解釋權。林來梵教授認為，"司法獨立" 在香港有雙層意味：司法權獨立和法官的獨立，後者就體現在第 85 條裏。[11] 如果我們承認審判權必然包含法律解釋權，那麼法官獨立也就意味着法官解釋。內地法學界討論多年的司法解釋和法官解釋，都在《基本法》中有明確或隱含的規定。

香港特區各級法院和法官擁有法律解釋權，無疑突破並豐富了我國法律解釋主體的範圍，值得我們予以重視和研究。

更重要的是，全國人大常委會和香港特區終審法院作為《基本法》解釋主體不但有《基本法》的明文規定，而且已經有大量的實踐，期間既有衝突也有互動，亟須我們在理論上加以探討。

11　林來梵：〈對"人大釋法"爭議的除魅——論不能自足的司法制度〉，載林來梵：《剩餘的斷想》，中國法制出版社，2007 年版，第 47-49 頁。

第二節　香港法院的發展歷史和架構

一、香港的政制變遷

1997 年回歸以前，由於香港是作為英國的海外殖民地而存在的，因此其政治制度基本上是按照英國殖民地的統治架構建立並發展而成。從殖民地性質出發，不僅香港政府的權力來源於宗主國英國的賦予，而且政府對香港地區民眾的管制不是以民眾的同意或選擇為基礎，港英政府和香港社會之間的權力關係只是一種自上而下的指令式關係，而不存在自下而上的制約機制。[12]

從憲法上來看，最初的香港政制是根據 1843 年 4 月 5 日英國女王簽署的《英皇制誥》(Letters Patent) 和次日頒發的《皇室訓令》(Royal Instructions) 而建立的。1843 年的《英皇制誥》被稱為香港殖民地政制憲法的藍本，它以大英聯合王國女皇的名義，頒佈了香港殖民地政府組織的基本法則，規定總督為香港首長，下設立法和行政兩局。《皇室訓令》可以説是《英皇制誥》的執行細則，它具體規定了行政、立法兩局的構成與運作，以及港督在兩局中所享有的基本權力。《英皇制誥》和《皇室訓令》奠定了香港作為英國殖民地政府的憲制框架，二者所確立的以港督為核心的中央集權式政治體制，將香港置於英國王權的直接管轄之下，使香港政治深深烙上了殖民統治的色彩。[13]

如果運用凱爾森（Hans Kelsen）的"基本規範"分析香港法制，我們會發現這法制的"基本規範"與英國本土的法制的基本規範是大致相同的，前者可表述為："英皇會同英國國會制定的法令

12　董茂雲等：《香港特別行政區法院研究》，商務印書館，2010 年版，第 8 頁。
13　董茂雲等前引書，第 10 頁。

（Act of Parliament）是有效的，英皇頒佈的特權法例（Prerogative Legislation）也是有效的，兩者如有衝突之處，以前者為準。"[14]

1843 年以後，在原有的兩個敕令基礎上，英國又於 1917 年發佈了新的《英皇制誥》和《皇室訓令》，奠定了二十世紀香港回歸之前的政治制度結構。1880 年，華人伍廷芳（1842-1922）被委任接替任期未滿離港的英籍非官守議員 H. B. 蓋普（H. B. Gibb，今譯為吉布），開啟了華人參政的先河。[15]

港英當局的統治，一直以《英皇制誥》、《皇室訓令》和其他殖民地憲法性法律為基礎，努力維護着源自維多利亞時代的傳統殖民政制的特徵，表現為港督獨裁與諮詢民主的結合。港英政制的特點可概括為：①港英政制是建立在英皇意志基礎上，以英國殖民利益為依歸的政治體制；②港英政制是以港督的高度集權為核心的行政主導體制；③行政吸納政治模式。行政吸納政治的特徵是二十世紀 80 年代時任香港中文大學教授金耀基提出來的。在他看來，行政吸納政治是一個過程，在這個過程中，政府把社會精英或精英集團所代表的政治力量吸納到巨大的行政機體中，建立一個以精英共識為骨幹的政治體。此一過程，賦予統治權力以合法性，從而一個鬆弛但融合的政治社會便得以建立。④諮詢式民主。[16]

二、香港法制的形成與特點

香港的殖民地特徵對香港法律制度產生了重要影響，造成了很長一段時間裏香港的二元法律體制。所謂二元即：一元是引入的英國法律；另一元是中國的法律，包括中國的傳統法律和英國在香港

14　陳弘毅：〈1997 年前後香港法律體制的過渡與銜接〉，載《法學評論》1994 年第 1 期。
15　董茂雲等前引書，第 10-12 頁。
16　董茂雲等前引書，第 17-18 頁。

制定的法律。其中關鍵是涉及到中國傳統法律和習慣在英屬香港的適用問題。

1841 年 2 月 1 日，在英國宣佈佔領香港後不到一週，英國駐華全權欽使兼貿易總監查理・義律（Charles Elliot）和英國遠東艦隊司令戈登・伯麥（Gordon Bremer）在香港發佈"安民告示"。該告示主要包括兩部分：宣佈英國對香港實行殖民統治；宣佈英屬香港適用法律的原則。次日，義律又發佈了第二個公告，規定英國人適用英國法律。這兩個公告史稱"義律公告"，作為一個法律文件，它奠定了香港在很長時間以內的二元法制特色，尤其是肯定了中國傳統法律和習慣在香港的效力問題。從《香港法律報告》中可以看到，仍然起作用的中國法律和習慣主要體現在婚姻法和繼承法方面，其中包括了《大清律例》的一些法律規定。

隨着英國在香港勢力的日漸強大和穩定，中國法律和習慣的存在空間日漸萎縮，由於現代法律制度的演變和英國的作用使然，香港法制從二元走向一元似乎成為了無可挽回的大趨勢，而《大清律例》的相關規定在二十世紀 70 年代前期完全失去了效用。[17]

香港法制中，法律淵源主要有以下幾重：

1. 香港立法機關（即香港總督會同立法局）制定的條例（Ordinances）。 香港立法機關的立法權是香港憲法性文件《英皇制誥》所賦予的，而後者就是英皇頒佈的特權法例中的一種。

2. 附屬法例。 又可稱授權立法（Subordinate, Subsidiary or Delegated Legislation），即某政府機關、主管當局或官員根據有關條例的授權而制定的規例（Regulations）、規則（Rules）、附例（By-Laws）等法律規範性文件。很多條例本身只規定基本原則，並同時

17　董茂雲等前引書，第 35-36 頁。

訂明某指定的主管當局在某些指定範圍內或為了某些指定目的，有權制定附屬法例。

3. **普通法（Common Law）**。這主要來自英格蘭和香港法院的判例。香港法院的判例，在某些情況下根據"判例的拘束力原則"（Stare Decisis）對該法院或下級法院有約束力。至於英格蘭普通法對香港的適用性，則規定於香港立法機關制定的《英國法律應用條例》（香港法律第 88 章）的第 3 條。

4. **英國國會制定的法令**。可以通過其中的明文條款或以默示形式適用於香港，但絕大部分的英國國會法令是不適用於香港的，反過來說，英國國會法令只佔香港現行成文法的一小部分。

5. **由英政府根據有關英國國會法令的授權而為香港頒佈的附屬法例**。如樞密院頒令（Order in Council）。

6. **英皇的特權法例**。形式包括《英皇制誥》、《皇室訓令》（這兩者是香港現行法制和政制的基本憲法性文件[18]）、樞密院頒令，等等。一般來說，即使沒有得到國會法令的特別授權，英政府行政機關（以英皇名義）仍有權就英殖民地立法，但正如英國法令一樣，皇室特權法例也只佔香港成文法總體的極小部分。

7. **十九世紀的中國傳統法律及習慣法（Chinese Law and Custom）**。在婚姻法和土地繼承法的若干有限範圍內仍適用於香港。[19]

李曉新將港英時期的香港法制特點概括為四點：①立法權來源於英國。《英皇制誥》和《皇室訓令》為港督統治香港奠定了法律

18　應該指出的是，如果把《英皇制誥》和《皇室訓令》與世界各地的憲法比較，前者不算是十分完備的憲法，因為它沒有明文規定政府與人民的關係，或清楚保障人民的權利與自由、限制政府的權力，也沒有說明香港的經濟、社會或其他制度的基本原則。見陳弘毅、陳文敏：《人權與法治：香港過渡期的挑戰》，廣角鏡出版社有限公司，1987 年版，第 6-7 頁。——補註於 2015 年 1 月。

19　陳弘毅：〈1997 年前後香港法律體制的過渡與銜接〉，載《法學評論》，1994 年第 1 期。

基礎，前者規定設立總督，並授予其一系列權力；後者補充前者的不足，規定兩局的組織、權力，以及決定政策、制定條例的程序等。在法律解釋權方面，根據普通法原則，法律解釋權屬於法院，香港法院的終審權則歸屬於英國的樞密院司法委員會，換句話說，香港的法律最終解釋權也在英國。②法律淵源多樣。由於香港法律形成的中西融合背景，使香港法的淵源多種多樣，既有制定法，也有判例法；既有成文法，也有習慣法等不成文法；既有國內法，也有國際條約；既有英國普通法等主要淵源，也有權威性著作等次要淵源；既有英國的普通法、衡平法等判例法，也有香港本地的判例法；既有英國、中國的制定法，也有香港本地的條例和附屬立法等制定法。香港法的淵源中以英國法為基本，以中國法為補充，並以香港本地法為發展，因此，香港法的淵源十分豐富，法律形式多種多樣、非常齊全。③奉行程序優先。④遵循判例法傳統，法官地位突出。[20]

三、香港特別行政區法制的基本結構

香港特別行政區政制與港英政制相比，存在着本質區別。首先，兩種政制的政權歸屬不同。港英時期的政制是英國進行殖民統治的政制，其最高決定權在英國政府；而香港特別行政區的主權在中華人民共和國，中國政府對香港政制擁有最終政治決定權。其次，兩種政制的政治授權關係不同。港英時期，香港的政治權力來自於英國政府的授予，總督作為英國最高統治者在香港的代表，統轄香港的整個政治運作；香港特別行政區的政治權力來自於中國全國人大的授予，在高度自治權下實行港人治港的政治模式。最後，

20　董茂雲等前引書，第 40-43 頁。

兩種政制的政治責任模式不同。港英時期，香港政府整個政治運行的責任對象是英國政府，而非香港社會，行政局、立法局和公務員都向港督負責，港督則向英國女皇負責；而在特別行政區政制下，在高度自治的政權機制基礎上，其責任對象是中國政府和香港特別行政區自身，從行政長官到普通公務員，都必須向香港特別行政區和中央負責。[21]

香港法律制度形成的特殊歷史背景與政治制度基礎，決定了香港法律制度具有不同於中國內地和英國的特殊品格，也可以說，香港法是"自成法域"。[22] 法域是指在一個相對獨立的司法管轄區內，具有特殊法律制度的區域或地區。法域可以在國與國之間存在，也可以在一個統一的主權國家內存在。作為一個先後經歷了中國封建法制、英國判例法制，以及中國當代法制等多種法制統治和影響的區域，香港形成了自己獨具特色的法律治理模式。香港法域的特色不但得以保存，而且在融合了中國當代法制的基礎上還有所創新，尤其表現在《基本法》中對中國現行的相關法律在香港地區的法律效力有了明確規定。以中華人民共和國對香港的主權管轄為基礎，中國最高立法機關所制定的適用於香港的全國性法律，以及專為香港制定和頒佈的命令和決定等，具有了高於香港地區制定法和判例法的地位，但同時保留香港的立法權的相對獨立性。

特別行政區的法律制度主要由以下幾部分構成：

（一）香港的憲法性法律

中國恢復對香港行使主權後香港的憲法性法律是《中華人民共和國憲法》和《基本法》。《基本法》是全國人民代表大會根據憲法

21　董茂雲等前引書，第 20 頁。
22　董茂雲：〈香港特別行政區的法制特色〉，載《復旦學報》，1997 年第 5 期。

制定的基本法律，其法律效力僅次於憲法，它不同於一般的基本法律，它是香港特別行政區各部門法律的"奠基法"和"統帥法"，是香港地區其他法律發生效力的基本依據。這種奠基性作用，類似於某一地區憲法對該地區所起的作用，這種作用決定了《基本法》在香港特別行政區具有類似於憲法的憲制性地位。[23]

（二）香港實施的全國性法律

《基本法》第 18 條規定，在香港特別行政區實施的法律為本法以及本法第 8 條規定的香港原有法律和香港特別行政區立法機關制定的法律。全國性法律除列於本法附件三者外，不在香港特別行政區實施。凡列於本法附件三之法律，由香港特別行政區在當地公佈或立法實施。全國人大常委會在徵詢其所屬的香港特別行政區基本法委員會和香港特別行政區政府的意見後，可對列於本法附件三的法律作出增減，任何列入附件三的法律，限於有關國防、外交和其他按本法規定不屬於香港特別行政區自治範圍的法律……

根據 1990 年所頒佈的《基本法》附件三的列舉，共有 6 項全國性法律在香港實施：《關於中華人民共和國國都、紀年、國歌、國旗的決議》、《關於中華人民共和國國慶日的決議》、《中央人民政府公佈中華人民共和國國徽的命令》（附國徽圖案、說明、使用辦法）、《中華人民共和國政府關於領海的聲明》、《國籍法》、《外交特權與豁免條例》。全國人大常委會於 1997 年增加了《國旗法》、《領事特權與豁免條例》、《國徽法》、《領海和毗連區法》和《香港特別行政區駐軍法》，並刪去了《中央人民政府公佈中華人民共和國國徽的命令》（附國徽圖案、說明、使用辦法），於 1998 年增加了《專

23　董茂雲等前引書，第 46-47 頁。

屬經濟區和大陸架法》，於 2005 年增加了《外國中央銀行財產司法
強制措施豁免法》。至此，包括《基本法》在內，在香港特別行政
區實行的全國性法律共有 13 項。[24]

（三）予以保留的香港原有法律

《基本法》第 8 條規定，香港原有法律，即普通法、衡平法、
條例、附屬立法和習慣法，除同本法相抵觸或經香港特別行政區
的立法機關作出修改者外，予以保留。香港回歸後，其中的成文
法（與《基本法》抵觸的除外）大部分被保留。原來香港適用的判
例法包括英國判例、英聯邦成員國家或地區判例和香港本地判例。
英國判例、英聯邦成員國家或地區判例不是香港原有法律，不予保
留，不能在香港特別行政區繼續適用。所以在"一國兩制"下，香
港的判例法來源"將由原來的多元結構轉變為香港本地判例的單一
結構"。現在香港特別行政區的判例法將由香港原有判例和香港特
別行政區法院判例兩個部分組成。根據《基本法》第 84 條規定，
香港特別行政區法院依照本法第 18 條所規定的適用於香港特別行
政區的法律審判案件，其他普通法適用地區的司法判例可作參考。
因此，其他普通法適用地區的司法判例可作參考。換句話說，除
與《基本法》相抵觸者或帶有殖民色彩的以外，可繼續在香港適
用。[25]《基本法》第 8 條中的習慣法是指在英國十九世紀佔領香港

---

24 全國人大常委會《關於〈中華人民共和國香港特別行政區基本法〉附件三所列全國性法律增
減的決定》（1997 年 7 月 1 日）、《關於增加〈中華人民共和國香港特別行政區基本法〉附件
三所列全國性法律的決定》（1998 年 11 月 4 日）、《關於增加〈中華人民共和國香港特別行
政區基本法〉附件三所列全國性法律的決定》（2005 年 10 月 27 日），載 "中國人大網"（http://
www.npc.gov.cn）。瀏覽時間：2011 年 3 月 3 日；另參見《香港基本法附件三：在香港特
別行政區實施的全國性法律》，載 "香港特別行政區政府基本法網站"（http://www.basiclaw.
gov.hk），瀏覽時間：2011 年 3 月 23 日。董茂雲前引書遺漏了全國人大常委會 1998 年和
2005 年的兩個決定，因此漏算兩項法律。——筆者註。
25 董茂雲等前引書，第 53 頁。

前當地已經通行的中國清代法律和具有法律效力的習慣。習慣法的適用範圍已很小，但仍是今後香港法律制度的組成部分之一。

（四）香港特別行政區立法機關制定的法律

根據《基本法》第 2 條規定，全國人大授權香港特別行政區享有立法權。根據香港特別行政區的自治權限，特別行政區立法會所擁有的立法範圍相當廣泛，除了涉及國家主權和不屬於特別行政區自治範圍的事務，香港特別行政區立法所涉及的領域涵蓋本轄區內的主要社會關係，包括刑事、民事、訴訟、基本經濟制度、婚姻家庭關係等本應由全國性法律規定和調整的內容。因此，在保留原有判例法的基礎上，香港有權自行制定、修改和廢除有關刑事法、民事法、訴訟法、經濟法等基本法律，香港自行立法也不受有關全國性法律和行政法規的制約。

（五）適用於香港特別行政區的國際協議

在"一國兩制"下，回歸後適用於香港的國際協議來源由單一化向多樣化方向發展，主要涉及三方面內容：一是原來已經在香港適用的國際協議的效力問題；二是中國締結的國際協議在香港的適用問題；三是香港特別行政區在回歸後以"中國香港"名義單獨簽訂的國際協議問題。[26]

值得一提的是，香港特別行政區對判例法傳統既有繼承又有發展。香港法院大約在三類場合中進行"法官造法"：第一類是普通法和衡平法在香港適用形成的判決；第二類是在個案判決中對《基本法》、在香港適用的全國性法律、香港的條例、附屬規則所作的解釋形成的判決；第三類是混合運用司法先例和制定法及制定法

26　董茂雲等前引書，第 55-57 頁。

的解釋所作出的判決。第一類場合中，由於受早先先例的約束，"法官造法"的空間已大大縮小。在第二類和第三類場合中，由於《基本法》的適用及大量新的本地立法的出台，為新時期的"法官造法"提供了很大的空間。法院擁有權威性法律解釋權本身，也為"法官造法"在香港的突出地位提供了保障。法院掌握制定法的解釋權，實際上導致了制定法需要通過判例的審查才能發生作用。回歸之後的香港法院依據下列原則來具體適用先例：

1. 終審法院作為香港的最高審級的法院，不受其判決或任何其他法院所作出的判決的約束，但是終審法院實際上很可能會對有關法律論點採取前後一致的看法。

2. 高等法院上訴法庭除受終審法院過去的所有判決約束外，通常也受本身過去的判決約束。主要的例外情況包括：①其過去的判決與上級法院（如終審法院）的任何一項判決不一致；②該判決與上訴法庭過去的另一項判決不一致；③作出該判決時沒有留意與該判決不一致的法定條文或某些對上訴法庭具有約束力的案例。

3. 香港特區所有法院和審裁處須遵從終審法院和高等法院（原訟法庭和上訴法庭）過去的判決。原訟法庭須遵從終審法院和上訴法院的判決。

4. 關於英國判例的先例效力。①有關英國樞密院在 1997 年 7 月 1 日前作出的判決在該日期後對於香港特區所具有的約束力，上訴法庭在"Bahadur 訴保安局局長"一案中指出："樞密院在（中華人民共和國）恢復對香港行使主權之前宣判的判決，在回歸後對香港所有法院（終審法院除外）繼續具有約束力。"這是因為樞密院的判決是香港普通法的一部分，因此屬於《基本法》生效時在香港實施的法律，亦根據《基本法》第 8 條獲得保留。② 1997 年 7 月 1 日之後，終審法院取代樞密院成為香港特區的最高法院，因此英國樞密院的判決對香港沒有約束力。但是，依據《基本法》第 84 條的規定，香港特區法院可以參考包括英國樞密院和上議院判例在內的其他普通法適用地區的司法判例。[27]

四、香港特別行政區的法院架構

香港早期的法院，可謂處境寒酸。1856 年，有報紙記者描寫香港的高等法院："法院設在樓上，樓下一部分為警察分庭，一部分為宿舍，樓上的房屋矮而狹長，法庭所在地僅一面有窗，大雨時若不關窗，則律師席即有氾濫之患，可是緊閉窗門，室內則悶熱難耐。以至於有些身體衰弱的陪審員，寧願缺席而被判罰 100 元，不願冒險出庭，因為出庭一次回家後調理身體的費用也要花費這個數目。"[28] 面對破舊的法庭、慵懶的陪審團、只會講英文的法官，有多少香港人能看到司法的正義和權威呢？[29]

在港英政府成立後的很長一段時間裏，司法是與立法和行政機構的設置混淆的。最早在 1833 年，英國在廣州建立駐華司法院，以貿易總監為裁判官，受理一切英人的刑事和海事訴訟案件。在 1844 年該院遷至香港後的首次開庭審理中，時任總督璞鼎查（Sir Henry Pottinger）和副總督德忌笠（Sir George Charles D'Anguilar）行使了按察司職權。1844 年，戴維斯（Sir John Francis Davis）就任香港總督後，香港成立了高等法院，並專門委任了正按察司和總檢察官，但二者仍然擔任立法局和行政局議員。這種局面直到 1889 年才得以徹底改變，當年 1 月，港府正式停止了司法官員兼任兩局

---

27 董茂雲等前引書，第 57-59 頁。
28 連繼民：《別了，義律公告》，中國友誼出版社，1997 年版，第 21 頁。轉引自董茂雲等前引書，第 5 頁。
29 董茂雲等前引書，第 5 頁。

議員的做法,使司法獨立於立法和行政。[30]

回歸前香港的法院大致上可分 4 級,即裁判法院(分別設於 10 個區域)、地方法院、高等法院和上訴法院。高等法院和上訴法院合稱最高法院。此外,在民事案例的管理方面,還有 3 個重要的審裁處,即小額錢債審裁處、勞資審裁處和土地審裁處。涉及巨大金額的民事案件和涉及重要法律問題的刑事案件最高可上訴至英國樞密院(Privy Council)的司法委員會(Judicial Committee)。[31]

回歸後香港特別行政區的法院分為終審法院、高等法院(設有上訴法庭和原訟法庭)、區域法院、裁判法院、死因裁判法庭及少年法庭。此外,還有多個審裁處,包括土地審裁處、勞資審裁處、小額錢債審裁處和淫褻物品審裁處,各具司法管轄權,就指定範疇內的糾紛作出判決。

(一)終審法院

終審法院是香港特別行政區最高的上訴法院,根據香港法例第 484 章《香港終審法院條例》及其他法例所賦予的權力,處理針對高等法院(上訴法庭及原訟法庭)的民事及刑事判決而作出的上訴及有關事項。

(二)高等法院

高等法院由兩個法庭組成,即上訴法庭和原訴法庭。上訴法庭負責處理來自原訟法庭和區域法院民事、刑事案件的上訴,同時亦處理土地審裁處、各審裁處及其他法定組織的上訴。原訟法庭對民

30　董茂雲等前引書,第 12-13 頁。
31　陳弘毅:〈1997 年前後香港法律體制的過渡與銜接〉,載《法學評論》,1994 年第 1 期。

事和刑事案件均有無限的司法管轄權，該法庭亦處理來自各級法院，包括裁判法院、小額錢債審裁處、淫褻物品審裁處、勞資審裁處及小額薪酬索償仲裁處的上訴。在刑事審訊中，原訟法庭法官與 7 人陪審團一起審理案件；而在法官的特別指令下，陪審團的成員數目可增至 9 人。

（三）區域法院

區域法院處理涉及款項 5 萬港元以上、但不超過 100 萬港元的民事訴訟；刑事案件中，區域法院法官的判刑上限是 7 年監禁。

（四）裁判法院

香港共有 7 所裁判法院，裁判法院的刑事司法管轄權非常廣泛，負責審理多種可公訴罪行及簡易程序罪行，判刑上限為監禁 2 年和罰款 10 萬港元。不過，越來越多的條例都賦予裁判官權力，使其可判處高達 3 年的監禁和更高的罰款（有些罪行甚至可高達 500 萬港元）。

（五）其他

家事法庭主要負責處理離婚及有關的事宜，包括贍養費及子女的福利等。土地審裁處審理有關租賃糾紛及建築物管理事宜的案件，亦處理因強制收回土地而需評估賠償的申請，及差餉租值／地租值上訴和《房屋條例》涵蓋的處所的市值評估上訴。勞資審裁處審理勞資糾紛，索償款額並無上限，但所處理的申索，必須是在同一申索中至少有 1 名申索人所追討的款項是超過 8,000 港元，或該申索涉及超過 10 名申索人。勞資審裁處採用非正式的聆訊模式，訴訟雙方不得由律師代表。小額錢債審裁處審理其享有司法管轄權之民事申索案件，但款額不可超過 5 萬港元，這裏也採用非正式的聆訊模式，而訴訟雙方不得由律師代表。淫褻物品審裁處為物品或在公眾地方展示的其他事物鑒定類別，並且評定是否含淫褻或不雅成分。死因裁判法庭負責調查死亡個案，及如認為有需要的話，進行研訊。若犯案者為 16 歲以下的少年或兒童，案件將交由少年法庭審理，只有兇殺案除外。少年法庭亦有權對 18 歲或 18 歲以下青少年發出看管及保護令。該法庭分別設於東區、九龍城、荃灣、粉嶺及屯門裁判法院內。[32]

第三節　香港終審法院的解釋角色適應

一、香港終審法院的設立是香港回歸前後司法體制的最大變化

香港原有的司法體制是英國為了統治殖民地而建立的。英國主要從下列兩方面對香港的司法進行控制：其一，把整個英國的司法體制移植到香港。香港現有的整個司法體制都是以英國的相應體制為模式建立起來的。英國佔領香港後，於 1844 年就在香港設立最高法院，在當時制定了《最高法院條例》。回歸前的香港《最高法院條例》（1976 年）仍然規定，"在一切民事案件中，最高法院應適用普通法和衡平法，如同英格蘭的高等法院和上訴法院適用普通法與衡平法一樣"（第 16 條 1 款），"除法院規定另有規定外，英格蘭最高法院現行有效的程序規則在香港最高法院同樣有效"（第 17 條）。百餘年來，香港都是實行英國的司法體制和規則。其二，英

32　香港特別行政區司法機構：〈特別行政區的法院架構〉，載"香港特別行政區司法機構官方網站"（http://www.judiciary.gov.hk），瀏覽時間：2011 年 3 月 3 日；另見香港特別行政區律政司：〈香港的法律制度：法院〉，載"香港特別行政區律政司網"（http://www.doj.gov.hk），瀏覽時間：2011 年 3 月 3 日。

國還把香港地區的最高審判權，即終審權，保留在倫敦（英國的樞密院），作為對香港地區司法的最後控制。除以上兩點外，依照英國法中的“遵循先例”的原則，下級法院必須受上級法院的判例約束，就是在有制定法時，對制定法中的規定的解釋和適用，也要遵從先例（即已有的判例）。香港各級法院在裁判中，不僅下級法院要遵從香港最高法院的判例，還要間接地遵從英國樞密院的判例。因此，香港法院的一切司法活動都要直接或間接與英國的法院保持一致，而不得與英國法院的司法制度或司法活動相背離。另外，香港法律規定，凡是在英國或英國其他殖民地擔任過法官或高級司法人員的人員，都可以到香港擔任法官。這樣的人到香港擔任法官，當然會使香港法院的審判和判決都與英國的達到“一致”。[33]

香港回歸後，根據《基本法》的規定，香港特別行政區各級法院是香港特別行政區的司法機關，行使香港特別行政區的審判權（第 80 條）。香港特別行政區設立終審法院、高等法院、區域法院、裁判署法庭和其他專門法庭。高等法院設上訴法庭和原訟法庭。原在香港實行的司法體制，除因設立香港特別行政區終審法院而產生變化外，予以保留（第 81 條）。一個地方行政區域設置終審法院，享有終審權，此一舉措在中國法制史上前所未有，在外國法制史上亦極不尋常。[34]

終審法院是香港特別行政區成立後新設的，是由於特別行政區享有終審權而設立的。所謂“終審”，就其一般意義說，只是指最後一級審判。但這“終審權”有特殊的意義。原來香港雖然有一個“最高法院”，但英國法律規定對於香港最高法院上訴庭的判決還可

---

33 黃江天：《香港基本法的法律解釋研究》，三聯書店（香港）有限公司，2004 年版，第 80 頁。
34 黃江天前引書，第 79 頁。

以上訴到英國的樞密院。這就是説，香港最高法院仍是一個"對其
判決可以提起上訴"的法院。在這個意義上，香港最高法院並不享
有"終審權"，也就不是一個終審法院。這個意義的終審權屬於英
國倫敦的樞密院，所以英國倫敦的樞密院享有對香港訴訟案件的最
後一級審判的權力。

在香港特別行政區成立後，這種權力當然不能再屬於英國，理
應屬於中華人民共和國的最高人民法院。但在"一國兩制"的政策
下，國家授予香港特別行政區高度自治權，其中包括司法方面的終
審權。在香港各級法院所審判的案件，其最後審級就在香港，不必
上訴到北京的最高人民法院。即在香港設立一個法院，受理對香港
各級法院的最後一級上訴，這一個法院名為香港終審法院。在香港
特別行政區設立終審法院只是國家准許香港特別行政區自行處理區
內的訴訟案件，對之作出最終判決，對這種判決不能再上訴到最高
人民法院。不過香港的終審法院不稱為"最高法院"。香港的終審
法院雖然享有終審權，但它在全國法院系統內仍處於地區性法院的
地位，只是它比起各省、直轄市的高級人民法院來，有其一定的特
殊性而已。這一特殊性就表現在，對香港終審法院所作的判決，不
能再上訴。[35]

二、有關香港特別行政區終審法院的問題及解決

香港終審法院本來應等香港特別行政區成立後，再來組建。
1988 年 2 月，英方首先提出在 1997 年 7 月 1 日前成立終審法院並
使之過渡到 1997 年以後的建議，並認為此舉有利於終審法院積累
經驗。中方從維護香港的平穩過渡、穩定繁榮出發，對此作出了積

35　黃江天前引書，第 81-82 頁。

極的回應，同意通過中英聯合聯絡小組就設立終審法院的有關問題與英方進行磋商。1990 年 4 月，《基本法》公佈。《基本法》就未來終審法院的有關事項作了各項規定，為有關討論提供了依據。1991 年 9 月，中英雙方達成關於在 1997 年前設立香港終審法院的原則協議。但在同年 12 月，英方將此協議事項提交香港立法局討論，立法局否決了這一協議，此事被擱置下來。將由兩國政府簽署的具有國際條約性質的協議提交給香港立法局這一地區諮詢機構進行動議討論，而且由立法局推翻兩國政府所達成的協議，這在政治上和法理上都反映了英方急於抬高立法局的地位，實質是無意履行雙方達成的協議。而立法局否決的理由卻只是所謂"海外法官比例太少"，這充分暴露了立法局內部分人不相信港人能治港的殖民地心態及所謂"民意"的政治傾向。[36]

1995 年 5 月，香港特別行政區籌委會預委會政務專題小組第 17 次會議討論了組建香港特別行政區終審法院的問題。委員們認為，為了確保 1997 年 7 月 1 日香港特別行政區成立時有一個終審法院，以及有一套獨立的、完備的司法體制而不會出現所謂的"司法真空"，籌委會需在 1997 年前做好有關準備工作。委員們就此提出 8 項原則意見。意見經中英聯合聯絡小組中方代表提交聯絡小組後，1995 年 6 月 9 日雙方完全以上述 8 條建議為依據達成 5 點協議。隨後英方根據該協議修訂其原已擬好的《香港終審法院條例》，提交立法局。立法局於 1995 年 7 月 26 日通過草案。《香港終審法院條例》作為香港法例第 79 號公佈。該條例第 1 條第 2 款規定："本條例不得在 1997 年 6 月 30 日當日或之前實施，而翌日須為本條例的實施日期。"而且規定："本條例並須經過必需的修改，以

36　黃江天前引書，第 82 頁。

確保完全符合《基本法》。"[37]

　　由此可見，香港終審權的授予是政治性的決定，終審法院的產生、海外法官的比例等都充滿政治爭議。香港回歸後，海外法官的問題仍時有爭論。在本地報章的一些對終審法院判決的評論中，更直指《香港終審法院條例》不符合《基本法》的立法原意，也不符合中英達成的協議。[38]

三、香港終審法院的功能分析與"制度真空"

　　司法的功能可分為兩類：一類是司法活動基本的也是普通的功能，如對民事和刑事案件進行審理和作出判決，懲戒犯罪活動並維護治安等，這屬於純粹司法功能；另一類主要是自以三權分立為基礎的現代司法政治產生以後司法機構才具有功能，如對立法和行政部門進行監督，這屬於司法的政治功能。當然，它們之間的分野不是絕對的，有時也相互滲透。[39]

　　解釋法律和創造判例一般來說是法院的普通司法功能，但如果這種功能與立法機關的功能相衝突，就具有了明顯的立法和政策功能，就超出了純司法功能而演變為政治功能。[40]英國上議院的西蒙勳爵（Lord Simonds）就對丹寧法官（Lord Denning）在馬哥暨聖麥倫斯鄉區政府訴紐波特公司案中，對法律的解釋指責道："在我看來，這是在不難揭穿的號稱對法律進行解釋的偽裝之下，赤裸裸地篡奪立法職責。"[41]

　　香港終審法院的設立過程充滿政治爭議，有關它的法律規定和

37　黃江天前引書，第 83-85 頁。
38　黃江天前引書，第 86 頁。
39　黃江天前引書，第 102 頁。
40　黃江天前引書，第 103 頁。
41　[英]丹寧：《法律的訓誡》，楊百揆、劉庸安、丁健譯，法律出版社，1999 年版，第 16 頁。

實踐同樣無法脫離或迴避政治分析。有關香港法院特別是終審法院的法律條文規定在《基本法》第四章第 4 節 "司法機關"中，第四章的題目恰恰是 "政治體制"。《基本法》採取了符合香港實際的行政長官制，即 "行政主導、行政與立法互相制約而又互相配合"的體制。[42]

與蕭蔚雲教授有關《基本法》"完備性"的判斷不同，程潔博士認為《基本法》存在 "制度真空"。"在香港，三個權力部門之間雖然存在分權規定，但是相互制約關係僅存在於立法機構與行政機構之間。在司法—立法、司法—行政層面，由於終審法院既可以審查香港政府（特首）行政命令，在 1999 年之後開始審查立法會立法，因而形成實際的單向制約關係。在中央—地方方面，《基本法》分別規定了立法會對全國人大常委會與香港特首對國務院之間一一對應的負責關係。然而，香港終審法院則不受任何中央權力機構約束。"[43]

陳端洪博士分析了《基本法》的另一處 "漏洞"：第 15 條和第 45 條第 1 款的規定之間如何協調。第 15 條規定："中央人民政府依照本法第四章的規定任命香港特別行政區行政長官和行政機關的主要官員。"第 45 條規定："香港特別行政區行政長官在當地通過選舉或協商產生，由中央人民政府任命。"行政首長的產生必須經過兩道程序才能發生法律效力：首先要經過當地選舉或協商，然後需要得到中央政府的同意、任命。如果第一道程序具有法律效力，那麼中央政府的任命就是形式性權力；如果中央政府的任命是實質性權力，出現中央政府與地方意見不一致時就應該否定地方程

42　蕭蔚雲：〈論香港基本法的完備性和對一些問題的認識〉，載蕭蔚雲主編：《香港基本法的成功實踐》，北京大學出版社，2000 年版，第 35 頁。

43　程潔：〈論雙軌政治下的香港司法權〉，載《中國法學》，2006 年第 5 期。

序的效力，而重新協商或選舉。此時就會出現一個在性質上類似於
"憲法危機"的基本法危機。[44]

更值得一提的是《基本法》第 158 條存在的"漏洞"。胡錦光教
授曾指出了第 158 條存在的諸多問題：①沒有明確規定全國人大常
委會是否可以行使對特區自治範圍內的條款的解釋權；②沒有明確
規定特區法院是否擁有"違憲審查權"；③沒有設置解決特區法院
應該提請或拒絕提請人大解釋的機制；④沒有明確規定在終審法院
以下的其他法院作出終局判決的情形下，應如何由終審法院提請人
大常委會解釋的程序；⑤沒有明確規定自治範圍內條款與非自治範
圍內條款的認定標準、認定權限歸屬以及認定權限衝突的解決機
制，等等。[45]"吳嘉玲案"出現的基本法解釋衝突與上述"制度真
空"不無關係，也驗證了胡錦光的上述部分預見。[46]

四、香港終審法院在"吳嘉玲案"中的角色錯位

司法實踐中不可避免地會面對政治問題的挑戰，尤其是在涉及
司法審查或違憲審查問題中。因此，法院在任何解釋和適用憲法或
憲法性法律問題上，可能存在着兩種不同的方式和傾向，即"司法
積極主義"（或稱"司法能動主義"）和"司法消極主義"。"司法積
極主義"是指法院首先積極地進行憲法性判斷（第一層次），進而
積極地作出違憲判斷（第二層次）；"司法消極主義"則指法院不輕
易進行憲法判斷，或即使在第一層次上積極作出憲法判斷，但是在

44　陳端洪：〈主權政治與政治主權：香港基本法對主權理論的應用與突破〉，載陳端洪：《憲
　　治與主權》，法律出版社，2007 年版，第 182 頁。
45　胡錦光：《中國憲法問題研究》，新華出版社，1998 年版，第 315 頁以下。
46　林來梵：〈補論：香港特區的基本法訴訟〉，載林來梵：《從憲法規範到規範憲法》，法律
　　出版社，2001 年版，第 417 頁。

第二層次上則對作出違憲判斷保持消極的態度。[47] 這兩種取向不僅決定了法院法律適用、法律解釋的立場和模式，而且會對法院和其他國家機關的關係產生重要的影響。[48]

在回歸前港英政府的統治下，香港法院堅持着"司法消極主義"的立場和態度。這一方面是由於英國傳統中較為奉行"司法消極主義"，在議會主權模式下，法院即使享有高度的司法獨立性，對於通過司法審查來解決某些憲法性問題，特別是政治問題的方式也保持了高度的審慎。這一英式政制傳統對香港法院有着深遠而長久的影響。此外，當時的香港政治體制是以"行政主導"為原則，香港法院行使的司法權相對於行政權和立法權較弱，所以對行政和立法的司法干預也秉持謹慎的態度。1991 年後，香港法院開始嘗試採用"司法積極主義"的態度和方式，宣示了其對法院違憲審查功能的關注和追求。但就總體而言，香港法院在回歸之前仍是以"司法消極主義"為基本立場。[49]

自二十世紀 90 年代以來，特別是回歸後，香港法院尤其是香港終審法院在其司法實踐中越發受到"司法積極主義"的影響，表現為對法院在政制和法制中的功能，特別是終審法院的角色和功能的認識發生了重要變化。根據《基本法》，終審法院對《基本法》有一定範圍的解釋權，是香港特區立法、行政和司法機關中唯一享有《基本法》解釋權的機關。前述三個機關的不均衡加上這種獨特的"護法者"角色使香港法院更容易獲得"司法積極主義"的衝動。當然，這種客觀條件只是提供了"司法積極主義"的可能性，更重要的還要看香港司法機關，特別是香港終審法院對自身角色的認識和態度。

47　林來梵前引書，第 411 頁。
48　董茂雲等前引書，第 152-153 頁。
49　董茂雲等前引書，第 152-154 頁。

　　"吳嘉玲案"是以司法覆核方式提起的。香港特區法院的違憲審查活動也是透過普通法制度中的司法覆核進行的，顯然屬於具體的、附帶的違憲審查方式。香港特區法院違憲審查權問題本身是個有爭議的問題。即使擱置爭議，從比較法的觀點看，司法覆核的方式決定了香港特區法院在進行違憲審查活動中，應以採用個別效力的方式為宜。終審法院的判決書卻以明確的態度宣告《入境條例及規例》中的諸多條款無效，並聲稱從該條例或慣例中予以剔除。顯然，這是採用了類似於德國式抽象審查制度中的"一般效力"方式。美國式的具體違憲審查制度與德國式的違憲審查制度，各自具有不同的內在特性和操作方式。從學理上說，具體審查既然是通過對具體個案來完成的，其判決的效力亦須相應地採用個別效力；反之，如果採用抽象審查方式中的一般效力方式，則容易導致以偏概全，甚至導致所謂的"司法濫權"或"司法專斷"。[50]

　　香港終審法院在"吳嘉玲案"中"不按常規出牌"還不限於此。陳弘毅認為，"終審法院其實沒有必要處理香港法院就人大行為的審查權問題。"[51]但終審法院在判決書中"借此機會毫不含糊地"宣稱："香港特區法院有權審查全國人大及其常委會的立法行為是否抵觸基本法，而且有責任在發現有抵觸時，宣佈此等行為無效。"這已不僅僅是在香港特區內部的憲制架構中大張旗鼓地擴張權力，而且可能導致特區法院的司法權對全國立法機關立法權的過度干預，甚至導致對國家統一性的嚴重危害。[52]更有學者指出，一旦把這場法律上的司法管轄權之爭理解為一場政治鬥爭，則理性的學理

50　林來梵前引書，第 407 頁。
51　陳弘毅：〈回歸後香港與內地法制的互動〉，載陳弘毅：《法理學的世界》，中國政法大學出版社，2003 年版，第 400 頁。
52　林來梵前引書，第 407-408 頁。

討論似乎變得多餘，因為政治關心的不是學理上的正確或錯誤，而在於政治效果，在於社會能不能接受，在於政治權威的歸屬。如果說內地法學家誤解了終審庭的判決內容，那是因為終審庭首先誤解了憲法案件的性質。憲法案件並不是普通的法律案件，從來都是政治案件，對憲法案件的審理必須具有政治思維。況且終審庭作出這樣的判決本身就包含了明確的政治目的：抬高特區法院的權力並試圖凌駕於中央的權力之上。然而，這無疑是一個錯誤的政治判斷，它既沒有遵守政治上的審慎美德，也沒有遵守自我節制的司法美德。[53]

從回歸初期香港特區法院在行使"司法審查權"過程中，特別是對基本法的解釋過程中的情況來看，其傾向顯然屬於司法積極主義傾向。在"吳嘉玲案"中，這種傾向達到了巔峰狀態。[54]

法律問題和政治問題的解決途徑有很大差異。作為非民選的司法機關面對民選的立法機關或行政機關首長，過於主動地干預政治問題，也可能會陷入自己無法控制的尷尬局面，並降低社會公眾對司法機構的信任。所以法院比較多的時候還是應當採取自衛約束的態度，盡量避免干預行政權和司法權，有些屬於公共政策的事項，屬於行政權範圍，法院可以拒絕法律解釋，採取一定的迴避態度。或許是通過"吳嘉玲案"的爭論和檢討，香港法院尤其是香港終審法院意識到激進的司法積極主義在香港政制和法制環境中，將產生嚴重的消極作用，所以近年來香港法院開始在司法實踐中逐步回歸有節制的司法消極主義上，並且努力在司法積極主義和消極主義之

53　強世功：〈和平革命中的司法管轄權之爭——從馬維錕案和吳嘉玲案看香港憲政秩序的轉型〉，載《中外法學》，2007 年第 6 期。

54　林來梵：〈補論：香港特區的基本法訴訟〉，載林來梵：《從憲法規範到規範憲法》，法律出版社，2001 年版，第 411-412 頁。

間尋求平衡。[55]

程潔博士的分析更加細緻和有説服力。香港司法機構的實踐（通過"吳嘉玲案"）已由實在法取向轉向政策考慮。但這種轉變是良性的嗎？還是迫於壓力的司法退讓？顯然，如果沒有來自中央政府的壓力，難以想像司法機構的轉變。但是，司法機構的審慎態度從法治的長遠目標來看，實則是必要的。這種必要性來自於對司法權力進行適當制約的必要性。

由司法機構主導的違憲審查體制源自美國十九世紀中，二次世界大戰以來世界範圍內的實踐將之推至前所未有的重要地位。雖然司法獨立的觀念在普通法上更加久遠，但是即使是今日，英國司法機構仍然缺乏違憲審查權。而在司法審查範圍最為廣泛的美國，司法機構享有違憲審查權的一個關鍵性的理由，則是司法機構屬於"最不具威脅的機構"。美國對司法機構的低危屬性這一判斷，源於司法機構在三權中的弱勢及其"被動性"。事實上，美國的司法機構確實也在某種程度上受到政治性的控制。反觀香港的司法機構，其獨立性與強度事實上要遠遠高於美國的最高法院。首先，香港法官的任命屬於專業（司法）主導模式，有別於美國的行政主導或政治主導。其次，香港立法會不能直接修改《基本法》，所以在司法機構宣告立法會條例違憲的情況下，立法會無法通過修憲來確定自己的立場。最後，除終審法院與高等法院首席大法官之外，香港司法機構也不受任何其他民意機構制約，包括中國的人民代表大會或香港選民。獨立程度高固然有助於法官的獨立判斷，但是當司法機構全然缺乏政治控制的情況下，其"被動的美德"（Passive Virtue）為司法能動所取代，與之相應的就是遠高於美國的"危險度"。

55　董茂雲等前引書，第 154-155 頁。

香港司法機構的違憲審查權是 1997 年《基本法》開始實施之後衍生的概念。在《基本法》實施之前，香港司法機構的獨立性雖然也非常高——"只在法律之下"，但確實是在英國議會的制定法（Parliamentary Acts）之下。如果説《基本法》所確定的"新秩序"為香港的司法獨立提供了憲法性承諾的話，那麼即使從憲政主義的角度，也不應否定民意機構可以對司法機構施加某種約束。絕對的司法權威並非憲政的目標，能夠維護自由與民主的權力體系才是憲政的根本目標。因此，無論是司法權、立法權還是行政權，都以存在適當制約為最有可能促進人民的自由與權力。[56]

事後批評終審法院的擴權衝動和角色錯位比較容易。但之前已經有香港學者發表評論："在九七過渡後，香港法院在香港法制以至政制中的功能將有增無減，……1997 年後的香港法院有寬闊的空間去發展香港的法律以及建立一個以《基本法》和'一國兩制'、港人'高度自治'為基礎的法理體系。香港法院所面臨的挑戰是如何採取一種中庸之道，一方面勇於堅持它們的獨立司法權和敢於發揮它們法定的管轄權，藉以維護法治和權利保障等原則；另一方面，不採取過高的姿態，以避免法院的角色過於政治化，因為這樣可能導致特別行政區政府或中央政府對法院進行激烈的反擊，屆時作為巧妙而脆弱的權力均衡狀態的法治制度便毀於一旦。因此，香港法院所需要的不單是豐富的專業法律知識和明辨案情事實的能力，還要有高度的政治智慧。"[57] 筆者由衷地欣賞作者的睿智和洞見。

56　程潔：〈論雙軌政治下的香港司法權〉，載《中國法學》，2006 年第 5 期。

57　陳弘毅：〈香港九七回歸的法學反思〉，載陳弘毅：《法治、啟蒙與現代法精神》，中國政法大學出版社，1998 年版，第 276-277 頁。據該書作者於 1997 年聖誕節自序和梁治平序言所言的"舊稿整理"，筆者推測此文應寫於回歸前，此處存疑。

第四節　全國人大常委會解釋角色的變化

一、中國法律解釋體制中立法解釋的新變化

我國《憲法》規定，全國人民代表大會常務委員會行使下列職權：①解釋憲法，監督憲法的實施；②制定和修改除應當由全國人民代表大會制定的法律以外的其他法律；③在全國人民代表大會閉會期間，對全國人民代表大會制定的法律進行部分補充和修改，但是不得同該法律的基本原則相抵觸；④解釋法律；……（第67條）。據此，憲法和法律的解釋權都屬於全國人大常委會，從解釋主體的角度來看，憲法解釋和法律解釋都可視為"立法解釋"。

全國人大常委會於1981年通過了《關於加強法律解釋工作的決議》（以下簡稱《決議》），其中規定：①凡屬於法律、法令條文本身需要進一步明確界限或作補充規定的，由全國人民代表大會常務委員會進行解釋。②凡屬於法院審判工作中具體應用法律、法令的問題，由最高人民法院進行解釋；凡屬於檢察院檢察工作中具體應用法律、法令的問題，由最高人民檢察院進行解釋；最高人民法院和最高人民檢察院的解釋如果有原則性的分歧，報請全國人民代表大會常務委員會解釋或決定。③不屬於審判和檢察工作中的其他法律、法令如何具體應用的問題，由國務院及主管部門進行解釋。④地方性法規由相應的地方人大常委會以及地方政府解釋（2000年通過的《立法法》對這一制度作出若干修改）。

林來梵認為，該《決議》可視為全國人大常委會對中國憲法中，有關全國人大常委會法律解釋權條款的解釋。通過這項解釋，全國人大常委會將自身的部分法律解釋權授權予其他國家機關，從而建構了一個新的法律解釋體制。這一體制的要點就是：在很大程

度上承認了"司法機關"，尤其是法院對法律的解釋權。這恰好為《基本法》第 158 條有關《基本法》解釋權限的分配機制，提供了一個其自身的體制可以容受的框架。[58]

《基本法》第 158 條規定：本法的解釋權屬於全國人民代表大會常務委員會。全國人民代表大會常務委員會授權香港特別行政區法院在審理案件時對本法關於香港特別行政區自治範圍內的條款自行解釋……此條明確了《基本法》的解釋權屬於全國人大常委會，香港特區法院的解釋權源於全國人大常委會的授權。就全國人大常委會的解釋權而言，首先，公法上的授權有別於私法，授權不等於權限歸屬的讓渡或轉移，全國人大常委會在授權特區法院自行解釋有關條款後，仍然擁有相應的解釋權；其次，分析第 158 條第 2、3、4 款內容，可以理解為對全國人大常委會解釋權具有一定的規限性。[59] 儘管這裏的規限性不是明示，而且不等於禁止性，但全國人大常委會的法定解釋權受到一定規限，這不能不説是中國法律解釋體制的一個新變化。

二、全國人大常委會的解釋權激活和性質變化

在我國的現行法律解釋體制中，全國人大常委會居於主導和核心地位。[60] 但法律規定是一回事，實踐活動是另一回事。張志銘教授認為，1996 年 5 月 15 日八屆全國人大常委會第 19 次會議通過《關於〈中華人民共和國國籍法〉在香港特別行政區實施的幾個問題的解釋》，是全國人大常委會第一次以明示的方式進行法律解釋。由

58　林來梵：〈補論：香港特區的基本法訴訟〉，載林來梵：《從憲法規範到規範憲法》，法律出版社，2001 年版，第 415-416 頁。

59　林來梵前引書，第 418-421 頁。

60　張志銘：〈關於中國法律解釋體制的思考〉，載《中國社會科學》，1999 年第 2 期。

於全國人大常委會每兩個月舉行一次會議，根本不可能承擔經常性的法律解釋任務。自 1979 年以來，各地、各部門要求全國人大常委會進行解釋的法律問題，一般直接向全國人大常委會的法制工作委員會提出，由它作出答覆（包括書面答覆、電話答覆等），但是，由於法制工作委員會在法律上沒有立法解釋權，這些答覆儘管具有實效，卻不具有明確的法律效力。[61] 迄今為止，人們基於這一體制的實際運行狀況，已經提出許多問題，其中比較顯著的有：立法解釋超越法律解釋範圍變成了對憲法和法律的修改、全國人大常委會的法律解釋權長期虛置或實際旁落（旁落於其辦事機構，旁落於其他部門）、抽象司法解釋或司法解釋越權，以及各種違反法律解釋權專屬性（如立法解釋權的專屬性、司法解釋權的專屬性等）的做法。[62]

《基本法》（包括後來的《澳門基本法》）實施以來，情況發生了明顯變化。王振民教授認為，從法律和理論上，我國都有違憲審查制度。《憲法》規定，中華人民共和國全國人民代表大會是最高國家權力機關。它的常設機關是全國人民代表大會常務委員會。最高國家行政機關（即國務院）、最高國家司法機關（即最高人民法院）和最高國家法律監督機關（即最高人民檢察院）都由它產生，對它負責，受它監督。國家元首由它選舉產生，全國武裝力量的統帥機關即中央軍事委員會也由它產生，並對它負責。可見，中國整個國家機構是圍繞全國人民代表大會建立起來的，是以它為中心的。這說明正像英國的"議會主權"一樣，中國實行的是"全國人民代表大會主權"。[63]《憲法》還規定了全國人大及其常設機構——

61　張志銘前引文。
62　張志銘前引文。
63　王振民：《中央與特別行政區關係》，清華大學出版社，2002 年版，第 320-321 頁。王禹全國人大常委會的其他權力，包括國家立法權、重大國家事務決定權、監督國家其他機構的權力，等等。在這些權力中，其中就有違憲審查權。[64]

　　從歷史上看，全國人大沒有對其他機構行使過違憲審查權，倒是對自己的立法進行過自我違憲審查，即全國人大對香港、澳門兩部特別行政區基本法通過的同時，通過了兩個"決定"。其中對《基本法》的"決定"是新中國立法史上，全國人大第一次公開對一部法律進行違憲（合憲）審查，並正式作出審查結論。全國人大常委會是中國真正的主要違憲審查機構，它擁有完整的違憲審查權，即解釋憲法的權力、監督憲法實施的權力、解釋法律的權力。由於中國憲法並不進入訴訟，因此全國人大常委會的解釋不結合具體的案件審理，被稱之為"抽象解釋"。而且在立法、行政過程中，如果遇到了憲法和法律問題，也還沒有請求釋憲釋法的情況發生。唯一的例外可能是特別行政區。因為《國籍法》是憲法性法律，前述全國人大常委會《關於〈中華人民共和國國籍法〉在香港特別行政區實施的幾個問題的解釋》可視為憲法性解釋。1999 年 6 月，與本書有關的"吳嘉玲案"，經國務院的請求，全國人大常委會對《基本法》的兩個條款作出了解釋。[65] 按照王振民的觀點，憲法的解釋是違憲審查的必經環節，是違憲審查的關鍵所在。可以說，憲法的解釋和修改屬於違憲審查的範疇，是違憲審查的擴充和延伸。[66]

　　博士認為，我國全國人大與英國議會相比，還有一些實質上的不同。我國的人民代表大會能夠選舉產生國家主席，而英國議會只能產生政府，卻不能選舉國家元首；英國議會有權監督政府，但政府也可以反過來解散議會，我國全國人大是不能被解散的，除非是它自己作出決定解散自己。在我國，只能是全國人大及其常委會對其他國家機關進行監督，而其他國家機關不能反過來監督人大。參見王禹：〈論全國人大及其常委會在特別行政區的憲法地位〉，載王禹：《"一國兩制"憲法精神研究》，廣東人民出版社，2008 年版，第 91-92 頁。

64　蔡定劍：《中國人民代表大會制度》，法律出版社，1998 年版，第 267 頁。

65　王振民前引書，第 324-329 頁。

66　王振民：《中國違憲審查制度》，中國政法大學出版社，2004 年版，第 283 頁。

耐人尋味的是，全國人大的違憲審查和全國人大常委會迄今為止的正式解釋都與特別行政區有關。[67] 由此可以說，《基本法》的實施激活了全國人大常委會的法律解釋權或違憲審查機制。

強世功指出，需要注意的是，如果香港終審法院按照《基本法》第 158 條第 3 款的規定提請全國人大常委會解釋，全國人大常委會對《基本法》有關條款進行的解釋並非在通常情況下作出的立法解釋，而是針對終審法院審理的案件，應終審法院請求作出的解釋，而且解釋內容會影響到案件的判決結果，其性質具有雙重性：一方面是立法性質的，人大釋法只闡述有關條款的內容，並不對案件本身作出判決，案件的終審權依然在終審法院，但人大釋法的內容對以後的法院審判構成類似成文法的直接約束，且特區法院不能通過自己的解釋來推翻人大釋法的內容；另一方面是司法性質的，即人大釋法是在終審法院在司法個案中提請的情況下被動地進行解釋，它對《基本法》的理解必然會考慮到案件的判決結果，而且這種解釋事實上會對案件判決結果產生直接的影響。這意味着中央通過人大釋法對特區法院的判決結果產生了最低限度的監督，發揮着"準終審法院"的法律功能，行使一種隱性的、最低限度的司法主權。[68] 強世功的此種分析既適用於全國人大常委會應香港終審法院的提請對《基本法》有關條款的最新解釋，也適用於全國人大常委

---

67 王振民認為，解釋憲法和法律的權力是全國人大常委會的專有權。但自 1982 年憲法通過至今，全國人大常委會並沒有經常行使這項權力。其中 1982 年 12 月第五屆全國人民代表大會第五次會議《關於全國人民代表大會常務委員會行使職權的決議》、1983 年 9 月 2 日第六屆全國人大常委會通過的《關於國家安全機關行使公安機關的偵查、拘留、預審和執行逮捕的職權的決定》以及 1998 年 12 月 29 日第九屆全國人大常委會第六次會議《關於確定新疆生產建設兵團法院法律地位和新疆生產建設兵團檢察院法律地位的決定》都可視為憲法解釋。參見王振民：《中國違憲審查制度》，中國政法大學出版社，2004 年版，第 290-301 頁。

68 強世功：〈和平革命中的司法管轄權之爭——從馬維錕案和吳嘉玲案看香港憲政秩序的轉型〉，載《中外法學》，2007 年第 6 期。

會在香港終審法院對"吳嘉玲案"作出終審判決後對《基本法》有
關條款所作的解釋。由此說明,"剛果民主共和國案"和"吳嘉玲
案"不但激活了全國人大常委會的法律解釋權,而且由此改變了全
國人大常委會法律解釋權的性質,使全國人大常委會的法律解釋具
有了司法特徵。這也意味着全國人大常委會的法律解釋角色,也在
悄悄地發生着幾乎不被人察覺的變化,由此也需要對全國人大常委
會的角色變化有所認識和回應。

三、立法機關行使司法解釋權的實踐考察 —— 以英國為例[69]

筆者選擇對英國立法機關行使司法解釋權進行比較分析,主要
基於以下考慮:其一,香港法制屬英國法傳統,對英國實踐的考察
有助於我們了解香港法制的傳統和背景;其二,了解英國相關機構
與法院的互動關係,有助於我們關於全國人大常委會和香港法院互
動關係的思考更具針對性和操作性;其三,與美國和歐洲大多數國
家相比,雖然我國全國人民代表大會制度與英國的議會制有很多差
異,但也具有較多的相同點,更具可比性。

(一) 歷史演變

英國的議會分為上議院和下議院。下議院擁有立法、財政和監
督權,是議會的權力中心。上議院擁有一定的立法權和司法權。
上議院既是立法機關,同時又擔負司法機關的職能 (2005 年《憲
政改革法》通過及 2009 年 10 月 1 日最高法院成立,英國司法體
制已發生重大變化,本書稍後探討),這是英國政治制度的一大特

69　有關英國法研究的國內最新成果,可參看高鴻鈞等主編《英美法原論》(上、下),北京大
　　學出版社,2013 年版。特別是其中的第四章"英國憲政的成功之道:經驗理性的結晶"。
　　—— 補註於 2015 年 1 月。

色。在英國，除了極少一部分與歐盟法有關的案件要通過初步提及（Preliminary Reference）的程序提交給歐盟法院外，上議院對於大部分英格蘭和威爾斯的案件來說依然是最後的上訴法院。[70]

上議院享有司法權是其一項古老的權力。十三世紀時，在三大普通法院從小會議中分離出來的同時，大會議通過吸納農村騎士代表和城市市民代表演變為議會。議會不但繼承了大會議的司法職能，而且因其獨有的代表性和權威性，被當時英國人和後來的學者稱之為國王的法院。憑藉這一法律資格，議會在理論上可以受理任何初審案件，也可以通過糾錯令狀、調取和審查王座法院、財政法院的庭審記錄，行使上訴審判權。十四世紀時，議會建立了兩院制，但理論上它們仍被視為一個整體。當議會審判案件時，只有上議院議員出席。這是因為在當時英國人的心目中，議會的司法權是大會議遺留下來的一份歷史遺產，只有原屬於大會議成員的上議院貴族才有資格繼承它。另外，在十四至十五世紀時，提交議會審理的案件幾乎全是政治色彩濃厚的重大案件，經常與貴族內部的權力傾軋和宗派紛爭交織在一起。對於這類案件，下議院平民代表壓根不感興趣，而且古老的"同等人審判"原則死而不僵，影響猶存，下議院議員自認為沒有資格介入，所以他們從未提出過參與審判的要求。這樣，由上議院單獨享用議會司法權便成為英國的一條不言而喻的習慣法。

十七世紀後期，議會上議院的司法權限趨於明晰化、確定化。通過1666年斯金納爾訴東印度公司案，確立了上議院無權受理民事初審案件的原則。此後，上議院司法權主要限定在上訴案件的範圍內。[71]

在很長時間內，議會上議院的上訴審權由全體上議院議員集體

70　韓大元主編：《外國憲法》，中國人民大學出版社，2009年版，第43頁。
71　程漢大、李培鋒：《英國司法制度史》，清華大學出版社，2007年版，第107-108頁。

行使。1783 年，上議院在審理普通法法院和王座法院的上訴案件時，召集了 8 名法官顧問參加，其中 7 人意見完全一致，他們拿出了一個判決書草案，提交上議院表決，結果以 19 票對 18 票被否決。這一事件充分暴露了由全體上議院議員控制國家最高司法權的不合理性。1844 年，愛爾蘭的領導人丹尼爾·奧康內爾（Daniel O'Connell）因不服都伯林法院的判決，上訴到上議院。當時的非法律議員一分為二，形成尖銳對立的兩派。時任樞密院長的沃恩克利夫（Wharncliffe）抓住機會，以避免出現僵局為藉口，建議兩派不要參加投票，他說："如果這類問題讓不懂法律的貴族議員們通過投票解決，而不是交給法律議員來決定，將勢必嚴重影響上議院的司法權威。"他的建議被採納，由此開創了非法律議員不得參與上訴案件審判的憲法慣例。1876 年制定了上訴法，規定增設數名領薪的終身法律議員，使其人數增加到 12 人。[72]

依照慣例，只有這 12 名身為法律專家的終身議員以及大法官，才是真正行使上議院司法權的法官，其他上議院議員並不參與司法權的行使。上議院高級法官與上議院的其他成員享有同樣的地位。上議院從事立法活動時，也可以參加，但根據法律的規定，他們在制定政策時的喜好與傾向，不能影響到審理案件的公正性。大法官，在英國具有十分特殊和顯要的地位，他是最高法院的院長，同時還任上議院議長、內閣閣員（法務大臣），負有司法、立法和行政的職務，同時也必然是執政黨的一個要員。總體來說，上議院受理的上訴案件包括：大不列顛聯合王國內的民事上訴案件，以及英格蘭、威爾士和北愛爾蘭的刑事案件，但不包括蘇格蘭的刑事案件。上議院審理上訴案件，一般先由上議院高級法官組成一個上訴委員會審查，然後再由上議院

72　程漢大、李培鋒前引書，第 109-110 頁。

在上訴委員會的審查報告的基礎上作出判決。

英國還有一個特殊的上訴法院，即樞密院司法委員會。樞密院建立於十六世紀，當時它是都鐸政府的核心結構，享有多種政治權力，審理英吉利海峽諸島和英王海外領地的請願書、冤狀是其權力之一。十七世紀，英國加入殖民擴張行列，伴隨着殖民者的足跡，樞密院的司法管轄權範圍也擴大到北美和西印度羣島。那時，樞密院內部分為若干專門委員會，樞密院的司法權由"貿易和海外殖民地委員會"具體行使。十八世紀英國加快了對外擴張步伐，大英殖民帝國初具規模。英國在加拿大、印度等地建立了一批殖民地法院，這些法院通過申請特許狀獲得了將案件上訴到樞密院的權利。1833 年議會通過《司法委員會法》，決定成立樞密院司法委員會（Judicial Committee of the Privy Council），由擔任過高級司法職務的樞密院大臣組成，在任和卸任大法官是它的當然成員。

1844 年以後，司法委員會日益向正規法庭靠攏，制定了嚴格的程序規則和收費標準，判決必須在法庭上公開宣讀。不過，在它身上仍舊打着半行政機構的歷史烙印。它不用判決書，而是通過報告的形式向國王提出裁定意見，經國王在正式樞密院會議上認可，並以樞密院令的形式予以頒佈後才具有法律效力。十九世紀末二十世紀初，民族解放運動風起雲湧，英屬殖民地紛紛獨立，許多國家獨立後退出了司法委員會的上訴管轄範圍，但也有一些國家繼續留在其內，如新西蘭、馬來西亞等。在理論上，樞密院司法委員會至今仍舊保持着"帝國法院"的地位，而且人們對它的判決質量很少提出批評，儘管司法委員會中沒有人能夠精通聯邦成員國那些五花八門的法律，但這說明它的傳統聲望餘威猶存。[73]

73　程漢大、李培鋒前引書，第 111-112 頁。

（二）最新發展

在英國司法傳統中，大部分案件的終審權均由上議院來行使。但在 1999 年《上議院法》和 2005 年《憲政改革法》施行之後，長期由上議院所把持的最高司法權逐漸被剝離出來，從此，上議院回歸為議會 "第二院" 之本真角色，司法權則從功能性獨立逐漸走向結構性獨立，並最終於 2009 年 10 月順產了英國歷史上第一個最高法院。就其設置方式與功能而言，英國最高法院儘管不排除有移植他國經驗的成分，但總體而言仍然是 "純粹英國式" 的。它的誕生乃世紀之交的英國司法改革的標誌性成果，但它並不意味着英國司法改革的終結，而僅僅意味着英國司法改革的開始。

在其歷史傳統中，英國司法制度兼具依附性與獨立性雙重特質。其依附性集中表現為英國法院在其政治上被忽視的地位，以及與之相關聯的孱弱形象。在歷史上，英國沒有獨立的最高法院，其終審權最初依附於國王，其後依附於上議院。但在職能上，英國司法權又始終以一種卓然的姿態屹立於權力秩序之中。很顯然，英國司法的這種獨立性並非建構主義的產物，它不是以憲法或司法的明文規定為基礎的，而是由英國源遠流長的司法獨立的傳統觀念，以及法律人職業共同體對法律知識的壟斷而塑造的歷史性結晶。

英國在世紀之交的司法改革，一方面緣於英國憲政體制自身發展的影響；另一方面則是由於現實壓力，這一壓力來源於兩方面：國內壓力與國外壓力，國內壓力來源於工黨的推動，國外壓力則源於歐洲議會和歐洲法院。

1688 年英國君主立憲體制正式確立以來，其政治制度的最大特徵就是 "議會至上" 或者 "議會主權"。這主要表現為三方面內容：一是議會立法權在國家權力體系中處於最高地位，只要政府存在，立法權就應當是最高的權力，行政權與司法權從屬於立法權，並對立法權負責；二是議會有權監督執行權的行使，有權調動和更換執行機關，從而使執行權對立法權的政治責任得以貫徹；三是法院判案雖然要遵循先例，但法院不能廢棄議會立法，而議會卻可以隨時推翻判例。在議會主權體制之下，英國的最高司法裁判權一直依附於上議院，行使最高司法裁判權的 12 名"常任上訴法官"同時擔任議員，而上議院議長同時兼任大法官一職，並且還兼任內閣成員——上議院議長不僅主持議會討論，而且還是司法界的領袖，並享有任命法官的職權。這就意味着英國的大法官兼有立法、司法、行政三重職能。

世紀之交的英國司法改革，其主要舉措存諸英國成文法之中，這些立法主要涉及兩方面內容：一是剝離英國上議院的司法權，並進行民主化改造；二是設立英國最高法院，並賦予其更加強大的權力。

這些立法淵源主要包括：1998 年《人權法》(*Human Rights Act*)、1999 年《上議院法》(*House of Lords Act*)、2005 年《憲政改革法》(*Constitutional Reform Act*) 和 2007 年《裁判所、法院和執行法》(*Tribunals, Courts and Enforcement Act*)。

2005 年《憲政改革法》有兩個主要內容：一是該法延續了 1999 年《上議院法》對上議院進行民主化改革的思路，並維持了上議院在司法上的一些職能；二是該法創設了新的英國最高法院。

世紀之交的英國司法改革主要通過一系列立法和建立最高法院的舉措，形成了上議院為最高司法行政機關和最高法院為最高司法機關的英國法院新體系。在傳統的延續與理念的更迭中，司法獨立得到伸張，議會主權理念削弱，英國司法制度呈現一幅新的圖景，尤其是最高法院建立後違憲審查制度的建立與否，更成為以後英國司法改革的關注重點。[74]

四、啟示和反思

世紀之交的英國司法改革因時間太短，效果還有待觀察。就其以前上議院和樞密院司法委員會行使司法權的實踐來看，具有明顯的英國法制發展漸進性特點和專業化不斷加強的趨勢。以專業化不斷加強而論，與實踐需要、認識發展甚至政治鬥爭不無關係。

蔡定劍教授認為，英國是議會制度的發源地，有“議會之母”之美譽。與美國等總統制國家不同，英國議會擁有更大的權力，被稱為“議會主權”。傳統上我們認為，西方資本主義國家實行嚴格的三權分立制。但英國上議院作為司法機關的作用，使我們不禁對議會擁有司法權問題進行一番思考。從英國上議院上訴委員會的做法，我們可以獲得某種啟發。權力“涉足”司法、受理案件，並不是絕對不可以，這是由權力機關的性質決定的。但這種“涉足”應當有法律規定的、規範的方式以及一種司法化的程序，應當是一種法律的設置，而不是無序地干涉。可以設想在全國人大設置一個申訴委員會，對於涉及憲法性問題的案件，如法律、法規或其他規範性文件違憲侵犯公民權利等進行處理。這樣一種制度安排，將為探索在全國人大建立憲法委員會進行準備。筆者以為，蔡定劍的具體建議未必都可行，但思路是合理和具有建設性的。

朱國斌認為，事實上，香港學者對人大立法解釋制度有一種普遍的不理解和不信任。說他們不理解，那是因為他們，特別是法律學者，深受普通法的教育與薰陶，實踐中很難接受由立法機構解釋法律，因為這有悖於“三權分立”的憲制原則。說他們不信任，那

74　江國華、朱道坤：〈世紀之交的英國司法改革研究〉，載《東方法學》，2010 年第 2 期。

是因為擔憂政治力量借此介入，或擔心解釋可能會受政治和政策的直接干預，因為解釋的主體本身就是一個政治機構。[75] 陳弘毅説得更直接：按照《基本法》第 17、18 和 158 條，不是由法院而是由全國人大常委會（在徵詢基本法委員會的意見後）決定特別行政區的立法是否越權、在特別行政區適用哪些全國性法律和發佈對《基本法》的解釋。由聯邦最高法院和由人大常委會解決主權國家內部各級政府因實行地方自治而引發的管轄權爭議，究竟有何不同？這説到底是一個信任的問題。如果人們相信全國人大常委會（在聽取基本法委員會的建議之後）能夠和美國最高法院做得一樣好，那麼，我們這裏所討論的"一國兩制"制度的缺陷將不存在。但令人遺憾的事實是：在香港以至在國際上，人大常委會還未能贏得作為一個憲政爭端的公正裁判者所應當享有的尊敬。[76]

上述批評所持的理由未必成立。英國並不是一個三權分立的國家，上議院和樞密院都是政治結構，香港回歸前香港學者也未表達他們的"不理解"和"不信任"。但上述批評也可理解為對全國人大常委會解釋權行使的專業化水平不高的批評。結合"剛果民主共和國案"和"吳嘉玲案"反映的實踐需要和全國人大常委會解釋角色的變化，筆者認為全國人大常委會的釋憲釋法活動應向專業化方向努力，[77] 比如更多注重法律手段（聽證會之類）、盡快健全《基本

75　朱國斌：〈香港基本法第 158 條與立法解釋〉，載《法學研究》，2008 年第 2 期。

76　陳弘毅：〈"一國兩制"概念及其在香港的適用〉，載陳弘毅：《法理學的世界》，中國政法大學出版社，2003 年版，第 328-330 頁。

77　佳日思曾提到《基本法》第 158 條的訴訟化：第一，作為一項常規，必須確認人大常委會將不依據其一般權力進行解釋。第二，必須確認，當人大常委會對香港提交的事項進行解釋時，"解釋"一詞應按普通法的含義來理解，即解釋某一詞句的含義而不是添加新的規定。否則，這便會違反第 158 條對修改的限制以及規定的修改程序。第三，人大常委會的某個委員必須就有關解釋向人大常委會提出建議，該委員會聆聽與訟雙方陳詞的規定，在必要時可容許雙方的律師陳詞。《基本法》授予香港居民公正聆訊權以保護他們的權利（第 35 條），終審法院（或處理案件的最高等級法院）必須向人大常委會提供詳細的檔案材料，包括對問題的陳述以及對於解釋有關的香港法律的説明。人大常委會必須提供其決定

法》解釋程序以及提高全國人大常委會組成人員的法律素質。在現
有法律框架內可考慮更多地發揮全國人大常委會特別行政區基本法
委員會的作用。鑒於全國人大常委會法制工作委員會的專門法律工
作的性質及成員的較高法律素質，[78] 在條件成熟時，提升其法律地
位使它扮演更重要的司法角色，不失為一個成本較低、操作性較強
的設想。

的理由，包括對法律的分析，這不但可以消除人們對程序中隨意性的懷疑，還可為將來的
解釋提供指引，司法理由便會成為預測將來結果的依據，對法律執業者、管理者以及其他
人士而言，都是無價之寶。這個角色可以由基本法委員會來承擔，因為它是溝通兩種法律
制度的機構，而且他們已經接觸了案件以及向人大常委會提供了諮詢。……基本法委員會
是一個非常重要的機構，不能因此放棄它。有必要建立規則，承認其成員的準司法作用，
限制他們對那些他們可能向人大常委會提供諮詢問題公開表態。筆者以為，其中的部分意
見具有建設性，應予以關注並適當採納。詳見佳日思：《基本法》訴訟：管轄、解釋和程
序〉，載佳日思、陳文敏、傅華伶主編：《居港權引發的憲法爭論》，香港大學出版社，
2000 年版，第 51-52 頁。—— 補註於 2015 年 1 月。

78　據筆者所知，現任全國人大常委會法制工作委員會副主任的信春鷹、郎勝等都是具有很好
法學教育背景和長期從事法律或法學工作的法律專家。參見"中國人大網"（http://www.npc.
gov.cn），瀏覽時間：2015 年 1 月 24 日。—— 補註於 2015 年 1 月。

第三章

香港基本法解釋權配置的解讀：
法學方法論的視角

正如利科的文本理論所言，文本具有獨立性、多樣性和可能性，法律文本也不例外。短短的《基本法》1 條 4 款規定，在讀者的敍述中呈現出千姿百態。本章嘗試從法學方法論的角度解讀《基本法》的解釋權配置。

鄭永流教授曾細緻地辨析了法學方法和法律方法：法學方法是研究和預設法律的方法，指向的核心是何謂正確的法律，有關法學方法的學説是法學方法論；法律方法是應用法律的方法，不僅着力於實現既有正確的法律，還效命於正確地發現新法律，有關法律方法的學説是法律方法論。二者如果局限在領域上，則明晰可分，但由於後者還同時具有前者的主要功能，法律方法也可指法學方法，遂造成用名困難。[1] 以此觀之，本章主要屬於法律方法。本章之所以仍選用 "法學方法論" 主要基於以下考慮：其一，解讀對象的特殊性 —— 《基本法》屬於憲法性法律；其二，憲法學方法相比民法學、刑法學等古老學科的方法較為年輕，共識程度較低；其三，由此導致憲法學研究經常突破教義學而涉足法學研究，由此在功能上具有法學方法論的屬性。此外，"法學方法論" 的視角也意味着一種 "法學的內在觀點和立場"，以此與政治學、社會學或其他視角相區別。

本章遵循由簡到繁的順序，分別從文字、結構、體系和法意四個角度，嘗試對《基本法》第 158 條進行分析，其中文字和結構分析可歸入狹義的文本分析，體系和法意分析可併入系統分析。本章最後嘗試對《基本法》解釋權配置進行理論概括。

1　鄭永流：《法律方法階梯》，北京大學出版社，2008 年版，第 29-31 頁；另參見鄭永流：〈法學方法抑或法律方法？〉，載戚淵等：《法律論證與法學方法》，山東人民出版社，2005 年版；鄭永流：〈義理大道，與人怎説？ —— 法律方法問答錄〉，載《政法論壇》，2006 年第 5 期。

第一節　有關香港基本法解釋條款的形成

《基本法》解釋權爭議源於《基本法》出生時身份的混合（Hybrid）特性。[2] 因此，對《基本法》有關解釋條款形成的考察，有助於我們更好地理解有關《基本法》解釋的含義和內容。

一、起草過程中的爭議

《基本法》解釋權問題在起草過程中一直備受爭議。這問題主要牽涉中央與特區之間的關係，就是在 "一國兩制" 的前提下，如何能一方面保持國家對其地方行政區域的主權，另一方面又能靈活地使兩種不同的制度同時運作，並保持其原有的特性。除了政治性的影響外，《基本法》解釋權的問題對香港的司法制度亦有直接而深遠的影響。特別行政區法院的運作、司法管轄權及終審權，以至整個司法架構的獨立性等，都會受到《基本法》解釋權的影響。[3]

在起草過程中，社會各界人士發表的意見主要集中在幾方面：有人從中國大陸這種兼備歐洲大陸法和社會主義法特徵的法制出發，認為既然《基本法》是中國法律之一部分，其解釋權理應歸屬於全國人大常委會；有些人從港英時代傳承下來的英國普通法制度角度觀察，認為《基本法》解釋權應自然屬於特區法院；香港還有部分人純粹從政治角度考慮，認為將《基本法》解釋權歸屬到全國人大常委會將會影響香港的司法獨立傳統和港人治港的信心。[4]

在《基本法》的起草過程中，香港各界對於《基本法》解釋權

2　朱國斌：〈香港基本法第 158 條與立法解釋〉，載《法學研究》，2008 年第 2 期。

3　黃江天：〈香港基本法的解釋機制磨合兩種法律體系〉，載《中國法律》，2005 年第 3 期。

4　參見香港特別行政區基本法起草委員會秘書處編輯的《基本法（草案）徵求意見稿諮詢報告》（1988 年 10 月）中相關部分。本報告未公開出版，但研究者可以在香港大學法學圖書館查閱到。轉引自朱國斌：〈香港基本法第 158 條與立法解釋〉，載《法學研究》，2008 年第 2 期。

歸屬問題的意見，集中反映在基本法起草委員會的有關會議發言、基本法諮詢委員會的有關諮詢報告，以及多種報刊文章論述中。[5] 主要有三種觀點：

（一）主張香港基本法的解釋權全部授予香港特區法院

《基本法（草案）徵求意見稿諮詢報告》第 2"專題報告"之"基本法解釋權與香港特別行政區的司法制度"第 8 點"對基本法解釋權安排之建議"之一是，全國人大常委會不應擁有對《基本法》的解釋權，解釋權應當屬於特區終審法院，或是基本法委員會下成立的法律小組，或是成立獨立的憲法法庭。對於終審法院享有《基本法》解釋權的理由是，既然在 1997 年後特區將享有終審權，那麼所有與《基本法》條文有關的案件，都應可以上訴至終審法院解決。終審法院在判決案件時可以解釋《基本法》，其司法解釋亦為最高的、最有法律效力的。有意見提議在基本法委員會之下成立一個法律小組，專門就與《基本法》有關的法律問題進行研究。法律小組由內地及香港司法界代表組成，擁有最終的《基本法》解釋權。還有意見提議在香港特區設立憲法法庭，專門就涉及《基本法》的案件進行聆訊，憲法法庭須由內地及香港法官（包括英國法官）所組成，負責就具體案件以普通法原則進行審訊。在審訊案件時，憲法法庭可以對與案件有關的《基本法》條款進行解釋，其解釋為最終解釋，並具法律效力。對於憲法法庭的組成，有下列意見：由香港與內地同等數目的法官組成；香港法官佔多數；由香港與內地同等數目的法官組成，由普通法法系國家的外籍法官出任首席法官。

5　李昌道：〈香港基本法解釋機制探析〉，載《復旦學報》（社會科學版），2008 年第 3 期。

（二）主張全國人大常委會與香港特區法院共同擁有香港基本法的解釋權

持這種意見者認為，《基本法》解釋權限可以按中央與香港特區的職權劃分來劃分，其中有關國防、外交以及中央與特區關係事務的條款，由全國人大常委會解釋；有關香港特區自治範圍的事務的條款，由香港特區法院解釋。雖然全國人大常委會擁有對整部《基本法》的解釋權，但應在《基本法》中規定，特區法院可在審訊案件時解釋《基本法》。此外，全國人大常委會可用自我約制的方法，不解釋純粹涉及特別行政區內部事務的條款，或把解釋此類條款的權力授權給特區法院。全國人大常委會亦可在解釋《基本法》前，諮詢基本法委員會的意見，藉此建立完全接受基本法委員會所提出的意見的"慣例"。

（三）香港特區法院審理的終審案件涉及香港基本法中不屬於自治範圍的條款應提請全國人大常委會作出解釋後判決

此項觀點參照了歐洲共同體的法律解釋做法，主張全國人大常委會擁有對《基本法》的解釋權，但特區法院在審理案件時可以解釋《基本法》。只是當案件涉及對《基本法》關於國防、外交及其他屬於中央人民政府管理事務的條款的解釋，特區法院在對案件作出終局判決前，應提請全國人大常委會對有關條款作出解釋。有建議認為，全國人大常委會應自我約束，盡量不去解釋《基本法》內與特區內部事務有關的條款。有意見主張把這種"自律"的指導原則在《基本法》裏予以明文規定；有意見認為，全國人大常委會應正式下放權力，讓特區法院擁有全權解釋《基本法》中有關內部事務的條款，並且這種權力的下放是"沒有收回性"，一經下放，全國人大常委會便不能再收回此權力；但亦有意見提出主權問題的考慮，認為下放的權力應該可以隨時被主權者收回。[6]

二、最終設計與妥協

對於第一種意見，從人民代表大會制度這一政治體制上講，它行不通，因為中國不實行三權分立。《基本法》是由全國人大通過的全國性法律，香港回歸後，作為中華人民共和國的一個特別行政區，其司法機關若對全國性法律享有完全的、排他的和壟斷性的解釋權，顯然不符合中國憲法精神。這不僅不符合法律邏輯，在中國法理上說不通，同時也有違主權原則和"一國兩制"精神。

第二種意見要把香港法院和全國人大常委會對於《基本法》的解釋權限絕對劃分為對自治範圍內事務條款的解釋，和對涉及中央與特區關係事務條款的解釋，這看上去是一種簡單直接的做法，以達致解釋過程中互不干預。但是，要落實它首先在起草過程中具有困難。香港司法制度繼承了普通法法系的傳統，法官在具體案件審理過程中行使解釋法律的職能時，必須研究全部法律條文方可得出正確結論，對於《基本法》也不例外。當具體案件可能會既涉及到中央管理事務又涉及自治範圍的條款，或是《基本法》條款本身很難分清到底是屬於中央與特區關係事務還是自治範圍內事務，在這種情況下，這種意見在司法實踐中並不可行，或者說不具有可操作性。

較之於上述兩種意見，第三種意見比較可行，它不僅首先能夠區分中國內地大陸法傳統和香港普通法傳統之特質，而且還能夠保留兩種法律／司法制度的基石，被認為是"表現了高度原則性和靈

6　李昌道前引文；另參見黃江天：《香港基本法的法律解釋研究》，三聯書店，2004 年版，第 117-122 頁。

活性的結合"。若採納第三種意見，香港法院事實上行使對《基本法》的全面解釋權。只在少數情況下，如在訴訟過程中，香港法院認定案件明顯涉及中央管理的事務，或控辯雙方或一方涉及這類條款並且經香港法院認定理由充足時，方才提請全國人大常委會作出最終解釋。全國人大常委會主動行使最終解釋權機會存在，但實際情況應該不會太多，除非香港法院作出的解釋出現重大錯誤，或顯然應當提請而未提請全國人大常委會作出解釋等。[7]

在起草《基本法》過程中，起草委員會收集了大量意見，經過反覆推敲琢磨，最終於 1988 年 4 月通過了《基本法（草案）徵求意見稿》，其中第 169 條是關於《基本法》解釋權的配置的規定。該條規定《基本法》的解釋權屬於全國人大常委會，全國人大常委會再授權香港法院在審理案件時解釋《基本法》條款。但終審案件涉及到國防、外交及其他由中央管理的事務的條款解釋時，特區通過行政長官提請全國人大常委會屬下的基本法委員會對有關條款作出說明。[8]對於此條款（後來得到了進一步修正），有香港學者質疑行政長官通過國務院向全國人大常委會尋求解釋《基本法》條文的權力缺乏法理基礎。在徵求意見稿報告中，也有各種各樣的意見，包括政治性影響的意見，如主權、人權、高度自治；司法制度影響的

7　朱國斌：〈香港基本法第 158 條與立法解釋〉，載《法學研究》，2008 年第 2 期；另參見李昌道：〈香港基本法解釋機制探析〉，載《復旦學報》（社會科學版），2008 年第 3 期；黃江天：〈香港基本法的解釋機制磨合兩種法律體系〉，載《中國法律》，2005 年第 3 期。

8　關於第 169 條的含義和立法指導思想，有長期跟蹤報道《基本法》起草過程的香港《文匯報》記者（無註明作者姓名）詳細總結如下：對第 169 條第 3 款的含義，應理解為特區法院可以對《基本法》的任何條款進行解釋，唯一的限制是在審判程序方面，即法院審理的案件如果涉及關於國防、外交及其他由中央管理的事務的條款的解釋。在對這類案件作出終局判決以前，應提請全國人大常委會對有關條款作出解釋。這是考慮到香港特別行政區有終審權，終局判決對《基本法》條文所作的解釋，將對進行的判決生效，而成為判例，為了避免特別行政區法院的解釋同全國人大常委會的解釋不一致的情況，採取了這項預防措施。香港文匯編印：《香港特別行政區基本法（草案）徵求意見稿參考資料》，1988 年 6 月，第 30 頁。原著無版權頁及其他印製出版資訊，現藏於哈佛大學法學院圖書館。轉引自朱國斌前引文。

意見，如管轄權、司法獨立與終審權、普通法制度運作；經濟方面影響的意見，如香港國際地位、投資市場等。

在充分考慮各種意見的基礎上，《基本法（草案）徵求意見稿》第 169 條經過修訂，形成了 1989 年 2 月《基本法（草案）》第 157 條。[9] 在徵詢意見過程中，人們對該條文仍提出很多不同意見。例如，有人認為"徵詢"一詞沒有法律效力，因為"徵詢"不等於"接納"。有反對意見仍然不支持或不認同全國人大常委會享有《基本法》解釋權，認為這與《中英聯合聲明》相抵觸，因為《中英聯合聲明》指出"香港享有行政管轄權、立法權、獨立司法權和終審權"，若解釋權單方面屬於中方（央），從根本上説整部《基本法》都是空的，《基本法》的解釋會變得面目全非，而香港人卻無權異議，削減了香港法院的司法獨立性，有損於"高度自治權"。也有人認為，按照普通法精神，解釋《基本法》應屬司法機構職責，而全國人大常委會並非一個司法機構，它沒有權力來解釋。

1990 年 2 月公佈的《基本法（草案）》第 158 條沿用了 1989 年 2 月發佈的《基本法（草案）》第 157 條的規定。之後，它於 1990 年 4 月 4 日被第七屆全國人大三次會議最終通過，成為現行《基本法》的第 158 條。《基本法（草案）》第 158 條與《基本法》最終文本之間沒有文字的差別。[10]

9　《基本法（草案）》第 157 條規定如下：本法的解釋權屬於全國人民代表大會常務委員會。全國人民代表大會常務委員會授權香港特別行政區法院在審理案件時，對本法關於香港特別行政區自治範圍內的條款自行解釋。香港特別行政區法院在審理案件時，對本法的其他條款也可解釋。但如香港特別行政區法院在審理案件時，需要對本法關於中央人民政府管理的事務或中央和香港特別行政區關係的條款進行解釋，而該條款的解釋又影響到案件的判決，在對該案件作出不可上訴的終局判決前，應由香港特別行政區終審法院請全國人民代表大會常務委員會對有關條款作出解釋。如全國人民代表大會常務委員會作出解釋，香港特別行政區法院在引用該條款時，應以全國人民代表大會常務委員會的解釋為準。但在此以前作出的判決不受影響。全國人民代表大會常務委員會在對本法進行解釋前，徵詢其所屬的香港特別行政區基本法委員會的意見。轉引自朱國斌前引文。

10　朱國斌前引文。

有關《基本法》解釋權的規定經過多次諮詢、反覆修改，前後共有三個文本：即 1988 年 4 月的《基本法（草案）徵求意見稿》、1989 年 2 月的《基本法（草案）》和 1990 年 2 月的《基本法（草案）》。基本法解釋條款規範與後兩種文本，即 1989 年 2 月的《基本法（草案）》第 157 條和 1990 年 2 月的《基本法（草案）》第 158 條完全相同，與第一種文本，即 1988 年 4 月的《基本法（草案）徵求意見稿》第 169 條相比，主要修改之處在於：其一，明確授權香港特區法院對自治範圍內條款自行解釋；其二，明確規定香港特區法院對《基本法》的其他條款也可解釋；其三，具體規定提請全國人大常委會對有關條款作出解釋的條件：一是關於中央政府管理的事務，或中央和特區關係的條款；二是該條款的解釋又影響到案件的判決；三是要在對該案作出不可上訴的終局判決前提請。[11]

由此可見，《基本法》解釋機制經過幾次修改，依據國情、借鑒外國、逐漸完善、日益嚴謹，最終形成了現今的《基本法》解釋機制。一方面認定《基本法》是中國法律系統的一部分，另一方面又確定香港繼續實行普通法，需要從實際出發解決問題，不能從單一方面提出解決辦法，既可做到符合"一國"，亦可維持"兩制"。[12]

《基本法》解釋權歸屬的最終解決，儘管是"兩制"相互妥協的結果，也是目前憲政格局下的較合理結局。它能夠在"一國兩制"的前提下，使兩種原來不同的法律制度有秩序地運作，既肯定了《基本法》是中國法律系統的一部分，又維持了香港原有的法律 /司法制度。"既……堅持了國家統一和主權；又……維護了香港特別行政區的高度自治。"[13]

11　李昌道：〈香港基本法解釋機制探析〉，載《復旦學報》（社會科學版），2008 年第 3 期。
12　李昌道前引文，第 63 頁。
13　朱國斌：〈香港基本法第 158 條與立法解釋〉，載《法學研究》，2008 年第 2 期。

第二節　香港基本法第 158 條的文本解釋

本節的討論基於文本與語境材料的區分 [14] 集中在《基本法》的文本本身，符合普通法法系的 "解釋的內部輔助材料"，[15] 具體包括文字釋義、結構分析和合憲性解釋。

一、文字釋義

本節的文字釋義方法類似於在英美法系國家裏最為普遍的字面解釋方法（Literal Approach），即在解釋法律時，所應注意的全部內容就是法律字面的意義，既不能作擴張解釋，也不能作限制解釋，而只能作嚴格的字面解釋。[16]

（一）香港基本法第 158 條第 1 款

《基本法》第 158 條第 1 款規定："本法的解釋權屬於全國人民代表大會常務委員會。"

本款文字上是清楚的，"解釋權" 與 "全國人民代表大會常務委員會" 的關係是 "屬於"。"屬於" 的含義也不存在爭議，主要指明《基本法》解釋權的 "權力根源" "屬於" 全國人大常委會。

（二）香港基本法第 158 條第 2 款

《基本法》第 158 條第 2 款規定："全國人民代表大會常務委員會授權香港特別行政區法院在審理案件時對本法關於香港特別行政區自治範圍內的條款自行解釋。"

14　參見本書第一章第一節有關 "法律文本和語境材料"。
15　[英] 魯珀特·克羅斯（Rupert Cross）：《法律解釋》，孔小紅、夏道虎、黎建飛譯，西南政法學院法學理論教研室，1986 年印行，第 131 頁。
16　劉星：〈大陸法系、英美法系和我國司法解釋方法比較〉，載《比較法研究》，1989 年第 2 期。

對這個條款的理解有幾個問題需要注意：

1."授權"並非"分權"。公法上的授權有別於私法，授權不等於權限歸屬的讓渡或轉移。《基本法》的立法原意是為了更好地施行"兩制"，香港法院是經"授權"而得以對自治範圍內的《基本法》條款進行解釋。換句話說，全國人大常委會把自己應當行使的解釋權的一部分授予香港法院行使，不等同於香港法院自身擁有《基本法》的解釋權，全國人大常委會也不因"授權"而喪失其依《憲法》和《基本法》獲得的解釋權。

2."香港法院"是指不同審級的各級法院。全國人大常委會在授權條款中提到的"香港特別行政區法院"應當理解為在自治範圍內有權對案件進行審理的各級法院。但是由於法院之間的級別不同，管轄權範圍不同，對《基本法》作出解釋的權威性和約束力也不相同。只有終審法院在受理上訴案件時對《基本法》自治範圍內條款的解釋，對香港特區的其他法院才具有普遍的約束力。

3."在審理案件時"屬於解釋場合的限制，即香港各級法院的解釋只能是"具體解釋"。此點符合普通法傳統，也與最高人民法院的"抽象解釋"相區別。

4."自行解釋"可理解為無須提請全國人大常委會解釋。

5.經授權的自行解釋限於"自治範圍內"審理的案件。所謂"自治範圍內"的條款，主要是居民的基本權利和義務，政治體制，經濟、文化和社會事務，對外事務等大部分《基本法》所規定的內容。[17]

---

17 參見季奎明：〈香港基本法的解釋權——芻議全國人大常委會和香港法院在基本法解釋上的關係〉，載《甘肅政法學報》，2006年第3期。與季奎明不同的是，筆者按5點進行分析，季文為3點；此外，各點的排列順序也不同。

（三）香港基本法第 158 條第 3 款

《基本法》第 158 條第 3 款規定："香港特別行政區法院在審理案件時對本法的其他條款也可解釋。但如香港特別行政區法院在審理案件時需要對本法關於中央人民政府管理的事務或中央和香港特別行政區關係的條款進行解釋，而該條款的解釋又影響到案件的判決，在對該案件作出不可上訴的終局判決前，應由香港特別行政區終審法院請全國人民代表大會常務委員會對有關條款作出解釋。如全國人民代表大會常務委員會作出解釋，香港特別行政區法院在引用該條款時，應以全國人民代表大會常務委員會的解釋為準。但在此以前作出的判決不受影響。"

對這個條款的理解有以下問題需要注意：

1. 再次明確了此款中對《基本法》其他條款解釋的條件："在審理案件時"。

2. "其他條款"的含義。結合第 158 條第 2 款，此處的"其他條款"應為《基本法》關於香港特別行政區自治範圍"以外"的條款，因為"本法關於香港特別行政區自治範圍內的條款"已由第 158 條第 2 款所規定。

3. "也可解釋"的含義。一方面可理解為有解釋的權力，也是一種"授權"，另一方面說明此種解釋不同於第 158 條第 2 款的解釋，不屬於"自行解釋"。

4. 提請解釋的條件。第一個"如"字引出了提請解釋的條件，相當於法律規則中的"假定條件"：[18] ①"香港特別行政區法院在審理案件時"；②"需要對本法關於中央人民政府管理的事務或中央和香港特別行政區關係的條款進行解釋"；③"該條款的解釋又影

18　張文顯主編：《法理學》（第 3 版），法律出版社，2007 年版，第 116-117 頁。

響到案件的判決"；④ "在對該案件作出不可上訴的終局判決前"。

其中第1項為"場合條件"，意為只能"具體解釋"不能"抽象解釋"；第2項為"範圍條件"，關於中央人民政府管理的事務或中央和香港特別行政區關係的條款；第3項為"實質條件"，解釋對案件判決有影響；第4項為"時間條件"，作出不可上訴的終局判決前。

5. 提請解釋的主體為"香港特別行政區終審法院"。

6. 提請解釋是法定義務。當上述條件成就時，"香港特別行政區終審法院""應"提請全國人大常委會解釋。此處的"應"是"應該"、"應當"之意，而且不僅是"理所當然"，按照一般法律用語用法，應理解為"法所當然"，是法定義務。

7. 全國人大常委會解釋的效力。第二個"如"字也是"假定條件"，引出了全國人大常委會解釋的效力規則。"如"全國人民代表大會常務委員會作出解釋，香港特別行政區法院在引用該條款時，"應"以全國人民代表大會常務委員會的解釋為準。此處明確了全國人大常委會解釋的效力最高，也表明了香港特別行政區法院儘管"也可以"解釋，但有明確的條件：之前應提請解釋，之後應"以全國人民代表大會常務委員會的解釋為準"。此處的"如"字對全國人大常委會和香港終審法院有不同的含義，對前者意味着可以選擇，也即當香港終審法院提請後，全國人大常委會可以解釋，也可以不解釋；對後者是"義務"，只要全國人大常委會作出解釋，後者"在引用該條款時"就"應以全國人民代表大會常務委員會的解釋為準"。

8. 溯及力問題。前述分析指的是全國人大常委會的解釋對香港特別行政區法院在"解釋"後行為的約束力。"但在此以前作出的判決不受影響"，指的是對"解釋"之前的判決，表明的是"解釋"沒有"溯及力"。

（四）香港基本法第 158 條第 4 款

《基本法》第 158 條第 4 款規定：“全國人民代表大會常務委員會在對本法進行解釋前，徵詢其所屬的香港特別行政區基本法委員會的意見。”

此條款是全國人大常委會進行解釋的程序性規定。

通過如上分析，我們可以得出以下幾點結論：

1.《基本法》的解釋權屬於全國人大常委會。

2. 全國人大常委會授權香港法院解釋《基本法》。香港法院的解釋權分為“自行解釋”和“可以解釋”，兩者都有限制條件：前者有範圍限制 —— 自治範圍內；後者限制條件更多，包括場合條件（具體解釋）、範圍條件（自治範圍外）、實質條件（對案件判決有影響）、時間條件（作出不可上訴的終局判決前）和效力條件（以全國人大常委會的解釋為準）。

3. 香港各級法院都可以在審理案件時解釋《基本法》，但依據被解釋條款的性質不同，這種司法解釋的效力也不同。

4. 當條件成就時，香港終審法院應提請全國人大常委會作出解釋，全國人大常委會的解釋有最高的法律拘束力，但沒有溯及力。

5. 全國人大常委會作出解釋時有程序性規定 —— 徵詢其所屬的香港特別行政區基本法委員會的意見。

二、結構分析

與普通法法系國家的字面解釋方法不同，結構分析類似於大陸法系中語法分析及邏輯分析。二者雖然都屬文本解釋，但得到的字面意義有所不同，前一種字面意義強調的是文字的“自然意義”（Natural Meaning）或“通常意義”（Usual Meaning），而後一種字面意義強調的是“結構中的意義”（即文字無所謂本身的自然或通常意義，它在結構中才有意義）。[19] 本節的結構分析集中在《基本法》的文本上，也容納法條順序、上下文連貫和法律原則等方法。

（一）基於法條順序的分析

《基本法》第 158 條共有 4 款。黃江天博士認為《基本法》解釋權制度的基本結構存在三個不同層次：第一個層次為特區法院可以行使的《基本法》解釋權，第二個層次為全國人大常委會對《基本法》的解釋權，第三個層次為基本法委員會對全國人大常委會行使《基本法》解釋權的介入。[20] 筆者同意把《基本法》第 158 條的內容概括為三個層次，但對三個層次的順序有不同看法。從第 158 條 4 款的排列順序以及重要程度考慮，第 158 條第 1 款規定，"本法的解釋權屬於全國人民代表大會常務委員會"，這屬於全國人大常委會對《基本法》的解釋權，理應屬於第一層次；第 158 條第 2、3 款是有關香港特區法院解釋權的規定，從順序和重要程度，都應列為第二層次；第 158 條第 4 款屬於程序條款，可列為第三層次。在此需要說明的是，黃江天博士的觀點及表述明顯來自林來梵，[21]

19　劉星前引文。

20　黃江天：〈香港基本法的解釋機制磨合兩種法律體系〉，載《中國法律》，2005 年第 3 期；另參見黃江天：《香港基本法的法律解釋研究》，三聯書店，2004 年版，第 136-138 頁。本書只引註其主要觀點，相關表述與林來梵原文基本相同，參見下一個引註。

21　林來梵原文："具體分析內容，基本法解釋制度的基本架構中，存在着以下三個不同的層次。第一個層次：特區法院可以行使的基本法解釋權。特區法院可以行使的基本法解釋權，可分為兩類。第一，對基本法中有關特區自治範圍內的條款可以進行的'自行解釋'的權限。根據第 158 條第 2 款的規定，這乃屬於全國人大常委會授權的解釋權。第二，該條第 3 款中規定的、對基本法其他條款'也可解釋'之意義上的解釋權，其對象的範圍可理解為基本法的其他一切條款，而其性質則可視為是第一類授權解釋權的延展（extension）。第二個層次：全國人大常委會對基本法的解釋權。第 158 條第 1 款規定，'本法的解釋權屬於全國人民代表大會常務委員會'。這是依據上述的我國《憲法》第 67 條第 4 項所作出的一種籠統的、原則性的規定。然而能否由此推論，全國人大常委會對基本法的解釋權可以理解為是一種'名義上的解釋'呢？答案顯然是否定的。因為，根據第 158 條第 3 款的規定，對有關中央人民政府管理的事務或中央和香港特區關係的條款，全國人大常委會擁有最終的解釋權。第三個層次：基本法委員會對全國人大常委會行使基本法解釋權的介入。第 158 條第 4 款規定，全國人大常委會在對基本法進行解釋前，徵詢其所屬的香港基本法委員會的意見。這就設置了全國人大常委會行使基本法解釋權的一個法定程序，但筆者認為，但林來梵的表述有明顯的隨筆色彩和不同的語境，而且在其後的較為正式的論文中已有明顯變化，[22] 所以本書只針對黃江天的觀點。

（二）基於條款上下文的分析

英國的斯坦普法官（Lord Stamp）認為：“英語中的詞語從其周圍的詞語中獲得韻味。句子不僅僅是句子中的用詞的堆砌。”一個句子中某個詞語的含義受到該詞語所處的句子與同一部法律中上下文的影響。換句話說，必須適當關注詞語的上下文。[23] 關注上下文也被稱為“從上下文求字義”、“上下文和諧”或“上下文連貫”規則，[24] 此規則之所以具有效用，是因為建立在同一律和不矛盾律的基礎之上，它預設了三個基本前提條件：其一，一個理性的立法

它又不僅僅只是有程序意義上的機制。無論從基本法解釋權制度的內在結構來看，還是從第 158 條的立法宗旨來看，我們均可推斷：基本法自身也期待（expect）着該委員會有關基本法解釋的意見，對全國人大常委會行使解釋權時產生內在的拘束力。這三層結構的設置，無疑在基本法解釋權制度上落實了‘一國兩制’的原則。上述的基本法解釋權制度架構中的三個層次，環環相扣，相輔相成，構成深具內在張力，然而又是嚴密、相對自足的系統。”參見林來梵：〈螳螂捕蟬，黃雀在後？——試論基本法解釋制度的法律機制〉，載林來梵：《剩餘的斷想》，中國法制出版社，2007 年版，第 32-34 頁。原文註：原文載於香港青年法律工作者協會《法會訊》，1997 年 5 月號。

22　林來梵認為：“《基本法》第 158 條中有關該法解釋權的分配，主要體現在三個層面：①該條第 1 款規定，該法的解釋權‘屬於’全國人大常委會。應該說，這是依據中國憲法第 67 條所作出的一種籠統的、原則性的規定。②對於基本法中有關特區自治範圍內的條款，特區法院可以‘自行解釋’。根據第 158 條第 2 款的規定，這乃屬於全國人大常委會授權的解釋權。③對於基本法中的其他條款，包括涉及中央政府管理的事務以及中英與特區關係的條款，特區法院‘也可解釋’。這亦可視為全國人大常委會授權解釋權的一種延展（extension）然而，對於這一層面解釋權的分配，第 158 條第 3 款又作了進一步的具體規定，即：當特區法院的解釋影響到案件的判決，在對該案件作出終局判決前，應由香港特區終審法院提請全國人大常委會作出解釋，並在判決中以此為準。”參見林來梵：〈補論：香港特區的基本法訴訟〉，載林來梵：《從憲法規範到規範憲法》，法律出版社，2001 年版，第 416-417 頁。

23　Rupert Cross, *Statutory Interpretation*, London, Butterworth & Co., 1976, p.118. 另參見［英］魯珀特·克羅斯：《法律解釋》，孔小紅、夏道虎、黎建飛譯，西南政法學院法學理論教研室，1986 年印行，第 151 頁；參見郭華成：《法律解釋比較研究》，中國人民大學出版社，1993 年版，第 83 頁。

24　參見［英］魯珀特·克羅斯：《法律解釋》，孔小紅、夏道虎、黎建飛譯，西南政法學院法學理論教研室，1986 年印行，第 151 頁；郭華成：《法律解釋比較研究》，中國人民大學出版社，1993 年版，第 83 頁；張志銘：《法律解釋操作分析》，中國政法大學出版社，1999 年版，第 110 頁；胡玉鴻主編：《法律原理與技術》，中國政法大學出版社，2007 年版，第 374 頁。

者在立法意圖中意圖做到整個法律體系的連貫統一；其二，一個用詞或詞組在同一制定法的不同部分中具有相同含義；其三，具有權威的場合因素相互間具有和諧性。[25]

林來梵認為，《基本法》第158條沒有明確規定全國人大常委會是否可以行使對特區自治範圍內條款的解釋權，是一個不容忽視的闕失。全國人大常委會在授權特區法院自行解釋該類條款之後，仍然擁有相應的解釋權。[26]但在具體行使對該類條款的解釋權時，是否應受到一定內在的規制需要分析。

1. 根據《基本法》第158條的規定，雖然《基本法》所有條款的解釋權，在原則上均屬於全國人大常委會，但在實際權限的分配中，全國人大常委會則授權特區法院自行解釋特區自治範圍內的條款；與此相對應，對有關中央管理的事務以及中央與特區關係的條款，該條比較明確地規定了提請全國人大常委會解釋的要件和程序，但對有關特區自治範圍內的條款，則無相應規定。這裏其實蘊含了一種傾斜的規範結構，可理解為暗含了一種潛在的規範內涵，即就特區自治範圍內的條款來說，第158條對全國人大常委會的解釋權具有一定的規限性。

2. 第3款規定終審法院提請全國人大常委會解釋有關中央管理的事務或中央和特區關係的條款的要件和程序，實際上既是對特區

25　張志銘前引書，第110頁；另參見胡玉鴻主編：《法律原理與技術》，中國政法大學出版社，2007年版，第374頁。

26　理由如下：①在中國現行法律制度中，法律的解釋權，包括憲法的解釋權，均是全國人大常委會的一個重要權限，第1款也有明確規定；②在中國現行法制中，其他一些特定的機關也可依法行使相應的法律或法令的解釋權，但必須以全國人大常委會的有關解釋為準，這也體現在第3款之中；③以上的法律解釋體制，與普通法大相徑庭，但在大陸法系的傳統中，法律解釋權的最高權威，往往歸屬於立法機關，故而不足為奇；④從理論上說，公法（如憲法或行政法）上的授權，畢竟有別於私法，被授權的機關在行使該等權限時，一般須受授權機關的監督和制衡。授權更不意味着權限歸屬的讓渡或移轉，即意味着授權機關已經喪失了其原本所固有的那些權限。參見林來梵：〈補論：香港特區的基本法訴訟〉，載林來梵：《從憲法規範到規範憲法》，法律出版社，2001年版，第419頁。

法院行使該類條款解釋權的一種制約，同時也是對全國人大常委會行使對該類條款解釋的一種規限。既然全國人大常委會對於中央管理的事務或中央與特區關係的條款行使解釋權尚且受到規限，那麼，對於特區自治範圍內條款的解釋，就可能更應如此。[27]

筆者以為，林來梵的分析是成立的，也可視為"上下文連貫"方法的運用。

（三）基於法律原則的視角

有學者指出，法律規範是法律規則的上位概念，法律規則只是法律規範的類型之一。[28] 因此，我們不能說法律規範就是法律規則，而只能說法律規則是一種法律規範。作為法律規範之一的法律原則，是為法律規則提供某種基礎或本源的、綜合性的、指導性的原理或價值準則的一種法律規範。其功能之一便是可以作為法律解釋和推理的依據，為法律規則的正確適用提供指導。法律適用的過程在某種程度上是在進行法律解釋和法律推理的過程。對法律進行解釋和推理時，法律適用者必須在整個法律框架下進行，所解釋和推理的結果不能與整個法律的基本原理和根本價值相矛盾。法律原則作為法律的基本精神和價值的承擔者以及法的內在體系的基本架構者，就對法律解釋和推理起着指導作用。[29] 注重法律原則的視角強調：如果有一項或幾項一般法律原則適用於法律規定的主題，那麼在適當衡量原則在一般意義上和在問題發生的法律領域中的重要程度的基礎上，應該贊同與原則最為一致的解釋。此種方法的效

27　林來梵：〈補論：香港特區的基本法訴訟〉，載林來梵：《從憲法規範到規範憲法》，法律出版社，2001 年版，第 418-421 頁。

28　Robert Alexy, *A Theory of Constitutional Rights*, trans., Julian Rivers, Oxford University Press, 2002, p.45. 轉引自舒國瀅主編：《法理學導論》，北京大學出版社，2006 年版，第 101-115 頁。

29　舒國瀅前引書，第 101-115 頁。

力，不僅來自原則在本質上所具有的權威特性，而且還來自實體或程序上連貫和諧的系統考慮。[30]

《基本法》第 158 條的解釋權分配明顯屬於中央與特區關係條款，如果其中有疑義，可以從第二章"中央和香港特別行政區的關係"尋找解決辦法。第二章第 12 條規定："香港特別行政區是中華人民共和國的一個享有高度自治權的地方行政區域，直轄於中央人民政府。"第 20 條規定："香港特別行政區可享有全國人民代表大會和全國人民代表大會常務委員會及中央人民政府授予的其他權力。"第 12 條明確了中央與特區的關係，第 20 條是對所謂"剩餘條款"的規定，意在指明不明確的權力屬於中央。

如果仍有爭議，可回到第一章"總則"，因為"總則"統領"分則"。"總則"第 1 條規定："香港特別行政區是中華人民共和國不可分離的部分。"第 2 條規定："全國人民代表大會授權香港特別行政區依照本法的規定實行高度自治，享有行政管理權、立法權、獨立的司法權和終審權。"在此，主權與高度自治權的關係已相當清楚：中央行使主權，特區政府享有高度自治權，二者是授權與被授權的關係。

上述條文可視為《基本法》的原則，當然，"總則"部分屬基本原則，第二章可理解為具體原則。這些原則對《基本法》解釋權配置和行使同樣具有指導意義。

三、合憲性解釋

合憲性解釋指依照憲法及位階較高的法律，解釋位階較低的

30　張志銘前引書，第 115 頁。

法律。[31]《基本法》第 11 條規定："根據中華人民共和國憲法第 31
條,香港特別行政區的制度和政策,包括社會、經濟制度,有關保
障居民的基本權利和自由的制度,行政管理、立法和司法方面的制
度,以及有關政策,均以本法的規定為依據。香港特別行政區立法
機關制定的任何法律,均不得同本法相抵觸。"本條從法律上明
確了《憲法》、《基本法》和特區立法機關制定的法律三者之間的關
係。《基本法》"序言"指出:"根據中華人民共和國憲法,全國人
民代表大會特制定中華人民共和國香港特別行政區基本法,規定香
港特別行政區實行的制度,以保障國家對香港的基本方針政策的實
施。""序言"的法律效力存在爭議,但有第 11 條的規定,"序言"
的上述內容應該可以肯定。上述兩條明確說明了《基本法》的法律
根據,儘管並非憲法的每一個條文都適用於特區,但憲法在特區的
法律效力不容置疑。無論對《基本法》如何定位,其地位不可能超
越憲法。由此,僅從《基本法》的文本分析,也可引入憲法的相關
內容。

正如林來梵所說,根據《基本法》第 158 條的規定,基本法的
最終解釋權歸屬於全國人大常委會。(香港)雖設立了終審法院,
享有對本法域內所有案件的終局審判權,但不享有《基本法》的最
終解釋權。在這種制度下,審判權和解釋權雖然互相交疊,但這個
體系並不是密不通風的,它存在一個內在的"開口"(Entrance),
通過這一微妙的"開口",中國法的概念可以有限地滲透進來,並
加入香港法的概念之中。這就是《基本法》的規範所預設的一種"制
度性實然"的結局,也是"一國兩制"的框架所須容受的具體內容。

31　參見張志銘前引書,第 106 頁,胡玉鴻前引書,第 379 頁;另參見楊仁壽:《法學方法論》,
　　中國政法大學出版社,1999 年版,第 129 頁;梁慧星:《民法解釋學》,中國政法大學出
　　版社,1995 年版,第 230-232 頁。

這一"開口"的實在，正意味着一個深沉的現實，即：香港的司法制度，並不是一個完全自足或自我完結的系統。其實，香港的司法制度，從來就不是一個完全自足或自我完結的系統。香港原有的法律系統，本來就源於英式的普通法法律傳統，連其語言表述的系統，都是來自那邊廂的"舶來品"，也就是説，除了上述那個"開口"之外，其實還有另一個早已存在的"開口"，而《基本法》也保留了這個"開口"，其第 84 條規定："香港特別行政區法院依照本法第 18 條所規定的適用於香港特別行政區的法律審判案件，其他普通法適用地區的司法判例可作參考。"這裏的"普通法適用地區"，除了英國之外，還可以理解為包括美國、澳大利亞在內的諸多普通法國家，足見此"開口"不可謂不大。在此情形下，我們可以想見：由於英國不擁有成文憲法，並缺乏違憲審查制度的理論和實踐，為此，在今後的《基本法》適用過程中，引入美國式憲法訴訟的原理和技術，就必然成為一種不可逆轉的趨勢。

總而言之，在香港的司法制度體系之中，存在着兩個法定的"開口"，一個朝向中國法開放，另一個朝向英美法開放。這種"雙向開口"的構造，展現了某種吊詭的歷史和現實在香港法制度上所留下的特有印痕，但正因如此，其本身也就擁有了獲取某種新的生機和活力的契機。問題在於：兩種恍如隔世、截然不同的法律概念，透過這種"雙向開口"而聚合於香港司法制度的體系之內，使之成為二者相互撞擊、相互衝突的一種"圍場"，此處人大釋法的爭議，究其深層誘因，無非在此而已。[32]

32　林來梵：〈對"人大釋法"爭議的除魅——論不能自足的司法制度〉，載林來梵：《剩餘的斷想》，中國法制出版社，2007 年版，第 47-54 頁。另據原註，原文載於香港《信報財經月刊》1999 年 8 月。

第三節　香港基本法第 158 條的系統解釋

基於上述合憲性分析，加之《基本法》是我國的一部基本法律和憲法性法律，所以應將《基本法》解釋權配置，置於整個法律體系中予以探討，也可借此對《基本法》解釋權配置獲得更寬廣的視野和更準確的認識和理解。需要說明的是，本節所稱"系統解釋"涵蓋體系解釋和法意解釋，前者集中分析與《基本法》解釋權配置密切關聯的、同屬我國法律體系的憲法相關條文和其他法律文本，後者探尋與解釋權配置相關的歷史資料。

一、體系解釋

本節所稱"體系解釋"與通常所說的體系解釋[33]有別。本節主要探討與《基本法》解釋權配置密切關聯的、同屬我國法律體系的憲法相關條文和其他法律文本。與普通法法系的"解釋的外部輔助資料"[34]兼容但不完全相同。換句話說，本節主要從我國法律體系的角度，探討《基本法》的解釋權配置。

（一）體系視角下的全國人大常委會解釋權

按照中國憲法的規定，法律的解釋權屬於全國人大常委會（第 67 條第 4 項），地方一級的國家權力機關不享受該解釋權。《基本法》是全國性的基本法律，其"解釋權屬於全國人民代表大會常務

33　梁慧星：以法律條文在法律體系上的地位，即依其編、章、節、條、款、項之前後關聯位置，或相關法條之法意，闡明其規範意旨之解釋方法，稱為體系解釋方法。體系解釋方法為傳統法解釋學所常用的方法。參見梁慧星：〈論法律解釋方法〉，載《法學》，1999 年第 3 期；另參見梁慧星：《民法解釋學》，中國政法大學出版社，1995 年版，第 217-219 頁。

34　魯珀特・克羅斯列舉的各種輔助資料有：歷史背景、字典和其他書面資料、慣例、同一時期的解釋、屬於同類資料的其他法規以及國會資料等，參見[英]魯珀特・克羅斯前引書，第 156 頁及以下。

委員會"（《基本法》第 158 條第 1 款），這符合了中國單一制國家的立法集中和法制統一原則，也保證了《基本法》在全國的統一理解和實施。在中國，廣義上的法律解釋存在着兩個範疇和層次：一個是以憲法性法律為解釋對象的解釋，即所謂的"憲法解釋"；另一個則是以法律、法規為解釋對象的解釋，一般被稱為"法律解釋"。根據現行《憲法》第 67 條第 2 款第 1 項以及第 4 項的規定，憲法以及法律的解釋權均歸屬於全國人大常委會。從解釋主體的角度來看，上述的"憲法解釋"和"法律解釋"均可視為"立法解釋"，即立法者作出的、具有法律意義的解釋。其他解釋主體，如最高人民法院、最高人民檢察院和國務院及相關主管部門也有權作出解釋，所作出的解釋被稱之為具體應用解釋。[35]

（二）體系視角下的特區法院解釋權

自 1949 年以來，中國憲法和法律先後多次就法律解釋問題作出過規定，其中最重要的法律文件是 1981 年全國人大常委會通過的《決議》（《關於加強法律解釋工作的決議》）和 2000 年第九屆全國人大三次會議通過的《立法法》第 42 條。上述《決議》與《立法法》就是全國人大常委會對《憲法》中有關全國人大常委會解釋條款的法律明細化。基於此，全國人大常委會將自身的部分法律解釋權授權給其他國家機關，從而建構了一個新的法律解釋體制。這一體制的一個重要突破，就是在很大程度上也承認了"司法機關"，尤其是最高人民法院對法律的解釋權，這與現代民法國家在法律解釋體制上的發展動向是一致的。上述《決議》和《立法法》同時為《基本法》確立有關《基本法》解釋體制，提供了一個為現行憲制

35　朱國斌：〈香港基本法第 158 條與立法解釋〉，載《法學研究》，2008 年第 2 期。

所接納的、可行的框架。

　　按照中國的法律解釋制度，只有最高人民法院才能對具體法律的適用行使司法解釋權，地方各級人民法院並不具有這項權力。由於其他省、自治區和直轄市和特區無隸屬關係，是完全平等的關係，"同樣，各省、自治區和直轄市的高級人民法院與香港特別行政區終審法院也完全是平等的關係。因此，在'一國兩制'下的完全平等的關係是香港特別行政區法院與內地各地區法院的基礎關係……"[36] 如此看來，香港法院被《基本法》賦予解釋權的安排是在"一國兩制"前提下的"特事特辦"。第 158 條第 2 款這一"授權條款"表面上看是對香港司法機構的特殊待遇，它實際上是對實施了一百五十多年的普通法制的尊重，接受了該制度不宜、也不應該輕易改變的事實，體現了維持香港原有制度"50年不變"的深遠考慮，還蘊藏着保證香港高度自治、港人治港這種更深層次的立法意圖。

　　於是，香港法院對有關自治範圍內的《基本法》條款可以自行解釋，提請全國人大常委會作出立法解釋的必要性不存在了。案件當事人同樣也不能將解釋爭議徑直提交全國人大常委會要求解釋，這會違反《基本法》。上述有關香港特區"自治範圍的條款"，是指香港特區按照《基本法》規定有權行使管理權的條款。但是對哪些條款屬於範圍之內，案件當事人、特區法院、特區政府和中央（主要指全國人大常委會和國務院）可能有不同理解，而這種不同理解將會導致法律和政治的紛爭（回歸以來的三次《基本法》立法解釋都和各自對《基本法》所謂自治條款的理解有直接或間接的關係）。[37]

36　蕭蔚雲：《論香港基本法》，北京大學出版社，2003 年版，第 518 頁。轉引自朱國斌：〈香港基本法第 158 條與立法解釋〉，載《法學研究》，2008 年第 2 期。

37　朱國斌前引文。

（三）體系視角下的解釋權配置

觀察四部《憲法》規定，全國人大常委會解釋法律職權有所發展，1954 年《憲法》第 31 條第 3 款規定全國人大常委會有"解釋法律"職權；1975 年《憲法》第 18 條並無變化，規定有"解釋法律"職權；1978 年《憲法》第 25 條第 3 款發展為"解釋憲法和法律"職權；1982 年《憲法》第 67 條分為兩款，其中第 2 款第 1 項為"解釋憲法"，第 4 項為"解釋法律"。憲法和包括《基本法》在內的法律的解釋權是全國人大常委會獨享的職權。

全國人大常委會通過 1981 年的《決議》，將自身的部分法律解釋權授權給包括最高人民法院在內的其他國家機關，從而建構了一個新的法律解釋體制，通過 1990 年、1993 年制定的《香港基本法》和《澳門基本法》將自身的部分法律解釋權授權給香港特區法院和澳門特區法院。2000 年的《立法法》可視為全國人大對全國人大常委會授權的確認（也有監督，如個別條款的修改）。由此形成的我國法律解釋體制由全國人大常委會的固有解釋權，和其他國家機關經授權獲得的部分解釋權組成，前者的解釋權具有權限完整性和效力最終性，後者的解釋權具有權限有限性和效力暫定性。全國人大常委會對特區法院和其他經授權獲得部分法律解釋權的國家機關的解釋活動的監督有所區別，但固有解釋權與經授權獲得解釋權的關係性質沒有區別。由此觀之，《基本法》第 158 條第 1 款"本法的解釋權屬於[38]全國人民代表大會常務委員會"、第 2 款"全國人民代表大會常務委員會授權香港特別行政區法院在審理案件時對本法關於香港特別行政區自治範圍內的條款自行解釋"和第 3 款"如全國人民代表大會常務委員會作出解釋，香港特別行政區法院在引用該

38　本書所有着重號均為筆者所加。

條款時，應以全國人民代表大會常務委員會的解釋為準"等規定都是中國法律解釋體制的題中應有之意。

二、法意探尋

本節的法意探尋方法屬於鄭永流教授所說的"歷史解釋"：在體系解釋也不能給出具體規範時，歷史解釋便出場了——它力圖從歷史資料和歷史背景中獲得立法者的原意。[39] 與梁慧星的"法意解釋"[40]大體相當。另外，此種方法也與普通法法系的"解釋的外部輔助資料"[41]兼容。有關"歷史解釋"、"法意解釋"或"解釋的外部輔助資料"的法律效力，各國的理論和實踐並不一致。在英國，法院形成了一種不允許律師在解釋論點中，引證議會辯論記錄、議會委員會報告等立法準備材料的學說。美國最高法院極少限制使用這種材料，但並沒有給予這種材料太大的重要性。[42] 筆者不想誇大歷史解釋的作用，只把它看作是對理解立法者原意有所幫助的材料，這也是筆者用"法意探尋"的原因。

（一）關於香港基本法第 158 條第 1 款

基本法起草委員會委員蕭蔚雲指出，"關於《基本法》的解釋權"，第 1 款就講"本法的解釋權屬於全國人民代表大會常務委員會"。當時有不同的意見。有的說，解釋權應屬於香港終審法院，不能屬於全國人大常委會。起草委員會不同意這個意見，因為《憲

39　鄭永流：《法律方法階梯》，北京大學出版社，2008 年版，第 166 頁。
40　梁慧星："法意解釋，又稱立法解釋，或沿革解釋，或歷史解釋；係指探求立法者或準立法者於制定法律時所作價值判斷，及其所欲實現的目的，以推知立法者的意思。立法史及立法過程中之有關資料，如一切草案、審議記錄、立法理由書等，均為法意解釋之主要依據。"，載梁慧星：《民法解釋學》，中國政法大學出版社，1995 年版，第 219 頁；另參見梁慧星：〈論法律解釋方法〉，載《法學》，1999 年第 3 期。
41　[英]魯珀特·克羅斯前引書，第 156 頁及以下。
42　張志銘前引書，第 149 頁。

法》規定，法律的解釋權屬於全國人大常委會，而《基本法》是全國人大制定的，其解釋權應屬於全國人大常委會。

當時起草委員會就提出疑問，如果把《基本法》的解釋權交給香港，香港終審法院的一些法官，既不了解香港的情況，也不了解《基本法》的精神，又不是中國人，由他們解釋《基本法》，會往哪個方面解釋？所以，起草委員會幾位修讀法律的，堅持寫上《基本法》的解釋權屬於全國人大常委會。現在回頭看，這一條還是符合實際的，還是比較好的。就是説，中央有這樣的一些權力。[43]

（二）關於香港基本法第 158 條第 2、3 款

結合第 158 條第 2、3 款，可以理解為特區法院有條件地全面解釋《基本法》。特區法院在審理案件時對《基本法》的全部條款都有權自行解釋，實際上回歸到了普通法法院釋法的司法實踐。但唯一的限制是："但如香港特別行政區法院在審理案件時需要對本法關於中央人民政府管理的事務或中央和香港特別行政區關係的條款進行解釋，而該條款的解釋又影響到案件的判決，在對該案件作出不可上訴的終局判決前，應由香港特別行政區終審法院請全國人民代表大會常務委員會對有關條款作出解釋。"為甚麼要加上這一層限制呢？基本法起草委員會委員許崇德教授認為，因為香港特區法院享有終審權，它們對《基本法》條文所作出的解釋，將隨判決的生效而成為具有約束力的判例法，為了避免香港特區法院在對涉及中央利益的條款的解釋同全國人大常委會不一致，故此採取了終局判決前提請全國人大常委會解釋的辦法。這一解釋與香港《文匯報》記者的記載基本一致。

43　蕭蔚雲：〈關於香港特別行政區基本法的幾個問題〉，載《法學雜誌》，2005 年第 2 期。

關於香港法院對《基本法》有條件地全面釋法這一規定的全面認識和深入理解，一定要參考起草小組負責人蕭蔚雲教授的講話。蕭教授在 1987 年 4 月 13-17 日召開的基本法起草委員會第四次會議上作了如下重要發言："我認為要作一點限制的理由是：①《基本法》是一個非常重要的法律，不是一個純粹地方法律，……而且它規定了許多的中央與香港特別行政區關係的內容，如果完全由一個地方法院在審理案件中對它進行無限制的解釋，這種解釋不但影響香港特別行政區，而且可能影響到全國，所以無限制的解釋似乎是欠妥的。②如果涉及到國防、外交與中央直接管轄範圍內的事務的案件，完全由香港特別行政區法院來解釋，這和《中英聯合聲明》的精神似乎也不完全一致，即使法院能審理這類案件，在實際工作中也可能會遇到困難。而且……1997 年後香港特別行政區終審法院的法官又並不限於香港居民，這也是應當考慮的。③在 1997 年後香港特別行政區終審法院有終審權，它的判決即最終判決，不能再上訴到北京，如果涉及國防外交及中央直接管轄的事務的案件，香港特別行政區法院又審判得不正確，這種錯判的案件將無法得到糾正。④現在香港法院並無終審權，即當事人不服香港最高法院判決的，還可以依法向倫敦樞密院司法委員會上訴。從這個意義上講，香港法院現在並不能無限制地解釋法律，倫敦的樞密院司法委員會每年都要改判由香港法院判決的幾宗案件。⑤這樣規定並不妨礙香港特別行政區法院的終審權。所謂終審權是指香港特別行政區終審法院的判決即為最終判決，不能再上訴。⑥如果認為全國人大常委會對法律解釋不多，香港特別行政區法院就可以無限制解釋法律，這可能是混淆了全國人大常委會對法律的解釋權和香港特別行政區法院在審理（案件）中對法律的適用、解釋問題，這兩者並不是一回事，不能就全國人大常委會解釋法律少，就可以由法院解釋。……如果全國人大（常委會）將來對《基本法》的解釋真的不多，只能説明《基本法》訂得比較好，比較明確，而不能説明因此應當給法院無限制解釋法律的權力。"

此外，同條第 3 款第 3 句還規定："如全國人民代表大會常務委員會作出解釋，香港特別行政區法院在引用該條款時，應以全國人民代表大會常務委員會的解釋為準。但在此以前作出的判決不受影響。"這種規定有它的必要性，也符合普遍的立法和法治原則。同時，它直接解決了部分民眾對"人大釋法具有溯及力"的疑惑和擔憂。如起草委員李柱銘的意見就有代表性："……在自治範圍外的問題，人大常委會可以行使其最終解釋權，避免同樣的判決再出現，甚至必要時動議修改《基本法》，但已經作出了判決的案件不能更改。如果人大常委會的解釋有溯及力，可以改變在此之前作出的判決，則在香港終審法庭敗訴的一方便必然會千方百計的上訴至人大常委會，這樣，香港終審法庭的權威將會失去，也就不再是'終審'法庭。同時，人大常委會也要面對很大的困難。"從普通法理學上講，當時的這種考慮是有理據的。[44]

（三）關於香港基本法第 158 條第 4 款

第 158 條第 4 款規定："全國人民代表大會常務委員會在對本法進行解釋前，徵詢其所屬的香港特別行政區基本法委員會的意見。"

這是《基本法》規定的《基本法》解釋前唯一的法定徵詢機構，實際上它是中央與香港特區之間的橋樑，亦可發揮緩衝作用，它是全國人大常委會《基本法》解釋機構的要素。在《基本法》解釋機制形成過程中，對此有着反覆研究。早在《中英聯合聲明》和 1986

44　朱國斌前引文。

年基本法起草委員會第二次會議上制定的《基本法》結構，均無基本法委員會一詞。據資料表明，最早提出設定此委員會的是香港人士，基本法起草委員會接納了這一意見，在《基本法》的有關條文中作了規定。此後，基本法委員會成為另一個熱門話題。1988年4月頒發的《基本法（草案）徵求意見稿》，註釋中的註2較全面提出了基本法委員會有關名稱、隸屬關係、任務、組成建議。在《基本法》草擬制定過程中，集中討論了基本法委員會的法律地位、應否在《基本法》中規定、性質認定、成員產生等。

經過反覆商討，1989年2月頒發的《基本法（草案）》列了一個附錄：香港特別行政區基本法起草委員會關於設立全國人民代表大會常務委員會香港特別行政區基本法委員會的建議。內容是："香港特別行政區基本法起草委員會考慮到香港特別行政區《基本法》生效以後，沒有機構就《基本法》若干條款實施中的問題進行研究，並向全國人大常務委員會提出意見。為此，建議在《基本法》生效的同時，在全國人大常務委員會下設立一個工作委員會，由全國人大常務委員會任命內地和香港人士組成。"並就名稱、隸屬關係、任務、組成提出具體方案。最後，1990年4月第七屆全國人大三次會議決定：①批准香港特別行政區基本法起草委員會關於設立全國人民代表大會常務委員會香港特別行政區基本法委員會的建議；②在《中華人民共和國香港特別行政區基本法》實施時，設立全國人民代表大會常務委員會香港特別行政區基本法委員會。基本法委員會作為一個協調、研究、徵詢中央與香港特區之間事務的一個機構，其重要性自不待言，在全國人大常務委員會基本法解釋機制中順利和有效地運作，至關重要。[45]

---

[45] 李昌道：〈香港基本法解釋機制探析〉，載《復旦學報》(社會科學版)，2008年第3期。

　　但有意思的是，"徵詢"之前並無"得"或"應"這種字眼，這有別於一般立法習慣。這是否意味着徵詢意見要留待人大常委會酌情而定？條文關於對於"徵詢"意見過程是否是一個必不可少的立法解釋程序的模糊規定，為我們留下了質疑的空間。朱國斌認為，從立法者的意圖推測，"徵詢"意見應該是立法解釋一個必不可少的環節。1990 年 4 月 4 日，第七屆全國人大第三次會議通過《基本法》時，還通過了全國人民代表大會《關於批准香港特別行政區基本法起草委員會關於設立全國人大常委會香港特別行政區基本法委員會的建議的決定》，基本法委員會的組成、地位及職責由全國人大常委會決定。根據該法律，基本法委員會是設立在全國人大常委會之下的一個工作委員會。它由 12 人組成，由內地人士及香港人士（其中包括法律界人士）各 6 人組成；其中香港委員須由在外國無居留權的香港特區永久性居民中的中國公民擔任，並經香港特區行政長官、立法會主席和終審法院首席法官聯合提名，報全國人大常委會任命。基本法委員會的任務是就有關《基本法》第 17、18、158 條及第 159 條實施中的問題進行研究，並向全國人大常委會提供意見。上述條款涉及的內容包括：特區立法是否符合《基本法》及法定程序，少數全國性法律在香港的實施，有關《基本法》的解釋及修改問題。

　　從立法者主觀願望來看，基本法委員會實際上被設計為中央與香港特區之間的一座橋樑。由於基本法委員會有香港人士參加，該機構的工作有助於客觀全面地反映香港的實際情況和各界意見，也有利於中央指示的下達，可以在中央與地方之間發揮緩衝的作用。因此，《基本法》上述第 158 條第 4 款的規定，便於使中央立法機關在進行《基本法》解釋時盡可能顧及到香港民意。條文設計也希望賦予全國人大常委會在釋法時有更多的主動性、主動權，和更強的主導性。從可以見到的資料來分析，這也是所謂的立法原意。[46]

第四節　香港基本法解釋權配置的理論概括

對於《基本法》解釋權的配置，學者們嘗試了不同的理論概括。筆者也曾對此進行探討。[47]筆者近來的研究發現，此問題有進一步探討的必要，筆者的論證同先前相比也有所變化。

一、香港基本法解釋權的性質

關於中國現行法律解釋體制的實證分析、理論解讀及制度缺陷等問題，張志銘教授有詳盡地考察和細緻地分析。概言之，"在中國的制度設計上，法律解釋一般說來既非屬於司法裁判權的一種活動，也非附屬於立法權或法律實施權的一種活動；它在法律上被單列為一種權力，一種通過解釋形成具有普遍法律效力的一般解釋性規定的權力，而在不同的國家機關之間對這種權力的分配，則構成了一種極具中國本土特色的法律解釋體制。"[48]

張志銘教授對中國現行法律解釋體制的分析是否適用於《基本法》呢？換句話說，《基本法》的解釋是否也屬於一種特殊的非立法、非司法行為？這種解釋的場合如何？這也是筆者接下來要討論的問題。

46　朱國斌前引文。
47　參見白晟：〈《香港基本法》解釋的若干問題辨析〉，載《國家檢察官學院學報》，2010 年第 6 期。
48　張志銘：《法律解釋操作分析》，中國政法大學出版社，1999 年版，第 228 頁。

《基本法》解釋的性質不能一概而論。就香港法院對《基本法》的解釋而言，無疑屬於司法解釋。但對於全國人大常委會對《基本法》的解釋而言，似乎不宜簡單化地認定為立法解釋。誠如王振民教授所言，在中國的憲法和法律解釋理論中，法律的解釋權是最高權力（立法權）的附屬權力，解釋憲法和法律是全國人大常委會除了立法、監督、決定、人事任命等職能之外的一項獨立職能，與其他職能同等重要。全國人大常委會既是立法機關，也是中國的憲法和法律解釋機關。這種釋法行為儘管不是立法行為，但也不是司法行為，而是介於立法和司法之間的"半立法、半司法"的行為，也可以説是獨立於一般司法和立法的專門性法律解釋行為。[49] 強世功對此也有論述：（根據第 158 條第 3 款，應終審法院提請）全國人大常委會對《基本法》的解釋並非在通常情況下作出的立法解釋，而是針對終審法院審理的案件，應終審法院請求作出的解釋，而且解釋內容會影響到案件的判決結果，其性質具有雙重性：一方面是立法性質的，人大釋法只闡述有關條款的內容，並不對案件本身作出判決，案件的終審權依然在終審法院，但人大釋法的內容對以後的法院審判構成類似成文法的直接約束，且特區法院不能通過自己的解釋來推翻人大釋法的內容；另一方面是司法性質的，即人大釋法是在終審法院在司法個案中提請的情況下被動地進行解釋，它對《基本法》的理解必然會考慮到案件的判決結果，而且這種解釋事實上會對案件判決結果產生直接的影響。這意味着中央通過人大釋法對特區法院的判決結果產生了最低限度的監督，發揮着"準終審法院"的法律功能，行使一種隱性的、最低限度的司法主權。[50]

49　王振民：〈論回歸後香港法律解釋制度的變化〉，載《政治與法律》，2007 年第 3 期。

50　強世功：〈和平革命中的司法管轄權之爭 —— 從馬維錕案和吳嘉玲案看香港憲政秩序的轉型〉，載《中外法學》，2007 年第 6 期。

強世功、王振民和張志銘的表述略有不同，但對法律解釋權的定位是一致的：法律解釋權是一種獨立於一般司法和立法的專門性法律解釋行為。[51] 內地最高司法機關和國務院及主管部門擁有部分解釋權，並不影響將法律解釋權的性質定位於一種獨立於一般司法和立法的專門性法律解釋；同樣，《基本法》的解釋權性質也不因香港法院擁有部分對《基本法》的解釋權而改變，仍可概括為一種獨立於一般司法和立法的專門性法律解釋權。

二、全國人大常委會解釋香港基本法與香港司法終審的關係

由於 1999 年人大釋法是針對終審法院的判決作出的，海內外普遍有一種看法，即人大釋法否決了香港終審法院的判決，侵犯了《基本法》保障的香港司法終審權和司法獨立。其實，全國人大常委會的釋法不影響香港特別行政區終審法院有關判決的對人效力，案件雙方當事人根據判決所取得的權利和義務仍然有效，既往不咎，釋法只對將來發生的事有效力。在普通法制度下，法律的最終解釋權和司法終審權是合在一起的，都由最高（終審）法院行使。但是在中國的憲法制度裏，法律的最終解釋權和司法終審權不是由一個機構來統一行使的，而是分別由兩個機構來行使。根據中國《憲法》第 67 條和第 127 條的規定，法律的最終解釋權由全國人大常委會行使，中國司法終審權由最高人民法院行使。在中國內地，人們並沒有因為全國人大常委會行使法律的最終解釋權，而認為全國人大常委會侵犯了最高人民法院的司法終審權，因為全國人大常委會並沒有代替最高人民法院來審理案件，只是進行法律的最終解

---

51 值得注意的是，強世功與王振民對全國人大常委會解釋《基本法》的權力性質的認識與以前相比都有變化。

釋，司法上的終審仍然由最高人民法院來進行。這種憲法和法律的最終解釋權與司法終審權分立由不同機構行使的情況，是大陸法系的重要特徵，廣泛存在於適用大陸法的國家和地區。

同樣，對香港《基本法》，其"最終解釋權"屬於全國人大常委會，但"最終裁判權"屬於香港特區終審法院。把"最終解釋權"和"最終裁判權"分開，既符合中國的憲政和法律體制，又是"一國"和"兩制"的絕妙結合。正是從這個意義上說，全國人大常委會並沒有侵犯特區終審法院的終審權，全國人大常委會不是特別行政區終審法院的"終審法院"，它僅僅行使《基本法》的最終解釋權，只"釋法"，不"司法"，不代替特區法院審理案件，最終審判權（終審權）仍然由特區終審法院行使。因此，全國人大常委會解釋《基本法》不會侵犯香港特區終審法院的司法終審權和司法獨立。在"一國兩制"體制下，中國行使憲法和法律最終解釋權的機構仍然只有一個，即全國人大常委會，但是行使司法最終裁判權的機構目前已經有三個，即設在北京的內地終審法院 —— 最高人民法院和分別設在香港、澳門的兩個特區終審法院，這三個終審法院相互之間沒有隸屬關係，各自在自己的管轄區域內行使自己的司法終審權。[52]

三、香港基本法解釋的場合

張志銘教授認為，法律解釋的場合也就是在甚麼領域、甚麼時候需要或存在法律解釋的問題。到目前為止，國內理論在分析上存在着兩個方面的問題：第一個方面，如果把法律實踐區分為立法和

52　王振民：〈論回歸後香港法律解釋制度的變化〉，載《政治與法律》，2007 年第 3 期。

法律實施兩個領域，法律解釋是不是只存在於法律實施而不存在於立法領域？第二個方面，如果法律解釋只是存在於法律實施領域，那麼它是存在於整個法律實施領域，還是只存在於法律實施的某個環節？前一個問題涉及到經常所講的事前解釋和事後解釋。後一個問題包括具體解釋和抽象解釋。[53]在此重點討論第二個問題。具體解釋是指具體個案的判斷與法律適用相聯繫的法律活動，它是把法律解釋適用於個案解釋的大前提；抽象解釋與具體解釋不同，它是指法定的國家機關，如中國的全國人大常委會、最高人民法院、最高人民檢察院在法律實施過程中對法律的一般性的解釋，具有普遍的法律效力。抽象解釋是不是法律解釋？這個問題只有在中國的語境下才有意義。法律解釋作為一種解釋現象，其存在場合可以也應該有最廣泛的理解。[54]以此分析《基本法》的解釋，香港法院對《基本法》的解釋明顯屬於具體解釋，但我們只要注重從實際的制度層面分析，就不難發現全國人大常委會的解釋正是所謂的抽象解釋（全國人大常委會 1999 年 6 月的 "解釋" 性質值得專門探討）。

《基本法》是根據 "一國兩制" 原則制定的，解讀並分析《基本法》解釋制度也應堅持 "一國兩制" 原則。作為制度事實，我們應該承認並尊重香港法院的普通法解釋傳統，與此同時，我們也應該承認並尊重全國人大常委會的法律解釋傳統。與上述對《基本法》解釋性質的分析相對應，抽象解釋 "大致可以歸入立法和法律實施的交叉領域，它兼有立法和法律實施的雙重屬性"。[55]值得一提的是，全國人大常委會於 1996 年 5 月 15 日第一次以明示方式[56]進行

53　張志銘：《法律解釋操作分析》，中國政法大學出版社，1999 年版，第 17-18 頁；另參見張志銘：〈法律解釋原理〉（上），載《國家檢察官學院學報》，2007 年第 5 期。
54　張志銘前引書，第 17-18 頁。
55　張志銘前引書，第 22 頁。
56　張志銘前引書，第 223 頁。

法律解釋的正是《關於〈中華人民共和國國籍法〉在香港特別行政區實施的幾個問題的解釋》。該解釋"根據《中華人民共和國香港特別行政區基本法》第 18 條和附件三的規定，《中華人民共和國國籍法》自 1997 年 7 月 1 日起在香港特別行政區實施。考慮到香港的歷史背景和現實情況，對《中華人民共和國國籍法》在香港特別行政區實施"作出了解釋。與全國人大常委會對《基本法》的後幾次解釋不同，此次解釋雖屬抽象解釋，但並未受到香港各界的質疑。儘管此次解釋嚴格說來不屬於《基本法》的解釋，但它明確以《基本法》為根據（雖然《基本法》當時已公佈但還未生效），而且針對香港特別行政區實施，其解釋原理與《基本法》的解釋並無二致。

四、解釋香港基本法的根據

因為《基本法》對自身的解釋問題有專門規定，有關釋法主體在解釋《基本法》時當然應優先適用《基本法》的相關規定。但除此之外是否還有其他正式淵源或法律根據？如果有，與《基本法》是甚麼關係？筆者着重討論其中的《憲法》、《立法法》和全國人大常委會《關於加強法律解釋工作的決議》（1981 年）。這些法律在全國人大常委會解釋一般法律時屬於正式淵源或法律根據，但是否在解釋《基本法》時仍可以作為正式淵源或法律根據？特別是香港法院解釋《基本法》時，是否也以此作為正式淵源或法律根據？

1.《憲法》能否作為解釋《基本法》的正式淵源或法律根據？《憲法》是我國的根本法，具有最高法律效力，並在全國範圍內適用，這是國家主權的體現。中國要在香港和澳門恢復行使主權，《憲法》理所當然也應適用於香港和澳門。而且，《憲法》第 31 條是設立香港和澳門特別行政區的依據，並不等於說只有《憲法》第 31 條才適用於香港和澳門。設立特別行政區的依據，除了《憲法》

第 31 條外，還有《憲法》第 62 條第 13 項規定的“全國人大行使決定特別行政區的設立及制度”的條文。《香港基本法》和《澳門基本法》的序言更明確指出，根據《中華人民共和國憲法》而制定《香港基本法》和《澳門基本法》，這就說明《香港基本法》和《澳門基本法》的制定依據是整部《憲法》，而非僅僅第 31 條。

在“一國兩制”的《憲法》安排下，《憲法》在特別行政區的適用有其特點，即必須遵循“一國兩制”的精神。《憲法》作為一個整體，在香港和澳門特別行政區具有最高的法律效力。《憲法》中有關社會主義制度和政策的條文不適用特別行政區，《憲法》中有關“一國”方面的內容則應當適用於特別行政區。如《憲法》關於堅持中央統一領導的規定，關於國家主權、國防、外交的規定，有關最高國家權力機關和最高行政機關、國旗、國徽、國歌和首都的規定應當適用於特別行政區。[57] 香港終審法院在 1999 年 1 月 29 日的居港權案件的終審判決中，明確引用了《憲法》第 31、57 和 58 條進行論證並作出判決，充分說明《憲法》作為解釋《基本法》的正式淵源或法律根據是沒有疑義的。相比之下，受到眾多學者稱讚的最高人民法院《關於以侵犯姓名權的手段侵犯憲法保護的公民受教育的基本權利是否應承擔民事責任的批覆》（法釋〔2001〕25 號）（作為憲法司法化第一案——“齊玉苓案”的解釋根據）於 2008 年 12 月被廢止，而且未附理由，在筆者看來，是一件值得遺憾的事。

2.《立法法》能否作為解釋《基本法》的正式淵源或法律依據？討論《立法法》是考慮到《立法法》是全國人大制定的基本法律，也屬於憲法性法律或憲法部門，更重要的是《立法法》在第二章“法律”第四節“法律解釋”中，以專節 6 個條文規定了法律解

57　王禹：《“一國兩制”憲法精神研究》，廣東人民出版社，2008 年版，第 73-75 頁。

釋問題。《立法法》第 42 條規定:法律解釋權屬於全國人大常委會。法律有以下情況之一的,由全國人大常委會解釋:法律的規定需要進一步明確具體含義的;法律制定後出現新的情況,需要明確適用法律依據的。此外,《立法法》還規定了法律解釋應當遵循的一些基本程序:其一,提出法律解釋要求。《立法法》第 43 條規定:國務院、中央軍事委員會、最高人民法院、最高人民檢察院和全國人大各專門委員會以及省、自治區、直轄市的人大常委會可以向全國人大常委會提出法律解釋要求。其二,全國人大常委會工作機構研究擬定法律解釋草案,由委員長會議決定列入常委會會議議程。其三,法律解釋草案經常委會審議,由法律委員會根據常委會組成人員的審議意見進行審議、修改,提出法律解釋草案表決稿。其四,法律解釋草案表決稿由常委會全體組成人員的過半數通過。其五,法律解釋由常委會發佈公告予以公佈。

《立法法》是我國法律解釋制度中除憲法外法律效力最高的淵源類別。全國人大常委會對《基本法》的解釋應該而且事實上也嚴格遵循了《立法法》。香港法院(如香港終審法院)是否在解釋《基本法》時也應遵循《立法法》的問題需進一步探討。《基本法》第 18 條明確規定:全國性法律除列於本法附件三者外,不在香港特別行政區實施。任何列入附件三的法律,限於有關國防、外交和其他按本法規定不屬於香港特別行政區自治範圍的法律。這些法律涉及國都、紀年、國歌、國旗、國慶節的決議、國籍法、國徽法、國旗法、外交特權與豁免條例、領事特區與豁免條例、領海及毗連區法、專屬經濟特區和大陸架法、香港駐軍法等。[58]其中並無《立法法》。

---

58 《香港基本法附件三》和《關於中華人民共和國香港特別行政區基本法附件三所列全國性法律增減的決定》(1997 年 7 月 1 日)。

王禹博士認為,《基本法》明確規定全國性法律除非列於附件三者外,不在特別行政區實施,以保證特別行政區享有高度自治權。但是,凡是中央有關國家機關根據《基本法》行使的有關職權,如全國人大常委會對《基本法》作出的解釋、對香港特別行政區的政治體制問題作出的決定、中央人民政府對行政長官發出的有關指令,等等,屬於國家專門針對特別行政區發佈的決定和命令,就不需要列於附件三,而適用於特別行政區。[59] 筆者同意王禹博士的部分表述:凡是中央有關國家機關"根據《基本法》行使"的有關職權,其中"根據《基本法》行使"是一重要條件,換句話說,除附件三列舉的全國性法律外,其他法律在香港特別行政區適用至少要與《基本法》有關聯性。全國人大常委會法制工作委員會主任顧昂然,在第九屆全國人民代表大會第三次會議上所作的《關於中華人民共和國立法法(草案)的說明》中明確指出:根據《憲法》第 31 條制定的香港特別行政區、澳門特別行政區基本法,對其修改和解釋都作了特別規定,這兩個法律的修改和解釋應當分別按照這兩個基本法的規定執行。[60] 據此,筆者認為,在有關《基本法》解釋權的問題上,《基本法》和《立法法》都有規定,應該適用"特別法優於一般法"的原理(前提是二者同為一個機關制定,屬於同一類淵源)。儘管《立法法》是我國重要的憲法性基本法律,而且由於《立法法》第一次明確規定了法律解釋的基本程序,全國人大常委會解釋《基本法》時應該遵循(很多學者建議應制定全國人大常委會解釋《基本法》的專門程序),但不宜作為香港法院解釋《基本法》的正式淵源或法律根據。

---

59 王禹前引書,第 79-81 頁。
60 喬曉陽主編:《立法法講話》,中國民主法制出版社,2000 年版,第 336 頁。

　　3. 全國人大常委會通過的《關於加強法律解釋工作的決議》
（1981 年）是否可以作為解釋《基本法》的正式淵源或法律根據？
從某種意義上講，正是全國人大常委會的此次決議，奠定了我國法
律解釋體制的基礎。一般討論我國法律解釋的著述都要討論全國
人大常委會通過的《關於加強法律解釋工作的決議》。但考慮到如
下理由：其一，全國人大常委會的決議在法的淵源類別中屬於“法
律”，效力低於“基本法律”。其二，此決議通過的時間為 1981 年，
立法背景是“由於林彪、江青反革命集團對社會主義法制的嚴重破
壞和毒害，有些人的法制觀念比較薄弱。同時，對法制的宣傳教育
還做得很不夠，許多人對法律還很不熟悉”，缺乏上文提到的與《基
本法》的關聯性。其三，其中某些不準確的提法已由《立法法》予
以修改（如“凡關於法律、法令條文本身需要進一步明確界限或作
補充規定的”，已改為“法律的規定需要進一步明確具體含義的；
法律制定後出現新的情況，需要明確適用法律依據的”），根據“後
法優於前法”的原理，此部分內容已不再生效。其四，根據全國人
大法律委員會關於《中華人民共和國立法法（草案）修改情況的匯
報》，原《立法法（草案）》第 94 條明確規定廢止 1981 年全國人大
常委會《關於加強法律解釋工作的決議》，只是由於國務院法制辦、
最高人民檢察院和一些地方提出，法律解釋權屬於全國人大常委
會，《立法法》應當只對立法解釋作出規定。如果對具體應用法律
的解釋作出規定，只規定最高人民法院的解釋職能是不夠的。全國
人大法律委員會認為，《立法法》可以只對法律解釋作出規定，至
於具體應用法律的解釋問題，可以另行解決。因此刪去了原草案第
94 條中關於廢止 1981 年全國人大常委會《關於加強法律解釋工作

的決議》的規定。[61] 再結合上述《憲法》和《立法法》能否作為解釋《基本法》的正式淵源或法律根據的分析，筆者認為，全國人大常委會通過的《關於加強法律解釋工作的決議》不宜作為香港特區法院解釋《基本法》的正式淵源或法律根據。

筆者的上述分析於香港終審法院在"吳嘉玲案"的判詞中得到了驗證。在該案的判詞中，香港終審法院引用了《憲法》的第31、57、58條以及《基本法》的眾多條文，但並未涉及《立法法》和全國人大常委會通過的《關於加強法律解釋工作的決議》(1981年)。[62]

另外一個值得探討的問題，是《中英聯合聲明》作為解釋《基本法》的淵源或根據的問題。陳兆愷在香港回歸後的"馬維錕案"的判詞中提到了《基本法》的性質：《基本法》不僅是《中英聯合聲明》這個國際條約的產物，它也是全國人大制定的國內法和香港特別行政區的憲法。它將載入《中英聯合聲明》中的基本政策，翻譯為更為可操作的術語……《基本法》是一個獨一無二的文件。它反映兩國之間簽訂的一個條約。它處理實施不同制度的主權者與自治區的關係。它規定政府不同部門的機關和職能。它宣佈公民的權利和義務。因此，它至少有三個緯度：國際的、國內的和憲法的。[63]香港學者及香港法院普遍認同《中英聯合聲明》的法源地位，朱國斌博士也認為《中英聯合聲明》是《基本法》的淵源，強世功教授對此有不同的理解，關於香港回歸在法律上的準確表述並不是"主權回歸"或"主權移交"，而是中國"恢復對香港行使主權"。之

---

61 喬曉陽前引書，第347頁。
62 香港特區終審法院：〈"吳嘉玲案"判決書〉(Ng Ka-Ling and others v. Director of Immigration)，FACV14/1998，載"香港特區司法機構網站"(http://www.judiciary.gov.hk)，瀏覽時間：2011年3月12日。
63 香港高等法院上訴法庭：〈"馬維錕案"判決書〉HKSAR v. Ma Wai Kwan David and Others，CAQL1/1997，載"香港特區司法機構網站"(http://www. judiciary. gov.hk)，瀏覽時間：2011年3月12日。

所以採用這樣的表述是因為我們在法理上不承認三個不平等條約的
有效性，自然不承認放棄香港的主權，不承認香港是英國的殖民
地，因此香港的政治前途就不可能像殖民地那樣宣佈獨立，而必須
回歸祖國。因此，香港回歸就不是主權的回歸，而是中央恢復行使
主權，即中央原來擁有對香港的主權，但並沒有行使這些主權，香
港回歸就是恢復主權的行使。[64]

　　因此，在嚴格意義上，《中英聯合聲明》從名稱上看就不是中
英兩國關於香港回歸的國際條約。由於中國擁有香港主權，中國何
時恢復對香港行使主權擁有主動的、單方面宣佈的權力，因此《中
英聯合聲明》的含義首先是中國向國際社會發出恢復行使香港主權
的聲明，然而由於英國實際佔據着香港，現在英國也同意中國政府
恢復行使主權這個政治決斷，故本來由中國單方面作出的聲明，
就變成了兩個國家作出的“聯合聲明”。正因為如此，《中英聯合聲
明》一共只有三條：第一條是中國政府聲明“1997 年 7 月 1 日對香
港恢復行使主權”；第二條英國政府聲明“將香港交還”中國；第
三條中國政府聲明對香港採取的基本方針政策。[65] 鑒於《基本法》
與《中英聯合聲明》關係的複雜性，筆者贊同陳弘毅教授的觀點，
這是一個可以探討的問題。[66]

64　在中英談判初期，關於香港回歸使用的概念都是“主權的移交”，後來邵天任先生提出這個
　　説法在法律上不準確，他主張用“恢復行使主權”，這個意見被中央採納，於是“對香港恢
　　復行使主權”這個概念才成為法律上準確的用語。參見宗道一編著：《周南口述：遙想當年
　　羽扇綸巾》，齊魯書社，2007 年版，第 259-260、273 頁。轉引自強世功：〈和平革命中的
　　司法管轄權之爭 —— 從馬維錕案和吳嘉玲案看香港憲政秩序的轉型〉，載《中外法學》，
　　2007 年第 6 期，註 21。
65　強世功：〈和平革命中的司法管轄權之爭 —— 從馬維錕案和吳嘉玲案看香港憲政秩序的轉
　　型〉，載《中外法學》，2007 年第 6 期。
66　陳弘毅：〈香港特別行政區基本法的理念、實施與解釋〉，載陳弘毅：《法理學的世界》，
　　中國政法大學出版社，2003 年版，第 337-338 頁。

五、香港基本法解釋權配置的理論概括

對《基本法》解釋權的配置，學者們嘗試了不同的理論概括。筆者以為，在進行理論概括前應對相關用語進行辨析。

（一）"機制"還是"體制"

在學者們對解釋權配置的理論概括中有不同的用語。有的學者用的是"機制"，如李昌道教授的一篇論文題目就叫〈香港基本法解釋機制探析〉，鄒平學教授的一篇論文題目是〈香港基本法解釋機制基本特徵芻議〉。與此不同的另外一些學者用的是"體制"，如張小羅的一篇論文題目為〈論"一國兩制"下兩地法律解釋體制之融合〉。

上述學者無論是用"機制"還是"體制"，指的都是解釋權配置，應該説他們之間沒有根本差別。但二者之間何者更合理呢？按照《辭海》的解釋，"機制"原指機器的構造和動作原理，生物學和醫學通過類比借用此詞。生物學和醫學在研究一種生物的功能時，常説分析它的機制，這就是説要了解它的內在工作方式，包括有關生物結構組成部分的相互關係，以及其間發生的各種變化過程的物理化學性質和相互聯繫。[67]"體制"指國家機關、企業和事業單位機構設置和管理權限劃分的制度。[68]從語詞的本義來看，"體制"比"機制"更能表達解釋權配置的特點。再從我國法學界的用語習慣來看，我國法學著述中經常出現"立法體制"、"司法體制"等表述，從語言約定俗成的角度，"體制"比"機制"能獲得更好的溝通效果。基於如上兩點理由，筆者更傾向於使用"體制"。

---

67 "機制"詞條，載《辭海》(縮印本)，上海辭書出版社，1979 年版，第 1250 頁。
68 "體制"詞條，載《辭海》(縮印本)，上海辭書出版社，1979 年版，第 228 頁。

（二）"一元"還是"二元"

如果説上述區別只是用語不同的話，"一元"和"二元"的爭議則可能與觀點的不同有關。鄒平學教授指出，一些學者在概括總結《基本法》的解釋制度或者《基本法》的解釋機制的特徵時，往往使用"雙軌制"一詞來描述。比較全面、充分地從這個視角分析的學者是程潔教授，她的〈論雙軌政治下的香港司法權 —— 憲政維度下的再思考〉一文由三大部分構成，其標題分別是"雙軌制釋法權引發的批評與回應"、"雙軌制釋法權的憲政主義解讀"、"雙軌制下權力行使的邊界"。可謂此種論述的代表作。此外，焦洪昌教授在〈香港基本法解釋衝突之原因分析〉一文中對《基本法》第158條的規範分析後認為是"立法者們設計了雙軌制"的釋法權，使立法解釋與法官解釋在香港地區並存。朱國斌教授則認為"基本法解釋體制具有如下特徵：這是一種法律解釋的雙軌制，一法兩釋（指釋法主體，即人大常委會和香港法院）……。"李昌道教授則把《基本法》解釋機制稱為"二元制的基本法解釋機制"，意指這個機制"一方面認定《基本法》是中國法律系統的一部分，另一方面又確定香港繼續施行普通法，需要從實際出發解決問題，不能從單一方面提出解決辦法，既可以做到符合'一國'，又可以維持'兩制'"。李昌道教授這裏的二元制與前述的雙軌制的含義接近。從上述學者的論述看，他們所稱的"雙軌制"或"二元制"大體是指兩個釋法主體、兩種釋法權力、兩種釋法主體背後的不同法律傳統等，而且是圍繞《基本法》第158條來展開的。[69]

與上述表述不同，鄒平學教授用的是"一元"的表述。鄒平學教授指出，從字義上看，雙軌最基本的涵義是指"有兩組軌道的

69　鄒平學：〈香港基本法解釋機制基本特徵芻議〉，載《法學》，2009 年第 5 期。

複線"。雙軌制（Dual System; Dual-Track System; Two-Tier System; Bipartite System）是單軌制的對稱，它指兩個系統同時運行的制度，或泛指以兩個途徑實現一個目的的制度。這個用語被廣泛地運用於經濟學、法學、管理學等很多領域，如價格雙軌制、公司結構的雙軌制、土地使用權出讓雙軌制的提法。"雙軌制"最容易給人造成的印象是"雙軌"具有"平行"、"並存"、"並行"、"並重"的意思。二元制（Binary System）是一元制的對稱，也是指並行、並重的兩個系統、兩個主體，如大家很熟悉的我國城鄉二元制結構。比如哲學上的二元論就是指一種企圖調和唯物主義和唯心主義的哲學觀點，認為世界的本原是精神和物質兩個實體。在政治學上的"二元制"是指資本主義國家議會和政府處於並立地位、分掌政權的政治制度。採用二元制的國家，政府由國家元首直接控制，是國家元首行使行政權的機構，只對國家元首負責，不對議會負責；議會只是立法機關，甚至只是君主的諮詢機構。國家元首是君主的，為二元制君主國；國家元首是總統的，為二元制共和國。可見，雙軌制和二元制基本含義是很接近的，都存在雙軌，雙主體，雙權力，雙制的"平行"、"並存"、"並行"、"並重"的含義。正是在這些意義上，《基本法》的解釋機制與此完全不符，因為人大的釋法權和香港法院的釋法權完全不是可以相提並論和等量齊觀的。

作者分析了《基本法》第 158 條有關解釋權的配置的邏輯結構：確定權源（權屬）── 授權並控制（外在制衡與內在條件限定）── 自律程序制衡。展開講就是：完整的、最終的解釋權歸屬於全國人大常委會 ── 全國人大常委會授權香港法院解釋《基本法》，形成實際上的兩個釋法主體，全國人大常委會是固有的解釋主體，而香港法院是獲授權的解釋主體 ── 香港法院解釋某類條款時必須遵守有關程序和條件，必要時須由終審法院提請人大常委會釋法且人大常委會的釋法對法院有約束力 —— 全國人大常委會釋法前的徵詢意見程序。可見，在《基本法》解釋機制中，全國人大常委會釋法和法院的司法釋法的權力性質不同，前者是固有權，後者來自前者的授權，是繼受權，從屬於前者；權力關係不同，它們既不是分權的關係，也不是共享解釋權的關係，而是授權與被授權的關係；地位效力不同，後者必須服從前者；解釋範圍不同，前者可以自行解釋所有條款，後者在解釋某類條款時必須遵守嚴格的條件和程序；解釋權的啟動不同，全國人大常委會釋法既有被動性，也有主動性，而香港法院的釋法權只有在審理案件時才可以行使，具有被動性。所以，第 158 條設定的解釋權配置及其相互關係不具有任何雙軌制或二元制的特點，不宜把《基本法》解釋機制的特徵概括為"雙軌制"或"二元制"。[70]

筆者認為，鄒平學教授的批評和論證是成立的。筆者贊同"一元"的表述。

（三）香港基本法解釋體制的理論概括

基於上述論證，鄒平學教授認為把《基本法》解釋機制概括為"一元雙重解釋制"或"一元兩極主從解釋制"較為合適。筆者贊同鄒平學教授的上述思路，但對其"一元雙重解釋制"或"一元兩極主從解釋制"的表述稍有異議。筆者的不同意見表現在：其一，"一元雙重解釋制"或"一元兩極主從解釋制"二者的表達效果並不相同，相比之下"一元兩極主從解釋制"比"一元雙重解釋制"更為合適，因為後者"雙重"仍有誤讀的可能，表達不如前者清晰；其二，"兩極"的提法在法學著述中不多見，"兩級"倒是經

70　鄒平學前引文。

常出現，通常理解為中央和地方兩級，如我國立法體制可概括為
"一元、兩級、多層次"的表述；[71] 其三，如前所述，"體制"比"機
制"更適合表述解釋權配置。

　　基於上述考慮，筆者傾向於用"一元兩級主從解釋體制"概括
《基本法》解釋權及相互之間的關係，此種解釋符合本章對《基本
法》第 158 條的規範分析。更重要的是，對我國現有法律解釋體制
認真思考的話，實際上也是"一元兩級主從解釋體制"，只不過被
授權的機關分別是最高人民法院、最高人民檢察院、國務院及主管
部門等，應用解釋的衝突由全國人大常委會最終解釋就是最好的說
明。這樣一來，我國現有法律解釋體制完全兼容《基本法》解釋權
配置。《基本法》的解釋實踐激活了全國人大常委會的解釋權，由
此帶來的思考是，全國人大常委會是否也應該"認真對待"其他被
授權機關的解釋實踐呢？"依法治國"已經寫入《憲法》，要把"依
法治國"從文字變為行動，全國人大常委會的"護法者"角色極為
重要，此種"獨有"的法律手段——憲法和法律的解釋權，不該被
"虛置"、"懸置"或"閒置"。一定程度上，全國人大常委會是否重
視、注重和行使憲法和法律的解釋權，也可看作是全國人大常委會
自己是否重視、注重和實踐"依法"治國。筆者真誠地期待全國人
大常委會這種已被《基本法》解釋實踐"激活"的解釋權，能在更
大範圍內展開實踐。

71　張文顯主編：《法理學》(第 3 版)，法律出版社，2007 年版，第 211 頁。

第四章

香港基本法解釋技術的分析：
以解釋方法為例

　　本書第二、三章重點討論了法律解釋制度或體制，本章集中探討法律技術—解釋方法問題。本章首先從理論方面簡要梳理關於法律解釋技術的一般認識。其次，第二、三節以普通法法系應用層次的解釋方法為基礎，分析香港法院—特別是香港終審法院實踐中的解釋方法。最後以民法法系的解釋方法為背景，分析全國人大常委會在實踐中的解釋方法。

第一節　關於法律解釋技術的一般認識

一、法律解釋技術的內涵

　　張志銘教授認為，"技術"與"方法"在一定情況下可視為同義，所指的就是從事某種活動的專門方法。法律解釋技術，簡單說就是可用於法律解釋實際操作的各種專門方法。基本含義可表達為四個方面：法律解釋方法是法律解釋操作的可行路徑；法律解釋方法是法律解釋操作所應遵循的準則；法律解釋方法是法律解釋操作結果、法律解釋論點或主張的形態；法律解釋方法是支持法律解釋論點或主張的理由。[1]

　　胡玉鴻教授著有《法學方法論導論》[2]一書並發表過多篇關於"法律技術"的論文，[3]在對"法學方法論"、"法律方法"、"法律技術"

1　張志銘：《法律解釋操作分析》，中國政法大學出版社，1999年版，第70-73頁。
2　胡玉鴻：《法學方法論導論》，山東人民出版社，2002年版。
3　胡玉鴻：〈方法、技術與法學方法論〉，載《法學論壇》，2003年第1期；胡玉鴻：〈作為"方法"的法律解釋〉，載《法商研究》，2004年第2期；胡玉鴻：〈關於法學方法論的幾個基本問題〉，載《華東政法大學學報》，2000年第5期；胡玉鴻：〈法律技術的內涵及其範圍〉，載《現代法學》，2006年第5期；胡玉鴻：〈法律技術的正當性基礎〉，載《法學》，2007年第7期。另參見胡玉鴻主編《法律原理與技術》中第一章第三節"法律技術在法學教育中的地位"、第十七章"法律技術總論"、第二十章"法律註釋技術"和第二十一章"法律解釋進行細緻辨析後，他認為，與其稱之為"法律方法"，倒不如用"法律技術"概括更為適當。其原因在於：

1. 就語詞本身而言，"技術"更為明晰地體現了司法的性質與特色。嚴格説來，司法的過程是一個由法律專家根據特有的專業規則（法律）處理事物（案件）、產生產品（判決）的活動，這意味着法律的執行是一項非常人即可勝任的事業，它需要特有的素質、學説和經驗，因而用"技術"來概括這一司法流程較為恰當。實際上，以我國學者常常言及的"法律職業"而言，與"職業"相連的是"技術"而非"方法"，也就是説，我們可以有"法律職業技術"這個語詞，但很難理解甚麼是"法律職業方法"。

2. 就司法本身而言，"方法"與"技術"分別代表了不同的內容：①就法官的行為而言，"方法"可以指稱法官對法律的認識與理解，因而對於處理案件這一活動而言，"方法"是法官為何會作出該種判決的認識前提；而"技術"則是在面臨案件之時，採用的具體解決紛爭的手段與技藝。②就法官與同行的關係而言，由於"方法"主要是一種主體性的方法，也就是説，不同的法官對法律會有不同的認識，所以其思考問題的角度與分析問題的習慣自然也會有所不同，認識法律的方法可以是多元的、個人的。然而作為"技術"而言，則意味着它是相對客觀的，因而可以成為"法官社會"通行的準則。正因如此，"方法"主要與個人有關，而"技術"則是與職業共同體有關。③就法官司法決定的作出而言，"方法"往往表現為其所持的對法律的立場、態度，表明法官從何種角度來認識法律的內容與功能；而"技術"代表着一種相對固化、穩定的行為準則，是

技術"，載胡玉鴻主編：《法律原理與技術》，中國政法大學出版社，2007年版，第16-20頁、第318-333頁、第354-380頁。

約束其他法官行為恣意的有效工具。例如，"判例識別技術"一方面要求法官必須遵循先例；另一方面則要求法官必須對先例與本案在事實、法律上進行比較，在此為法官們所承認的規則，就可以成為為法官所遵奉，同時又可為社會所檢驗的行為準則。

3. 從約定俗成的角度而言，"法律技術"一詞早就在學界使用，實無以"法律方法"來取代的必要。美國著名法學家羅斯科・龐德（Roscoe Pound）認為，"發展和適用法令的技術、法律工作者的業務藝術"，與法令本身"都是同樣具有權威性的，也是同樣重要的"。其實"正是這個技術成分，足以用來區分近代世界中的兩大法系"。[4] 美國法學家博登海默（Edgar Bodenheimer）的《法理學：法律哲學與法律方法》[5] 一書中，第三部分即為"法律的淵源與技術"，第十八章的"司法過程中的技術"包括"憲法之解釋"、"法規之解釋"、"遵循先例原則"、"案件之判決理由"與"司法過程中的發現與創造"五種技術的闡述。

由此可見，法律技術代表着法律適用中的實踐技能，也是從事法律工作所必需的基本手段。如果將法律實踐的過程進行劃分，那麼，明顯的，它包括兩個基本的部分：一是知識的應用；二是技術的採納。從後者的角度而言，它是通過司法界約定俗成的技術規則，尋求解決案件的方法或手段的一種必經流程。在此意義上，法律技術保證了法律職業的某種"精英"性質，可以將未經此種"歷練"的人排除在外；同時，它也有利於職業共同體相關傳統與價值的建立與維繫，從而形成法律權威的社會基礎。[6]

4　[美]羅斯科・龐德：《通過法律的社會控制・法律的任務》，沈宗靈、董世忠譯，商務印書館，1984年版，第22-23頁。

5　[美]E.博登海默著：《法理學：法律哲學與法律方法》，鄧正來譯，中國政法大學出版社，2004年版，第427頁及以下、第537頁及以下。

6　胡玉鴻前引文〈法律技術的內涵及其範圍〉，載《現代法學》，2006年第5期。

　　《牛津法律大辭典》將法律技術解釋為："法官和律師的實踐技能，以及利用和應用他們的知識決定爭議或得出其他希望結果的手段。每一法律實踐的領域都有一套實踐技能和方法。"[7]胡玉鴻也認為法律技術是法律適用過程中的一種實踐技能，是法官對於法律問題予以處理時的手段和方法。他對此進一步分析：其一，法律技術是一種在歷史中積澱而成的司法技能，具有歷史性、傳統性與正當性。其二，法律技術是融合經驗與理性的專業技能，體現了人類認識兩種基本路徑的完美結合。法律技術作為一種"理性所發展的經驗和被經驗所考驗過的理性"，統合了人類認識社會問題的兩種基本格式，從而有利於法律技術的良性發展。其三，法律技術是法律職業者適用法律時的基本手段，是一種專業性極強的社會控制方法。法律職業是社會職業的一種，同時又是社會職業中專業性、技術性需求特別強烈的一種職業類型。沒有法律技術的專業性特色，就不會有司法的莊嚴與高貴。法袍、法槌、法警等，只是造就法庭莊嚴的形式，而使法律判決為人尊重、信服和接受的，則是法官嫻熟的司法技巧與廣博的司法技術。同樣，法律職業共同體得以形成的一個最重要的基礎，正是在於其成員的法律專業素質。其四，法律技術將科學追求與人文精神結合起來，從而體現出科學性與人文性的雙重特性。其五，法律技術從主要內容而言，又可以包括兩個基本的方面，一是法律文本的理解，二是法律運作的規程。[8]

二、"技藝理性"與"自然理性"的辨析

　　張中秋教授從"技藝理性"與"自然理性"對比的角度仔細辨

7　［英］戴維·M. 沃克編：《牛津法律大辭典》，北京社會與科技發展研究所譯，光明日報出版社，1988 年版，第 875 頁。

8　胡玉鴻前引文。

析了"技藝理性"的含義。[9] 筆者以為，張中秋文中的"技藝理性"
與胡玉鴻教授文中的"法律技術"含義大體相當。

"技藝理性"（Artificial Reason）是普通法法理學中一個極其重
要的概念，儘管在當代英美法學界，它被普遍忽視，但在普通法及
英格蘭憲政制度演進的關鍵時期，即從十六世紀中期到十七世紀中
期的 100 年中，很多偉大的普通法法律家，尤其是愛德華·庫克
（Edward Coke）和馬修·黑爾（Matthew Hale）都使用"技藝理性"
概念論證了普通法對於治理英格蘭的適切性，及法律相對於王權的
獨立性。正是經由這些論證，司法部門在政體架構中的位置得以確
立，司法活動在整個社會治理體系中獲得了恰當的位置。

關於技藝理性的含義及政治價值，庫克在其《判例彙編》中記
錄的 1607 年"禁審令"（Prohibitions del Roy）案件有極清晰的呈
現。[10] 坎特伯雷大主教班克羅夫特（Richard Bancroft）向國王詹姆
斯一世（King James I）抱怨，庫克主持之普通法法庭頻繁向教會法
院發出"禁審令"，國王為此召開會議。大主教在會上宣稱，在某
些案件中，"國王本人可以以其君主之身進行裁決"，對此，庫克回
答說：

> "由英格蘭全體法官、財稅法庭法官見證，並經他們一
> 致同意，國王本人不能裁決任何案件，不管是刑事的，比
> 如叛國罪、重罪等等，還是各方當事人之間有關其遺產、
> 動產或貨物等案件；相反，這些應當在某些法院中，根據
> 英格蘭的普通法和習慣法來決定和裁決，並且必須給出判

9　張中秋：〈技藝理性視角下的司法職業化〉，載《華東政法大學學報》，2008 年第 6 期。

10　Steve Sheppard, *The Selected Writings and Speeches of Sir Edward Coke,* Indianapolis: Liberty Fund, 2003, vol.1, p. 478-481. 轉引自張中秋前引文。

決，因而它應由本法院來裁決，據此，本法院就給出了那個判決……我們的判例集經常這樣說，在法律判決中，國王永遠在場，對此，他不可能不勝任；但是，判決永遠是由法庭全體（*Per Curiam*）作出的；法官們已經宣誓按照英格蘭的法律和習慣法從事司法活動……"

針對庫克的說法，詹姆斯國王提出異議：法律是以理性為基礎的，而除了法官之外，他和其他人也一樣具有理性，因而完全有資格審理案件。對此，庫克的回答是：

"確實，上帝賦予了陛下以卓越的知識和高超的天賦；但陛下對於英格蘭國土上的法律並沒有研究，而涉及到陛下之臣民的生命或遺產、或貨物、或財富的案件，不應當由自然的理性、而應當依據技藝理性、根據法律的判斷來決定。而法律是一門需要長時間地學習和歷練的技藝，只有在此之後，一個人才能對它有所把握，法律就是用於審理臣民的案件的金鑄的標桿（量桿）和標準。它保障陛下處於安全與和平之中，正是靠它，國王獲得了完善的保護。因此，我要說，陛下應當受制於法律；而認可陛下的要求，則是叛國；對於我所說的話，布拉克頓（Henry de Bracton）曾這樣說過：國王應當不受制於任何人，但應受制於上帝和法律。"

在庫克的論述背後，隱含着一個十分重大的問題：法律是意志，還是理性之產物？可以確定的是：經典普通法的法理學主張，法律是理性的；並且進一步主張，法律是技藝理性的產物。

技藝理性與法律在兩個層面上發生關聯。首先，庫克用技藝理性來回答法律從何而來：法律是"技藝理性之完美成就",[11] 是無數代法官司法的技藝理性累積而成的。這是從普通法之"法官造法"制度的意義上說的。暫且不管這一涉及法律之根本理據的問題，哪怕那些主張法律是司法過程之外的立法者——不論這立法者是專制君主或是民主議會的意志之產物的人士，如果他們是明智的，也不會同意司法過程可任由司法從業者之意志來支配。相反，他們也定當承認，司法乃是理性的。也就是說，司法活動離不開技藝理性。當然，在普通法體系中，這兩者是合二為一的，法官運用技藝理性解決案件的過程，很可能同時也在創制新的法律規則。如此不斷積累，整個法律體系即成為司法的技藝理性之完美成就。對於法官無權創制法律規則的法律體系而言，至少司法活動的正常進行有賴於法官之司法的技藝理性。

這種技藝理性是與"自然理性"（Natural）相對而言的。所謂自然理性，如霍布斯（Thomas Hobbes）所說，"因為根據天性來說，所有的人都能同樣地推理。而在他們具有良好的原則時，便能很好地推理"。作為技藝理性之對立面的自然理性，就是馬修·黑爾所說的"推理性的天賦"，指一般意義上的理智及邏輯思考能力。這些當然也需要經過知識訓練才能夠具備，但是，這種訓練並無特定的專業內容。"理性的能力與合理的對象結合，通過使用和運用而成為習慣，正是這種類型的理性，使一個人成為數學家、哲學

11　庫克說過這樣的話："因為理性乃是法律的生命，因而，普通法無非就是理性而已，它應被理解為通過長期的研究、深思和經驗而實現的理性之技藝完美成就（artificial perfection of reason），而不是普通人的自然理性，因為沒有人一生下來就技藝嫻熟。這種法律的理性乃是最高的理性。因而，即使分散在如此眾多頭腦中的全部理性被集中於一人頭腦中，也不可能造出像英格蘭的法這樣的一套法律，因為，通過很多代人的更替，它才由無數偉大的、博學的人予以完善和細化，借助於漫長的歷史，才成長得對於治理本王國而言是如此完美，就像古老的規則可以公正地證明的：沒有人（僅靠他自己）會比普通法更有智慧，因為法律乃是理性之圓滿狀態。"轉引自張中秋前引文。

家、政治學家和法律家；它使人們精通其特定的技藝，比如好工程師、好鐘錶匠、好鐵匠、好外科醫生；他們將自己的理性能力運用於那些特定領域，沿着特定的方向，借助特定的方法……"[12] 這裏的人士所具備的就是技藝理性。所謂技藝理性就是將自然的推理能力長期運用於一個特定領域，而形成的能夠更為敏銳地判斷、處理該領域的事務的專業性觀察、推理、分析與判斷能力。

司法活動之內在依據是自然理性還是技藝理性，決定着司法制度設計的基本取向。一方面，如果司法的終極權威是國家的強制性權力，那麼，具備從事此類強制性活動的經驗人士就最適合從事司法工作。這一點可以解釋，為甚麼在二十世紀 90 年代之前，中國的法官羣體以軍隊轉業幹部、政工幹部為主。另一方面，如果司法活動只需司法人員具備自然理性就可以承擔，那麼，只要受過一般高等教育的人士就可以從事司法工作，司法機構的從業資格不需要區別於行政性、政治性官僚的從業資格，普通大學畢業生即可從事。這可能正是目前法官職業資格過於寬鬆的根源所在。

張中秋主張，司法的終極權威不是來自於國家的強制性權力，而是來自於司法者作出的判決之合理性。案件審理者的職責乃是將其當事人的行為之是非曲直告訴當事人及整個社會，並且令社會相信自己的判斷是正確的。因而，司法活動必須借助於理性來進行。然而，僅有普通的自然理性是不夠的，司法活動所需要的是技藝理性。之所以如此主張，根本原因是，不論是當事人提交給法庭的案件，尤其是那些所謂"疑難案件"，還是案件審理者據以判斷案件之是非曲直的法律規則，都不是一望而知的。相反，案件與法律中

12　〈黑爾首席大法官對霍布斯的《法律對話》之回應〉，作為附錄收入 [英] 托馬斯・霍布斯：《哲學家與英格蘭法律家的對話》，姚中秋譯，上海三聯書店，2006 年版，第 199-200 頁。轉引自張中秋前引文。

都充滿了歧義、爭議、含糊之處。哪怕是實行制定法的國家，司法者所擬適用於案件之法律規則，同樣不是顯而易見的。審理者需要對案件與法律的微妙之處進行仔細辨析，而這有賴於法官具備經過長期的學習、研究、實踐而積累的司法的技藝理性。[13]

三、法律解釋技術的內容

胡玉鴻教授認為法律技術的內容或範圍，可以分解為以下三個主要的方面：

（一）文本分析技術

這是着重研究針對法律文本所進行的技術性理解，或者按解釋學的話而言，對法律意義的"前理解"內容。在這一部分，主要包括"類型及類型化思維技術"、"法律註釋技術"、"法律原則適用技術"、"不確定法律概念的判斷技術"等內容。

1. **類型及類型化思維技術**。法學中所稱"類型"，是一種"類"思維的方法論原則。它一般發生在抽象概念（或稱一般概念）及其邏輯體系不足以掌握某生活現象或意義脈絡的多樣表現形態時，學者通過借助某種"典型"或者"標準形態"的設定，來詮釋相關的類似情境。簡單地説，概念雖然是人們用以分析法律問題的必要抽象工具，然而概念相對於社會生活來説，往往過於呆板固定。所以，法律上的術語，更多地並不是概念而是類型。所以，確定哪些術語是類型及對類型的分析技術，構成了法律技術中至關重要的一個內容。

2. **法律註釋技術**。人們對法律規範的理解，首先是從明白法

13　張中秋前引文。

律條款的意義開始的；而法律能夠作為一種調整人們行為的普遍規則，也正是在於它的基本含義能夠為人們所理解。對於法律職業者來說，能夠按照職業共同體的準則理解法律的意義，這是其成為法律職業者的基本條件。如果將"法律文本"作為人們法律生活中需要解讀的對象，那麼，我們可以大致地將之區別為兩個過程：一是註釋，二是解釋。雖然"註釋"與"解釋"往往被人們不加區別地應用，然而，適當地區別兩者，既可以防止"解釋"詞義的泛化，也可以明確"註釋"在法律理解與法律適用中的意義。[14]

3. **法律原則適用技術**。法律原則在法律適用中的地位也為人們所公認。當法律規則不足以解決面對的個案時，法官往往引用法律原則來作為解決紛爭的依據。那麼，在甚麼情況下可以適用法律原則呢？嚴格說來，法律原則只能在"實在法模棱兩可或未作規定的情形下"才能加以適用。

4. **不確定法律概念的判斷技術**。不確定法律概念是與確定法律概念相對應而言的。從嚴格定義的立場而言，任何一個法律概念的給定都應當窮盡列舉所包含事物的所有主要特徵，從而可以通過邏輯的推論方式來對事物進行認識、評價。但這只是一種理想的概念圖景，是否能通過概念確定地描述客觀事物，在法律上實際是大

14　胡玉鴻認為，對法條的學習、理解，是學習法律的基礎。然而，每一個法條都有着特定的歷史背景、價值預設，如何在法條的文字中，發現法律的精神、意蘊，這是作為法律註釋技術來說首先要予以解決的問題。同時，每一個法條在內容上又有其特定的範圍、邊界，它與其他法條之間存在的關係，也是在法律註釋技術中需要明確的問題。尤其是法條中所涉及的不確定法律概念，就是必須通過法律註釋技術解決的一個主要內容。法律解釋則是在法律的意義不彰明的情況下，執法者通過自己的智慧與經驗來"補足"法律意義的一種活動。載胡玉鴻主編：《法律原理與技術》，中國政法大學出版社，2007年版，第19-20頁。"法律註釋"與"法律解釋"並不等同。前者是一種對法律條文（既可以是歷史的，也可以是現實的）本意的詮釋，而後者則是一種對現行法律的意義的闡明；前者立足於文獻意義上的法律文本，而後者則是源於個案的需要對法律的內容進行疏導；前者的主體多為法學人士，而後者則大多由法官進行；前者的活動效果是一種文化意義上的，即能夠幫助其他人更好地理解法律的內容、界限以及相關條款之間的關係，而後者則是通過解釋來得出判決的結論。載胡玉鴻：〈法律技術的內涵及其範圍〉，載《現代法學》，2006年第5期。

有疑問的。德國學者庫勒爾(Helmut Köhler) 分析了《德國民法典》的立法技術,認為《德國民法典》採用了兩種立法技術方式:"列舉式"和"抽象—概括式"。"列舉式"簡易明瞭,但層次不清,也存在着無法窮盡的情形。因而,主要的立法方式是使用"抽象—概括"的方式,"抽象的、一般性的概念取代了具體的舉例的位置,而這些案件包含着在案件中不定多次重複使用的含義"。"除抽象概括性概念外,所謂的'一般性條款'佔據特殊的地位。它們涉及到一些在很高程度上不確定的、意義有待於充實的概念。要想確定一個既定的案子是否符合既定的規範,那麼法官必須對這些規範中沒有說明的含義進行估計。這些'一般性條款'的例子如'善良風俗'、'誠實與信用'和'重大理由'等。"這就涉及到"不確定法律概念"的適用問題。如何將這些模糊、抽象的術語或標準適用於現實中的個案,就需要確定其適用技術及其範圍。

(二)事實發現技術

事實發現技術,主要是研究在法律適用中與"法律"處於同等地位的"事實"的認定與發現問題。有關事實認定,主要包含以下幾個主要的技術性問題:①法律事實採證技術(這主要是研究如何發現法律事實的技術規則問題);②法律事實判斷技術(如通常所言的詢問、質證、內心確信等,均需要通過合乎程序與倫理的規則來進行);③法律事實解釋技術(即法律行為的解釋)。

(三)法律適用技術

1. **法律淵源識別技術**。包括:①某一個特定的個案應當適用何種規範?當兩種規範的內容相悖時,如何選擇其中的一個規範加以適用,而排斥另一個規範的效力?②當法律與法律之間存在着位階關係時,如何選擇其中的法律文件加以適用?③特別法優於普通法、前法優於後法雖然是人們所熟知的法律淵源的適用規則，然而，何者為特別法和普通法？何者為前法和後法？特別是在上述兩類規範之間出現競合時，如何確定法律的適用，就是一個極為重要的問題。

2. **判例識別技術**。對於實行判例法的國家而言，存在着一個"遵循先例"的規則，這意味着法官在面臨一個具體案件時，首先就要找出是否存在着相關的判例。"與'遵循先例'原則相聯繫，還有一個法官在審理案件的過程中如何運用以前的判例，遵循先例中的哪些內容以及如果該案與先例有矛盾應如何處理的問題，這一問題在英美法系稱為區別的技術。""區別的技術"也稱之為"判例識別技術"。

3. **法律解釋技術**。法律解釋技術既可屬於法學研究的技術分析方法，同時又是狹義的法學方法論內容。在此一部分研究中，可對文義解釋、體系解釋、法意解釋、比較解釋、目的解釋、合憲解釋等純法條解釋方法進行研究，同時吸取哲學、社會學的解釋規則，分析法律原理解釋規則的邏輯一致性問題。

4. **利益衡量技術**。利益分配在立法中雖然有所安排，然而，在司法實踐中則往往存在着同為法律所承認的利益之間發生相互衝突的情況。在合法的利益之間發生衝突時，如何調適相互利益之間的關係，就成為執法與司法所必須面對的重要任務。

5. **法律推理技術**。法律推理是人們從一個或幾個已知的前提(法律事實或法律規範、法律原則、法律概念、判例等法律資料) 得出某種法律結論的思維過程。在司法實踐中，由於法律的技術性以及事實的不完全性，人們往往借助於推理的手段，得出某個法律結論。

6. **法律漏洞補充技術**。就法律而言，任何法律 (作為一個整體的文件) 都不可避免地存在漏洞與空白，這是立法本身的缺陷使然。然而，在法律實踐中，又不允許在法律出現缺漏時，司法者將案件推之不理，由此就產生了法律漏洞補充技術的必要。

7. **判決說理技術**。法律是一項民主的事業，法律也是一項說理的活動。法院或者法官在適用法律對爭訟雙方的權利、義務進行判定時，提供相關的裁判理由就成為司法活動的核心問題。就判決說理而言，如何掌握必要的技術規則，就成為其判決是否能為當事人及社會所接受的重要前提。[15]

四、法律技術的局限

梁慧星教授指出，法解釋方法論，不具有發現認識客觀存在的經驗科學的性質。因為用甚麼樣的方法構成裁判的具體判斷規準最為妥當，屬於政策問題，屬於價值判斷問題。因此，法解釋方法論，具有實踐性和政策性。[16]

鄭永流教授通過對中德情婦遺囑案的比較和評析證明，如何評判情婦遺囑，充滿着道德立場的對立，法律技術不過是論證道德立場的工具。[17]

正如桑本謙博士所言，迄今為止，法律解釋學最重要的學術貢獻，是為司法實踐提供了一份包含各種解釋方法的清單，臚列在這份清單上的解釋方法大致包括文義解釋、上下文解釋、體系解釋、法意解釋、目的解釋、比較法解釋和社會學解釋等等。然而，正如許多學者已經看到的，僅僅依靠這些解釋方法卻無力實現法律解釋學的既定目標。當不同解釋方法出現不同解釋結果時，法官以甚麼

15　胡玉鴻前引文。
16　梁慧星：〈法解釋方法論的基本問題〉，載《比較法研究》，1993 年第 1 期。
17　鄭永流：〈道德立場與法律技術 —— 中德情婦遺囑案的比較和評析〉，載《中國法學》，2008 年第 4 期。

標準來決定取捨？由於解釋方法元規則（Meta-rule）的缺位，即便各種解釋方法是成立的，法律解釋學仍然難以具有方法論的意義；在社會學而不是在方法論意義上，法律解釋學的確體現出某種獨到的智慧和策略。

在法學家對各種解釋方法排序的背後隱含着兩種邏輯，即盡量使用簡單的解釋方法和盡量從法律文本的範圍內完成解釋活動。解釋方法的排序在後一種邏輯裏體現出它的專業水準。然而，顯而易見，排序本身並不能回答在何種情況下，後位的解釋方法可以取代前位的解釋方法。疑難案件產生於規則與事實之間的摩擦地帶，這個摩擦地帶也是"形式合理性"和"實質合理性"的十字路口。疑難案件之所以疑難，就在於當兩種合理性不能兼得的時候，法官對判決案件應當遵循哪種合理性的問題舉棋不定。而法律解釋的牽強之處就在於，它總是企圖把實體性問題當作程序性問題來一併處理。不僅如此，法律解釋也在一定程度上忽略了一個重要的事實，即疑難案件的判決是一種複雜的實踐理性，需要綜合權衡法律內外的各種複雜因素。正因為如此，法律解釋也不僅僅是一個"解釋"的問題，甚至主要不是一個"解釋"的問題。

絕對意義上，"法律解釋"這個術語本身也並不十分恰當，這種意義上的"解釋"，既不同於日常用語中的"解釋"，也不同於哲學解釋學中的"解釋"（或"闡釋"、"詮釋"），它既不是一種交流手段，也不代表法官的生存狀態，而只是法官解決問題的一種策略。

根據解釋所需信息的來源和範圍，可以把所有的解釋方法分為"簡單解釋"和"複雜解釋"兩類。"簡單解釋"具有恪守規則的形式主義特徵，所以它最容易滿足司法對形式合理性的要求；"複雜解釋"則要考慮法律文本之外的方方面面的因素，所以它與法律現實主義以及司法對實質合理性的追求是非常契合的。

　　無論追求形式合理性還是追求實質合理性，對於司法而言都是有利有弊的。因此，司法必須在形式合理性和實質合理性之間謀求最大的交換值，必須在穩定與變動、保守與創新、原則與具體、整體與部分這些彼此矛盾的因素之間，尋找一個恰當的均衡點。這就是司法的終極智慧。司法最精微的智慧也許是無言的。

　　在一定程度上，法律解釋體現了司法的智慧，但是，各種解釋方法的選擇不是智識性的，而是策略性的。司法中的法律解釋，從其根本看來不是一種解釋，而是一種策略。法律解釋的最終結果，既不是一個來自法律內部的邏輯命令，也不在解釋方法或解釋元規則的指示範圍之內。法律解釋的最終目的，既不是發現對法律文本的正確理解，也不是探求對法律意旨的準確把握，而是為某種判決方案提出有根據且有說服力的法律理由。它是以"解釋"為裝飾的一種言說技術，通過這種技術，已經選擇出來的判決方案在法律上被正當化了。"解釋"這一概念營造了一種假像，法官用以確定某種判決方案的功利性權衡，被裝扮為探尋法律真實含義的智識性追求。法律解釋，從其根源上看，不是一個解釋學問題，而是一個社會學問題。[18]

　　由此可見，法律技術在法律實踐活動中是有用的，在此我們應反對"技術無用"的思想，鑒於我國長期不重視法律技術的傳統，我們應着力在這一方面"補課"，提升我國法學教育的職業水準。我們也應同時指出，法律技術的作用是有限的，我們不必把法律技術的作用誇大和絕對化，以此保持對法律技術的清醒認識。

18　桑本謙：〈法律解釋的困境〉載《法學研究》，2004 年第 5 期；另參見桑本謙：《理論法學的迷霧》，法律出版社，2008 年版，第 51-72 頁。

第二節　普通法法系應用層次的法律解釋方法

陳弘毅教授指出，所謂"應用層次"的法律解釋學，乃建基於法院（英美法系的法院）在其判詞中就法律解釋的一般原則和方法的討論，而非學術界中法理學家所創建的理論。[19] 本節也是在這種意義上考察普通法法系的法律解釋方法。

就普通法法系國家來說，判例法制度本身就意味着對法律的解釋。適用或不適用前例，擴大或縮小以致推翻前例，都是通過法律解釋來進行的。這裏考察的法律解釋主要是對制定法的解釋。[20]

一、法律解釋三大規則

普通法法系中的法官在判詞中討論法律解釋問題時，常常交替地應用三種方法。即在有些案件中使用其中一種方法，在另一些案件中卻使用另一種方法。我們不容易預測法院在某宗案件中會採用哪種方法，雖然在某個普通法法系國家的某個歷史階段，可能某種方法較佔上風。這三種方法是："字義解釋"（Literal Rule）、"黃金規則"（Golden Rule）和"不確切文字釋義規則"（Mischief Rule）。[21] 下面具體討論這三大規則：

（一）字義解釋

"Literal Rule"有不同的譯名：陳弘毅教授譯為"文理解釋"，龔祥瑞先生譯為"字面解釋法"，[22] 沈宗靈教授譯為"字義解釋法"，

19　陳弘毅：〈當代西方法律解釋學初探〉，載梁治平編：《法律解釋問題》，法律出版社，1998 年版，第 4 頁。

20　沈宗靈：《比較法研究》，北京大學出版社，1998 年版，第 229 頁。

21　陳弘毅前引文，第 4 頁。

22　龔祥瑞：《比較憲法與行政法》，法律出版社，1985 年版，第 103 頁。

劉星教授譯為"字面解釋方法",等等。筆者以為,沈宗靈教授的
"字義解釋"最為準確。

"字義解釋"即按成文法條文的字面意義解釋,取其最自然、明
顯、正常和常用的意義,而無須顧及應用這個意義所產生的結果是否
公平或合理。其依據三權分立理論,法律是至上的,由立法機關制
定;司法機關(法院)的職責是忠實地執行立法機關所訂立的法律,
在具體案件中實現立法機關的意願。而要理解甚麼是立法機關的意
願,沒有其他方法,唯一的方法是拿着立法機關所通過的條文,作為
立法機關意願的唯一證據,看看立法機關透過條文表示了甚麼意思。
按此原則,如果法律條文的字面意義的應用在個別案件中導致不合理
的結果,法院無須承擔責任。這是立法機關的責任。解決方法是由立
法機關修改法律,避免以後出現同樣問題。但在法律修改之前,法院
仍有義務予以貫徹執行,即使它已被發現是有漏洞的、在某些情況下
導致不公。法院沒有義務、也沒有權力去填補法律中的漏洞,否則便
是法院篡奪了立法機關在憲政架構中的職能。[23]

據龔祥瑞介紹,1892 年英國 M. R. 伊謝爾法官(Lord M. R.
Esher)在"王國政府訴倫敦市法院法官"(R v. The Judge of the City
of London Court)一案中首創此法。他認為,對法的解釋,一般是
有法必依:"若法案行文清楚,就執行;即令顯然荒謬,也要執法
從嚴,因為立法機關是否幹了荒謬的事,與法院是不相干的。"後
來洛珀法官(Lord Lopes)同意他的說法,並附議道:"其理由是
顯而易見的。如果棄而執行其他規則,結果法院就會變成立法機關
了。"1975 年,里德法官(Lord Reid)在"布萊克格勞桑訴吧皮沃
克"(Black-Clawson v. Papierwerke)一案中重申:"人們常說,我

---

23 陳弘毅前引文,第 5-6 頁。

們正在尋求議會的意圖，其實這種說法是很不確切的，我們尋求的不過是議會用語的字義，即他們說的話的含義，但絕不允許追問以義代詞，這是無可奈何的事情。"[24]

沈宗靈概括到，字義解釋法又稱"顯然意義規則"（Plain Meaning Rule），是指立法意圖應通過法律條文用詞的通常意義來理解。如果從字義上講，含義不明，這種方法就無法使用；如果含義清楚，就必須採用這種意義，而不必考慮立法意圖，也不必借助外力來幫助闡明。[25]

劉星教授從比較法的角度考察了該項規則。在英美法系國家，最為普遍的解釋方法就是字面解釋方法。法官在解釋法律時，所應注意的全部內容就是法律字面的意義，既不能作擴張解釋，也不能作限制解釋，而只能作嚴格的字面解釋。這種字面意義和大陸法系中語法分析及邏輯分析得到的字面意義有所不同：前一種字面意義強調的是文字的"自然意義"或"通常意義"；而後一種字面意義強調的是"結構中的意義"（即文字無所謂本身的自然或通常意義，它在結構中才有意義）。

英國的"字面解釋規則"（Literal Rule）和美國的"清楚意義解釋規則"（Plain Meaning Rule）最明顯體現了英美法系的字面解釋方法。例如，在"瓦切爾訴倫敦排字工人協會案"（Vacher v. The London Society of Compositors, 1913）中，英國上訴法院和上議院對法律採用了"字面解釋規則"。在該案中，原告（一些印刷工人）指控被告（排字工人協會）從事誹謗和陰謀公開誹謗的行為。英國1906年《勞資糾紛法》（*Trade Dispute Act*）第 4 條第 1 款規定："就

---

24 龔祥瑞前引書，第 103 頁。
25 沈宗靈前引書，第 229 頁。

不法行為被説成工會所為或代表工會所為而言，法院不受理對工會的指控……"在普通法裏，誹謗和陰謀公開誹謗當然是不法行為；被告也不否認自己行為是不法行為，但是要求根據該條款規定免被指控。初審法院認為，該條例中其他豁免不法行為的條款都有文字説明，受豁免的不法行為是指那種如處理則會助長勞資糾紛的不法行為；並且認為，儘管第 4 條第 1 款中沒有這樣文字，但也應合理承認該條款中含有這樣的意思，從而判定被告行為不能豁免。上訴法院則拒絕考慮該法令中有關受豁免不法行為的條件的規定，從而判定被告豁免。這個判決曾被上議院大法官所援引。從該判決中，工會獲得了犯有不法行為可得豁免的通行證。

在"鍾福訴懷特案"（Chung Fook v. White, 1924）中，美國最高法院對制定法採用了"清楚意義解釋規則"。美國的一項法律規定：如果一個已經入美國籍的公民接他的妻子或子女來美國一起生活，其妻是在他入籍後和他結婚或者其子女是在他入籍後出生的，在此種情況下，即使其妻及其子女患有傳染病，仍應准予到美國而無需拘留在醫院治療。美國最高法院認為，該項特權不適用於本國出生的公民，因為該法律只提到入籍的公民。該法院聲稱："制定法的文字是清楚的。如果像當事人強烈指責的，制定法不公正地歧視本國出生的公民或者產生殘忍和不人道的後果，那麼應當由國會而不是由法院負責予以補救。"[26]

魏瑋認為，字義規則是所有法律解釋規則中最重要、最基本的一項。作者評論道，實際上，把字義規則作為一項規則有些牽強，因為字義規則實際上就是"無解釋"的規則，即如果法律的字面含

---

26 劉星：〈大陸法系、英美法系和我國司法解釋方法比較〉，載《比較法研究》，1989 年第 2 期。有關"鍾福訴懷特案"，參見 [美] E. 博登海默：《法理學：法律哲學與法律方法》，鄧正來譯，中國政法大學出版社，2004 年版，第 554 頁。

義是清楚的，則不需要作任何解釋。但是，在複雜的法律活動中，另外一些解釋方法經常對這種 "無解釋" 提出挑戰，從而使法律的解釋結論背離了法律文本的字面含義，所以原來一貫的、無需闡明任何理由的做法，便形成了一項實在的解釋規則。[27] 作者列舉了英國有關案例說明此規則：① "倫敦及東北鐵路公司訴貝里曼案"（London & North-Eastern Railway v. Berriman, 1946）。一名鐵路員工在鐵路線上給信號設施加油時被一列火車撞死，他的遺孀認為鐵路公司違反了法定義務，應當承擔損害賠償責任。有關規章規定，當安排工人更換或修理鐵軌時，鐵路公司應當放置警示標誌。上訴法院的判決認為該規定應當適用於本案的情況，但上議院以 3:2 的多數撤銷了上訴法院的判決，認為應當運用字義解釋規則處理本案，即有關規章的規定的情況不包括本案中的死者給鐵路信號裝置加油的情況。② "費希爾訴貝爾案"（Fisher v. Bell, 1960）。一個商店老闆因在其店舖櫥窗裏展示了一個帶有價格標籤的彈簧刀，而被指控 "提供銷售攻擊性武器"，違反了《攻擊性武器限制法》(1959)。高等法院分院在判決中指出，"提供銷售" 一語應取其字面含義，以保持其與合同法中的用語一致的含義，而且被告將彈簧刀展示在櫥窗中無異於一種交易邀請。儘管這種純粹字義的解釋方法可能引起該條款與《攻擊性武器限制法》中的其他條款發生矛盾，致使其他條款無法適用，但這種方法與解釋刑事法律條款通常採用的嚴格方法是一致的。

　　郭華成博士將此規則譯為 "普通詞義規則"（Plain Meaning Rule），即根據法規用詞的普通詞面含義來理解與解釋法律。作者評論道：這一規則是法律解釋的基礎，也是法律解釋正確性、合理

27　魏瑋：〈英國法律解釋三大規則之應用〉，載《法律適用》，2002 年第 2 期。

性的保障。無論是從嚴解釋派，還是從寬解釋派，均承認並重視這一基本規則。[28]

字義解釋自從十九世紀以來在英國法院中長期佔主導地位，成為英國法律文化的特色之一。雖然如此，英國法制也孕育了以下兩種對字義解釋持批判態度的法律解釋方法。

(二)"黃金規則"

"黃金規則"可理解為對字義解釋原則的修正。根據黃金規則，一般來說，法律條文應按其字面的、文字的最慣用意義來解釋，但這不應是一成不變的。因為有一種例外情況，就是如果按字面意義的應用會在某宗案件中產生極為不合理的、令人難以接受和信服的結果，而且我們不能想像這個結果的出現會否是立法機關訂立這法律條文時的初衷，法院應採用變通的解釋，無須死板地依從字面上的意義，藉以避免這種與公義不符的結果。

黃金規則限制了字義解釋原則的適用範圍，可算是一種中庸之道。但是黃金規則也有其本身的缺點。例如，對於案件中結果達致何種不合理或不公正性程度才足以排除文理解釋的適用，是一個見仁見智的問題，找不到客觀標準。此外，在排除了字義解釋後，究竟應採用甚麼準則對有關法律條文進行非字義解釋，黃金規則並沒有提供指引。[29]

龔祥瑞教授將此規則譯為"原義解釋法"。實際上，不僅文字上可能存在"明顯的荒謬"，而且還有一個必須"適應實際情況"和"靈活適用"的問題。這樣，就產生了某種荒謬的條文是立法機關無論如何也不可能有的問題。1880 年，杰塞爾 M. R. 法官（Lord

---

28　郭華成：《法律解釋比較研究》，中國人民大學出版社，1995 年版，第 57 頁。
29　陳弘毅前引文，第 6 頁。

Jessel M. R.）在"Alina"一案中説道："即使條文十分清楚，法院仍須斟酌是否有明顯的荒謬，要求法院作出解釋，因為字面的原意無論如何不能是條文所表述的東西。"派克 B. 法官（Parke B., later Lord Wensleydale）首次提出心證法或原義法（Golden Rule）。1836年，他在"貝克訴史密斯"（Becke v. Smith）一案中説道："在解釋條文時，堅持原文的原意和文法結構，這是非常必要的，然而從法律本身來看，有時立法者的用意前後並不一致，或有明顯的荒謬或自相矛盾，在這種情況下，為了避免這種荒謬和矛盾，不妨改變規定的文字。"[30]

沈宗靈教授將此規則譯為"目的解釋法"。據 1857 年"格萊訴皮爾遜案"（Grey v. Pearson）判決，在解釋法律時，應遵守文字的文法上和通常的意義，但如果這種方法證明不能滿意，會導致"某種荒謬或與（法律）其他部分抵觸和失調"，那麼就可以"修改文字的文法上的通常的意義，以便避免這種荒謬和失調。但也僅此而已"。這就是説，"黃金規則"的含義是對法律條文所用文字應盡可能根據其文法和通常意義來解釋，但以不導致荒謬結果為條件。比如，1861 年英國《侵犯人身法》第 57 節中規定："凡已婚者在其前夫或前妻在世時與人結婚的"構成重婚罪。這裏的"結婚"可以指締結有效的婚姻關係，也可指舉行結婚儀式。如以第一種意義來解釋就會導致荒謬的結論，因此，必須解釋為第二種意義的結婚。一般説，法官必須先使用字義解釋法，如果含義不明，就必須應用目的解釋法。[31]

有關"黃金規則"的案例如：[32] ①"拉瑟訴哈里斯案"（Ruther v.

30　龔祥瑞前引書，第 103-104 頁。
31　沈宗靈前引書，第 229-230 頁。
32　魏瑋前引文，第 42-44 頁。

Harris, 1876）。1861 年英國《鮭魚捕撈法》規定，如果發現偷捕鮭魚者，管理人員有權沒收"所有捕到的魚及用於偷捕所用的漁網"。但如果偷捕者從事偷捕活動後並沒有捕到魚，那麼管理人員還是否有權沒收漁網呢？法官在判決中指出，該法律的規定應當解釋為允許沒收，即使偷捕者在實際捕到魚之前就被抓住了。② "阿德勒訴喬治案"（Adler v. George, 1964）。某甲是參加抗議活動者之一，因"在禁區附近"妨礙哨兵值勤而被治安法官以其違反 1920 年《官方秘密法》而認定有罪。某甲不服該判決並上訴稱，當時自己實際上是"在禁區裏"，而不可能是"在禁區附近"，因此並沒有違反該法。高等法院分院駁回了他的上訴。首席法官帕克勳爵（Lord Parker）在判詞中指出，如果該法律規定發生在皇家空軍基地之外的妨礙行為才構成嚴重犯罪，而在基地之內的妨礙行為根本不構成犯罪的話，那就奇怪了。因此，"在……附近"一詞應當被解釋為"在……裏面或在……附近"。③ "米耶訴羅伯茨案"（Meah v. Roberts, 1978）。某消費者為其孩子向一家印第安飯館訂購檸檬水，但飯館卻把貯藏在吧台下面裝在空檸檬水瓶中用於清潔污物的燒鹼（氫氧化鈉）賣給了他。法院認定該飯館經理出售"不適宜人類消費的食品"，違反了 1955 年《食品與藥品法》。該飯館經理提出上訴稱，自己所出售的不是"食品"（該法明確規定適用於飲品），因此沒有違反該法的規定。高等法院分院駁回了他的上訴，認為根據該法之目的，供應檸檬水的行為也是一種"食品供給"行為。

（三）不確切文字釋義

陳弘毅將此規則譯為"弊端規則"，其現代版本是論理解釋或目的論解釋方法，沈宗靈教授譯為"消除混亂規則"，龔祥瑞教授譯為"疑問追究法"，魏瑋將此規則譯為"除弊規則"，又譯"彌補規則"或"弊端規則"，《元照英美法詞典》則稱之為"不確切文字釋義規則"。筆者採用《元照英美法詞典》的用法。

在英倫法律傳統中，該原則源於 1584 年的"黑頓案"(Heydon's Case)，原稱為"弊端規則"(Mischief Rule)。根據"弊端規則"，法院在解釋某成文法條文時，應先了解此條文制定之前的有關法律概況及其弊端，從而明白它是針對何種弊端而設、為解決甚麼問題而訂，然後在解釋這條文時，盡量對付有關弊端和解決有關問題。"弊端原則"的現代版本是論理解釋或目的論解釋方法（Purposive Approach），即在解釋成文法條文時，必須首先了解立法機關在制定此成文法時所希望達到的目的，然後以這個或這些目的為指導性原則，解釋法律條文的涵義，盡量設法使有關目的得以實現。在這過程中，不必拘泥於條文的字面意義，而條文如果有缺陷或漏洞，法院甚至可以通過解釋予以修正或填補，從而使立法機關立法時的意願能夠更充分地得到實施。

相對於其他兩種法律解釋方法，不確切文字釋義解釋方法賦予法院在實際工作中較大的自由裁量空間。因為不同法官對某項立法背後的目的或意念，可以有不同的理解。在了解立法目的時，法院可考慮比法律條文本身更廣泛範圍的因素，包括政治、經濟、社會、公共政策、公共利益等因素，以致不同的解釋和判決將對社會構成的影響。[33]

沈宗靈教授將此規則譯為"消除混亂規則"(Mischief Rule)，因這一規則來自 1584 年"海登案"的判決，故又稱"海登案規則"。這一判決中提出了有關法律解釋的原則："為了可靠地真正解釋一切法律，應識別和研究四個問題：其一，在該法律以前的普通法是

---

[33]　陳弘毅前引文，第 6-7 頁。

甚麼；其二，普通法並未規定的混亂和缺陷是甚麼；其三，議會已決定用甚麼補救方法來治療國家的這種疾病；其四，這種補救辦法的真正理由。"為了確定議會制定這一法律到底要糾正甚麼混亂，法官應被容許引用法律的序言、標題、立法調查、起草單位的報告，以及其他指導立法的資料。這一規則雖然來源於十六世紀，但迄今仍是普通法法系國家廣泛應用的法律解釋方法。[34]

《元照英美法詞典》對此規則的解釋是：不確切文字釋義規則。在制定法的解釋中，對於制定法中的不明確之處，應從有利實現制定法的立法目的出發加以解釋，以彌補制定法的不足。[35]

結合《元照英美法詞典》的解釋，筆者認為，陳弘毅教授將此規則與目的解釋相聯繫是合適的。沈宗靈教授將目的解釋與黃金規則相聯繫則未必恰當。

魏瑋將此規則譯為"除弊規則"，又譯"彌補規則"或"弊端規則"，是指法官解釋成文法時要充分考慮成文法所欲彌補的法律制度上的漏洞，並努力去彌補議會在制定該成文法時所欲彌補的缺陷。因為英國是一個普通法國家，隨着社會的發展進步，人們發現原有的判例法有一些判例法本身無法克服的弊端。如何消除這些弊端呢？唯一的辦法就是大量制定成文法。這就是說，在普通法國家，成文法的出現並不是一種不假思索的活動，而其中心目的是彌補普通法的不足，消除普通法的弊端。因此，這一規則成為英國法律解釋理論中的目的解釋法的源泉。

下面是一些典型案例：[36] ① "艾略特訴格雷案"（Elliot v. Grey,

---

34 沈宗靈前引書，第 230 頁。龔祥瑞教授將此規則譯為"疑問追究法"，但龔祥瑞教授的"海登"案時間為 1886 年，筆者懷疑是龔祥瑞教授的一處"筆誤"，見龔祥瑞前引書，第 104-105 頁。

35 薛波主編：《元照英美法詞典》，潘漢典總審訂，法律出版社，2003 年版，第 919 頁。

36 魏瑋前引文，第 42-44 頁。

1959）。1930 年《道路交通法》第 35 條第 1 款規定，在公路上使用未經有效保險的機動車者，應當認為構成犯罪。某甲被指控違反該規定而被定罪。甲不服該判決，向上級法院提出上訴。上訴稱，被認定沒有有效保險的汽車當時停在甲的房子外面，而且已於數月前被損壞，發動機無法運轉，油箱中也沒有汽油。因此，甲撤回了對該車的保險，並申辯說如果自己重新使用該車時，他會重新投保。高等法院分院維持了對他的有罪判決。首席法官帕克勳爵在判詞中指出，《道路交通法》有關條款的目的是為了保護第三方的利益，因此"使用"一詞應理解為"在利用"。在本案中，法院所作有罪判決的基礎，倒不是擔心另外一輛汽車會撞上停在車主房子外面無法開動的汽車。法院所考慮的是，因為甲的汽車停在一個小坡上，如果有人鬆開剎車閘，汽車就會衝下山去，並可能給第三人造成損害。因此，原審法院對"使用"一詞的解釋符合制定該法所要實現的目的。② "史密斯訴休斯案"（Smith v. Hughes, 1960）。1959 年《街頭犯罪法》第 1 條第 1 款規定，妓女"在街道或公共場所"拉客者構成犯罪。一些妓女因違反該規定而受到指控。她們中有一個人是站在街邊樓房的陽台上，其他人則坐在第一層樓房的開啟或關閉着的窗戶後面。首席法官帕克勳爵在上訴審中，維持了對這些妓女的有罪判決，並指出，這正是議會制定該法的目的之一。眾所周知，議會制定該法的目的就是要確保人們可以在沒有妓女騷擾及拉客的情況下，自由地漫步長街。如果行走在街上的人們可以清楚地看到這些妓女的話，便已經足夠判她們有罪了。③ "阿爾法塞爾訴伍德沃德案"（Alphacell v. Woodward, 1972）。一審法院根據 1951 年《河流（防治污染）法》認定某公司污染了一條小河。該公司上訴稱並不清楚自己的行為造成了污染，而且控方沒有證據證明該公司存在過失。但是上議院還是維持了這一判決。薩蒙勳爵

（Lord Salmon）在判決中指出，在對刑事法律進行解釋時，如果有兩種以上的不同解釋，則應選擇對實行最有利的解釋。但最重要的是，河流不應當被污染。而且，污染到底是因故意造成還是過失造成，這幾乎是無法證明的事情。如果只有在控方承擔了這種無法承擔的舉證責任後，才能認定排放污染者有罪的話，則會導致大量污染者逍遙法外，河流將會變得更加污濁。④ "布拉德福德訴威爾遜案"（Bradford v. Wilson, 1983）。某男子在其汽車中吸食膠毒時被捕，並根據 1972 年《道路交通法》第 5 條第 2 款，因其飲酒或吸毒致使其不適合駕駛而仍駕駛汽車被控有罪。男子上訴稱，他吸食的既不是酒，也不是毒品，因此不應適用該規定。法院判決駁回上訴，維持原判。L. J. 戈夫勳爵（Lord L. J. Goff）在判決中認為，根據 1971 年《濫用藥物法》附錄二中的違禁藥物目錄並不能作為認定事實的決定性根據。關於非法持有物問題的考慮與關於駕駛汽車問題的考慮並不相同。"藥物"的本意中應當含有某些醫療成分，但這不是必需的。本法所指向的對象是那些服用某種物質致使其身體控制能力減弱，且仍在控制機動車的人們。與之相應，法官應當從《道路交通法》的目的出發來解釋"藥物"的含義，也就是說，這裏所說的藥物應當解釋為包括所有進入身體後會影響身體控制力的物質（第 5 條已將飲品、食品排除在外）。

二、其他解釋規則

以上是總體性的、關乎終極取向的法律解釋方法的分類。但英美法系中還有數量龐大的其他成文法解釋準則。在為執業律師而編撰的厚厚專著裏，我們可以翻查這些規則。舉例來說：

1. **字義與語境**：在解釋成文法規中的一個字或詞時，需要留意它的語境（如它周圍的字），以至整套法規。

2. **類別中明文提及者**：如法規中明文提及某類東西中的一些，可解釋為它無意包括同一類別中未被提及者。

3. **個別事項與一般性用語**：如條文提及一系列事項，後面是較一般性的詞語，則法院將解釋這些一般性詞語意指與前面的事項同類者。

4. **英國法院在解釋成文法時往往使用一些關於立法機關意向的"推定"**：法院推定立法機關無意造成某種結果，除非立法機關在立法中非常清晰、明確地表明它的確願意達致這種結果。而這些結果都是與法院所肯定的某些道德或正義的價值有衝突的。所以法院在解釋法律時，因為基於英國議會立法至上原則，如果英國國會在立法中非常明確地訂立了一項法院認為是極不公平、極不合理的條文，法院沒有其他選擇，必須忠實地執行這項條文。所以法院運用上述推定去維護一些它所信奉的道德或正義價值的活動空間是有限的，只限於立法機關所用的立法語言存在含糊性、不明朗性、不確定性的情況。又如，法院會推定立法機關無意識設定無須證明犯罪意向，便能入罪的刑事罪行，無意減損個人的人身自由，無意在不給予賠償的情況下徵用私有財產，無意訂立有溯及力的法規，除非立法機關在立法中十分清楚地表明它的確有意作以上的事。[37]

從歷史上看，英國法官在解釋制定法方面的權力是相當廣泛的。當他們發現法律在實際生活中會導致不利時，就不拘泥於文字。但以後隨着議會權力的增長，特別是議會至上原則的確立，法官在解釋法律時的權力和方法日益受到限制。在對一般法律的解釋問題上，美國法院處於不定型狀態。在十九世紀時，對那些背離普通法傳統、具有一定革新意義的法律，法院往往採取抵制的態度，

37　陳弘毅前引文，第 7-9 頁。

使用嚴格意義的解釋法，類似英國的"顯然意義規則"。但在以後，法院對普通法所沒有的社會立法，一般不再採取抵制態度，對這些法律的解釋往往採取從立法意圖和法律目的出發的廣義解釋法了。[38]

黃江天博士列舉的其他法律解釋規則有：有效運用推定解釋、從上下文求字義規則、一般用語和個別事項、同類規則、同義解釋規則、級別規則和刑法條文的解釋等。[39] 董茂雲等的《香港特別行政區法院研究》也採用了黃江天的概括。[40]

在魯珀特‧克羅斯（Rupert Cross）的《法律解釋》一書中，作者論述的基本規則有上下文規則、證據規則和不同種類的含義規則。除此之外，作者還論述了"解釋的內部輔助材料"和"解釋的外部輔助材料"。[41]

三、憲法解釋

憲法無疑屬於法律，儘管它不是普通法，而是根本法。那麼，上述法律解釋的規則可以適用於憲法嗎？對此，筆者的理解是，一般情況下，這些規則可以適用於憲法，但如果有憲法解釋的規則，則應優先適用憲法解釋規則。

龔祥瑞教授認為，憲法的解釋問題和適用問題在實施中是一定會發生的，這是因為憲法條文的文字難免有含糊和費解之處。憲法條文的文字含糊有各種表現形式：①對某些事務是否包括在條文之

38　沈宗靈前引書，第 230-231 頁。

39　黃江天：《香港基本法的法律解釋研究》，三聯書店（香港）有限公司，2004 年版，第42-45 頁。

40　董茂雲、杜筠翊、李曉新：《香港特別行政區法院研究》，商務印書館，2010 年版，第208-209 頁。

41　Rupert Cross, *Statutory Interpretation,* London, Butterworth & Co., 1976；另參見 [英] 魯珀特‧克羅斯：《法律解釋》，孔小紅、夏道虎、黎建飛譯，西南政法學院法學理論教研室，1986年印行。

內，提出懷疑；②某些單詞可以有不確定的意義，而含糊之所以發生是由於立法者沒有預見到爾後可能發生的問題；③由於立法者有意識地把問題保留起來以待以後予以適當地解釋；④條款本身根本沒有對現存的問題作出規定；⑤有些詞句用得不當。

法院一般都遵循即成的解釋，因而某些用以解釋釋義的"推定"就發展起來了。但應指出，"推定"沒有約束力而只具有指導意義。下列數例是一般所公認的"推定"：①後法勝於前法，議會法可以被廢止；②君主不受議會法的約束；③法規彙編不能變更法律；④同一單詞前後具有同一意義；⑤法無溯及既往的效力；⑥國內法不能侵犯國際義務；⑦不能干涉既得權利；⑧就刑事責任而論，"故意"是必要的條件；⑨對刑法的解釋必須從嚴；⑩重新制定的條款繼續保留法院原來所作的解釋，然而，議會可以用立法加以推翻。[42] 陳弘毅教授認為，儘管普通法發源於英國，但法學體系中的憲法解釋學卻是在美國起源並在普通法體系中發展到最高水平的。美國經驗表明，憲法解釋與對政府行為合憲性的司法審查密不可分，尤其是制定法律法規的立法行為。司法審查是美國最高法院在"馬伯里訴麥迪遜案"（1803 年）中確立起來的。美國的憲法司法審查實踐引發了三個緊密聯繫的問題：其一，法官宣告由民主選舉產生的立法機構（包括國會和州立法機構）制定的法律無效是否合法？其二，法官如何解釋憲法？其三，法官如何發揮能動性，在審查立法行為時能做到多大程度的自我控制？

就第二個問題，陳弘毅認為，目前有許多解釋憲法的理論、方法和方式，菲利普・鮑比特（Philip Bobbitt）的憲法解釋理論在整體上很好地闡釋了不同的憲法解釋理論、方法和方式，可以作為討

42　龔祥瑞前引書，第 101-102 頁。

論的起點。鮑比特所認定的憲法論證形態有以下六個方面：①文本的；②歷史的（或者說原意的）；③學說的；④審慎的；⑤結構的；⑥倫理的。每種論證形態代表一種憲法解釋的方法途徑。

1. **文本的解釋方法（文本主義或字面主義）**。鮑比特認為，文本主義以"當代普通百姓所理解的憲法字面意思"為優先考慮。這與普通制定法結構中的字面原則是一致的，字面原則強調立法文本中語言要平實易懂。其作用在於幫助普通百姓能夠依賴自己對法律文字的理解，而我們知道法律專家獨斷地操縱法律文本的意思可能會導致不民主現象。這種方法在澳大利亞叫做"字面主義"，澳大利亞高級法院曾經在著名的"機車師案"（Amalgamated Society of Engineers v. Adelaide Steamship Co. Ltd., 1920）中予以應用。法院認為，法院主要且專有的職責就是忠實地依據憲法條文闡釋和實行憲法，發現憲法字裏行間的意圖，並恰當地堅持憲法制定之初衷。

2. **歷史的解釋方法（原意主義）**。憲法論證的歷史形態主張採用憲法文本通過時的意義，以及制定者和批准者的意圖。建國者討論憲法時將其理解為社會契約，並以將來可能的憲法修正案來約束後代。契約的條款和意義形成於憲法通過以及制定憲法修正案的關鍵性歷史時刻，對之後制定的立法形式實行司法審查的唯一正當理由，就是需要執行這些條款。憲法解釋的歷史方法在美國通常稱為原意主義，經常與憲法領域內的保守主義與自由主義之間的論辯相聯繫。保守主義者依據原意主義認為，從憲法中引申出包括墮胎權在內的隱私權是錯誤的，認為憲法禁止包括死刑在內的"殘忍的、不同尋常的刑罰"也是錯誤的。原意主義有幾個版本，一個版本強調體現憲法制定者本意的意義，還有一個版本堅持採用制定法律時社會成員通常理解的憲法文本的意義。原意主義在解釋工作主要應集中於文本還是建國者的意圖和目的方面，存在幾種不同觀點。根據字意學派的觀點，憲法文本的字句應按照建國者所理解的那樣。另一學派，即文本意圖主義則認為，應當優先考慮建國者的意圖以及他們心中所想、所尋求達到的目標，贊成自由使用制憲會議辯論記錄，以及其他歷史證據資料，以便探求建國者的意圖和目的。原意主義傑出的代表有美國的安東尼・格雷戈里・斯加利（Antonin Gregory Scalia）法官和羅伯特・H. 博克（Robert H. Bork）法官。

3. **學說的解釋方法（學說主義）**。鮑比特認為，學說形態就是應用先例引發的規則。學說主義反映出普通法研究方法，通過判例法的逐漸積累促進了法律準則的發展。學說主義建立在這樣一種觀念基礎之上，即尊重憲法的司法功能實際上是一種普通法功能，它起源於尊重訴訟當事人的法庭普通法程序。鮑比特關於憲法性思考的學說形態的理念還包含兩個其他因素。首先，學說主義強調堅持規則與原則的重要性，反對在司法判決中考慮便利因素和政策因素。在這點上，使人想起赫伯特・韋徹斯勒（Herbert Wechsler）對憲法“中立性原則”的需求，適用憲法性法律的司法裁決必須受原則約束，建立在推理的基礎上，推理在中立性以及一般性上都勝過案件的直接結果，並且也同樣適用於以後的案例。

其次，學說主義方法認為，如果所有承認公正的審判方法能被小心翼翼地遵守，公正就可以實現了。這些方法包括堅持傳統的冷靜公正、不偏不倚的標準，堅持詳盡闡述決定使用一種或另一種方法的令人信服的理由，堅持相互說服的機會。普通法憲法解釋有兩種成分：第一種成分是傳統主義，核心要點是憲法應被遵守，因為其條文反映了幾代人在複雜多變的環境中所一致接受的判斷標準；第二種成分是慣例主義，強調憲法條文在通過詳細說明現成解決方法、減少非建設性辯論方面的作用，而如果採用其他方法可能會付出非常大的代價。

4. **審慎的解釋方法**。與學説主義避開政策考量不同，審慎主義堅持認為在憲法司法裁決過程中進行政策考量是正當的。鮑比特將憲法論證的審慎形態定義為一種尋求"某一特定原則的成本與收益平衡的"模式。它是一種功利主義的、實用的、重結果的思考模式。正如鮑比特所言："謹慎的論據由事實產生，而且這些事實也被運用到政治和經濟政策中。"審慎主義有時可以用以解釋美國最高法院形成的、應由法院審理的原則，包括禁止諮詢意見、關於起訴權和通過先例解決的學説，政治質詢學説。這些學説使法院在即使可以適用憲法的案例中，也不願意行使管轄權。用鮑比特的話説，這些學説是"法院用以將政治現實引入裁判過程的調和工具"。理查德·波斯納法官（Richard Posner）是當代審慎主義或者按照他的説法"實用的判決"的積極擁護者。司法實用主義者希望作出無論對於現在還是未來都將是最好的判決。他對過去的判決、制定法等並非漠不關心，但由於把這些"權威典據"僅僅看作信息來源，或是對自由行使裁判權的有限制約，他並不依賴它們找出適用於新型案例的裁判規則。他會尋求那些對他將要採用或修改的規則中的道理直接產生影響的知識來源。

5. **結構的解釋方法（結構主義）**。鮑比特這樣定義憲法論證的結構形態，憲法可以從其建立的結構中生成關係，而憲法論證的結構形式可以從這種關係中推導出規則：結構主義在處理聯邦制度、權力分立和政府間事務方面非常實用，但在處理公民自由和人權問題上則不太有效。鮑比特認為結構主義是一種"宏觀的審慎主義"，並不依賴特定的案件事實，而是源於關於權力和社會選擇的一般確認。

進一步探究結構主義就會發現，憲法論證的結構形態至少有三種類型：第一種是文本結構主義。這種類型試圖根據憲法全文解釋其中每一條文，特定條款被視為尋求內部和諧一致的一個組成部分。第二種結構主義類型被稱為“體系結構主義”。這裏的分析單位不僅是憲法全文，而且還有整個政治秩序，包括文本、傳統、慣例和先前的解釋在內的全部憲政規劃。可以依照和諧一致的較大整體來解釋特定條款。結構主義的第三種類型“先驗結構主義”更加具有挑戰性。我們假設解釋者認定憲法包含一種以上的政治理論以及慣例、解釋和傳統，那麼解釋者會發現運用哲學來理解這些政治理論及其憲法含義是必要的。然而解釋者還需要另一種途徑將文本、慣例、傳統和解釋，融合成一個包含政治理論標準化要求的和諧整體。我們將這一途徑稱之為“先驗結構主義”。

　　6. 倫理的解釋方法。在鮑比特看來，倫理論證的力量“依賴於美國制度的特色和美國人民在其中的作用”，或者說“依賴於美國政體的特質”。鮑比特認為，這種論證可以增強個人權利，因為美國憲法精神在於限制政府權力、保障私領域權利，私領域即是政府權力控制範圍之外的選擇機會。傳統道德和道德哲學也與憲法解釋相關。例如，哈瑞‧H. 威靈頓（Harry H. Wellington）寫道，具體案例中的司法推理必定來源於社會道德原則和理念。這是我們關注傳統道德的原因，因為其中蘊涵着社會道德原則和理念。最高法院負責將傳統道德轉化成法律原則。另一方面，羅納德‧德沃金（Ronald Dworkin）支持建立在道德哲學和政治哲學基礎上而非傳統道德基礎上的憲法的“道德解讀”。在《自由的法律》一書中，他寫道：當代大多數憲法在宣稱對抗政府的個人權利時，都使用了非常寬泛且抽象的語言。道德解讀建議包括法官、律師和公民在內的所有人在解釋和應用這些抽象條款時，應當首先理解其中蘊涵的關於政治行為準則和正義的道德原則。有自己看法的人可以判斷如何才能很好地理解抽象的道德原則。道德解讀由此將政治道德植入憲法的核心。

　　此外，還有**目的的解釋方法**。文義解釋注重立法文本中的字面意義，目的解釋則試圖超越字面意義，發現法律想要達到的目的或目標，然後採用有助於實現目的的方式解釋條文。文義方法和目的方法都是用來確定和貫徹立法者意圖的：文義方法試圖從字裏行間探尋意圖；而目的方法採用一種更廣闊的視角，全面考察確定意圖所需的相關材料和因素。如果採納憲法解釋的目的方法，那麼相關憲法文本的目的又是甚麼？關於這種目的的論證又是怎樣的？我們需要回到上述討論的憲法論證形態。例如，文本形態建議我們通過閱讀相關條文和整部憲法來理解相關條文的目的。這種方法可稱為"目的文本主義"。目的文本主義尋求孤立字句或是整體文本所要達到的基本目標，然後根據這個目標來解釋字句或文件。同樣，也可以使用歷史的、學說的、謹慎的、結構的和倫理的論證形態來討論憲法條文背後的目的。憲法解釋的目的方法不可以理解成一種孤立的憲法論證形態，而應理解成上述六種憲法論證形態不可或缺的組成部分，尤其是在論證背離文本的平實字義，或者沒有可以用來解決問題的平實字義的時候。[43]

　　香港馮華健等律師認為，外國在憲法解釋方面有非常豐富的司法經驗和深入的學術研究，可以在解釋《基本法》時借鑒。其中一些有代表性的憲法解釋理論是：①字面解釋原則：指對憲法的條文，根據最普遍最常用的涵義進行解釋，而憲法中的用語則應賦予它們最自然、常用、普遍和公認的一般意義。②系統解釋：主張憲法解釋的對象不僅是個別的憲法條文，而是擴大到整個憲法規範的結構體系、憲法原則、功能以及相關的法律關係。這原則更強調在解釋憲法某一規定時，不能孤立地進行，而要把該規定放在整個憲

43　陳弘毅：〈普通法權限中的憲法解釋〉，載《學習與探索》，2007年第1期。

法中來解釋。從系統解釋原則派生出來的一些解釋憲法的具體指導原則有：在憲法的不同地方重複出現的詞或詞組應予同樣的理解；憲法不同部分之間的衝突，應通過解釋予以協調；以及憲法序言可以指導憲法解釋等等。③歷史解釋原則：認為憲法是一個社會契約，由立憲的一代訂立並對後代有約束力，而這個社會契約的內容和含義是以制定憲法時為準，故此憲法解釋者應該根據制憲的歷史資料、背景、條件來解釋條文的涵義。這原則着重立憲者的意圖。④利益分析原則：強調憲法不過是社會各種利益的結合體，因此，憲法中法律條文之間的衝突必然就是社會不同利益之間矛盾的反映，而憲法解釋的任務就是分析和平衡各種利益的矛盾，並加以合理地協調。[44]

　　沈宗靈教授指出，在美國也存在怎樣確定憲法規定的意義的問題：是根據制定憲法時的理解（及制定者的原意），還是根據現在解釋憲法時的知識、需要和經驗（也即法律的現行目的）？對這一問題的回答可分為兩派："歷史解釋派"和"現代解釋派"。前者的代表如南北戰爭前夕美國最高法院首席法官 R. 泰納（R. Taney），他在 1857 年的"德雷德斯科特訴桑福德案"（Dred Scott v. Sandford）的判決中聲稱，1787 年憲法講的公民並不包括黑人，黑人無權在聯邦法院中起訴。"如果認為任何憲法規定不公正，那麼憲法文件本身就規定了可加修改的方式；但在它未修改以前，現在就必須像憲法通過當時一樣來解釋。"後者如 1819 年最高法院首席法官約翰・馬歇爾（John Marshall）在"麥卡洛克訴馬里蘭州案"（McCulloch v. Maryland）時所說，美國憲法"將長期存在下去，因

44　馮華健、王鳴峰、黃慶康、尹平笑：〈基本法訴訟與司法審查〉，載許傳璽主編：《中國社會轉型時期的法律發展》，法律出版社，2004 年版，第 197-198 頁。

而它必須適應各種重大變遷"。現在美國法院一般傾向於現代解釋
論,但同時認為,這種解釋不應擴大到完全推翻憲法文本的精神,
而變成與它的原意相反的方面。[45]

　　普通法法系的法律解釋方法豐富而又複雜,唯其如此,外行人
無法理解和進入,筆者在此也只是一種學習。但《法律解釋》的作
者、英國法學家 / 法律家魯珀特・克羅斯承認,"法律解釋基本規
則的確切性質依然是個不解之謎","英國法律解釋規則應當如何系
統地闡述出來,對此,仍然像學生時代一樣茫然無知"。[46]

第三節　對香港終審法院在"居港權系列案"中應用的解釋方法的考察與分析

　　在有關"居港權系列案"的眾多著述中,有關法律技術或解釋
方法的評論很少,而在不多的有關法律技術或解釋方法的討論中,
"技術含量"也不夠高。由此說明,內地法學界(包括筆者在內)
的"法律技術"意識還有待提高。

一、技術分析本身需要技術:對兩位憲法學者分析的評價

　　王振民教授認為,在釋法的哲學和方法方面,香港法律界習慣
於從普通法的角度來理解《基本法》的條款。在普通法下,釋法的
一個重要方法是字面解釋,要求法官必須嚴格按照法律條款字面的
含義去解釋法律,即強調法律規則的"明顯含義",而民法(大陸)

45　沈宗靈前引書,第 231 頁。
46　[英]魯珀特・克羅斯前引書,序言。

法系的法官則傾向於"目的論"的解釋方法。儘管普通法下的釋法也要尋找立法原意，但是一般認為，最能體現立法原意的還是法律正式文本最終使用的詞句本身。至於制定這個條款的時候所討論過的其他說法或者用詞，因為最終並沒有寫入法律，因此這些立法文件並不能作為解釋法律的主要依據，有法律效力的還是法律條款本身，而不是立法時候所討論過的其他文件。無論 1999 年、2004 年還是 2005 年人大釋法，我們都看到普通法對法律的這種字面理解。而人大解釋《基本法》遵循大陸法系釋法的一般哲學和方法，即強調對法律條款原意的追求。這兩種法律解釋哲學顯然會導致不同的結果。

筆者認為，此種分析有失簡單化，而且既不符合普通法法系和民法法系的傳統，也不符合香港法院的解釋實踐。民法法系的解釋方法（本章第四節專門論述）並不排斥字面解釋，原義解釋也不是唯一的解釋方法，現在甚至不是主要的解釋方法。普通法法系絕不排斥"目的解釋"，特別是在憲法解釋中。香港終審法院所聲稱的正是所謂"目的解釋"。

焦洪昌教授認為，在居港權系列案件中，由於受英國普通法影響，香港法院在解釋法律過程中主要採用普通法的解釋方法。具體包括：①目的解釋。這種解釋方法是普通法院解釋法律的主要方法之一，在《基本法》的解釋上使用最多。例如，在"吳嘉玲案"中，法官在判斷待解釋的條文是否符合提請人大解釋的條件時說道："如果答案是一條'範圍之外的條款'，本法院必須將之提交'全國人大常委會'。如果最主要需要解釋的並非'範圍之外的條款'，便不需提交。在這情況下，即使一條'範圍之外的條款'可以爭辯地說成與'非範圍之外的條款'的解釋有關，甚至規限了'非範圍之外的條款'時，法院仍無須將問題提交'全國人大常委會'。這考慮原則落實了《基本法》第 158 條的兩項主要目的。"在論證其結論的合理性時,又說到"我等的結論符合《基本法》設立特區的目的,就是在'一國兩制'的原則下實行高度自治"。在"莊豐源案"的判決中,法官又明確提到:"參照第 24 條第 2 款第 1 項的目的及背景後,對此條款所作的解釋。"②文義解釋。在"張麗華案"中,法官在論述非婚生子女問題時說道:"第三類別所界定的是在第一和第二類別列明的'永久性居民……所生的……子女'。不論是婚生還是非婚生,這些都是該等居民所生的子女。非婚生子女與婚生子女兩者沒有分別,同樣是該等居民所生的。我等認為這就是該條文顯而易見的意思。"在"莊豐源案"中,在對《基本法》第 24 條第 2 款第 1 項進行解釋時,法官說道:"當永久性居民身份的資格是取決於有關人士的父母任何一方的身份時,條款便用'所生'這字眼來清楚說明。因此,第 24 條第 2 款第 3 項界定該類別人士為第 1、2 兩項所列居民在香港以外所生的中國籍子女。同樣,第 24 條第 2 款第 5 項界定該類別人士為在 1997 年 7 月 1 日'之前或之後第 4 項所列居民在香港所生的未滿 21 周歲的子女'。與此截然不同的是,第 24 條第 2 款第 1 項界定該類別人士時提及出生地點,即香港,而沒有文字訂明與父母有關的規定。這樣的差異實在重要。"③體系解釋。在"吳嘉玲案"中,法官在對《基本法》第 24 條解釋時說道:"我等在此要處理的是如何解釋一條界定永久性居民類別的條文。在解釋這條文時,必須考慮其背景,包括《基本法》內其他條文,其中第 39 條規定'國際人權公約'適用於香港的有關規定繼續有效。"在"莊豐源案"中,法官說道:"為協助解釋有關條款,法院會考慮《基本法》的內容,包括《基本法》內除有關條款外的其他條款及其序言。"

　　焦洪昌評論了全國人大常委會與香港法院解釋方法的差異：①全國人大常委會的解釋，從 1999 年對香港《基本法》的解釋來看，嚴格地說，只是使用了原義解釋的方法，敍述簡單。而香港法院則不同，在居港權系列案件中，法官以寬鬆的目的論方法為指導，綜合使用了文義解釋、目的解釋、體系解釋等多種方法。其論證嚴密，說理詳細。②全國人大常委會在釋法過程中，兩次提到立法原意一詞，主要採用原義解釋是基於這樣的理論預設：原義解釋是最具有權威性的，而最了解立法原意的莫過於立法者。在普通法傳統中，這一理論預設是不成立的。法官在解釋法律的過程中使用的是"限制性嚴格解釋"，立法者的意圖等等當然會被忽略。[47]

　　筆者以為，焦洪昌教授的分析正確地理解了全國人大常委會和香港終審法院的部分解釋方法，對"吳嘉玲案"中香港終審法院嫻熟的解釋技術與全國人大常委會粗糙的解釋技術進行了比較分析，對比王振民的分析有一定的技術含量。但從技術角度看，仍顯得簡單和粗糙。比如香港三級法院都用了"字義解釋"和"目的解釋"，何以會出現明顯分歧？終審法院在"莊豐源案"強調"字義解釋"而在"吳嘉玲案"則突出"目的解釋"，對此如何解釋？"目的解釋"與"立法意圖"是否必然對立？香港法院當然會"忽略""立法者意圖"嗎？如果"忽略""立法者意圖"，"目的解釋"中的"目的"從何而來？難道法院可以在解釋中自設"目的"嗎？如果此種理解成立，法院豈非由"司法者"變成了"立法者"？豈非成了"篡權者"？

　　由此說明，對釋法實踐進行技術分析，本身也需要技術意識和技術知識，面對注重法律技術的普通法法系的釋法實踐更是如此。

47　焦洪昌：〈香港基本法解釋衝突之原因分析——以居港權系列案件的討論為例〉，載《廣東社會科學》，2008 年第 3 期。

如果此種判斷成立，或許可以解釋當年東吳大學成功的原因之一就在於培養職業法律人——律師的職業技能——法律技術，而且獲得了國內外法律人的認同。進一步思考或許可以對 1957 年倪征燠教授的呼籲"救救比較法"[48]有更多的理解，對完全由民間組織、歷時近十年以及眾多東吳大學校友[49]自願而且低酬（甚至無酬）參與的《元照英美法詞典》[50]這一浩大的文化工程充滿敬意。

二、香港法院的自我陳述

要了解香港法院的解釋方法，最好的途徑是請"當事人"自我陳述。香港終審法院在"吳嘉玲案"和"莊豐源案"判決書中，都對解釋方法有直接且明確的說明。

（一）"吳嘉玲案"中的解釋方法

香港終審法院在判決書中專門討論了解釋方法：我等必須認識及了解這份文件的特性。《基本法》是為貫徹獨一無二的"一國兩制"原則而制定的憲法性文件，具有不可輕易修改的地位。制定憲法性文件時，一般都會採用涵義廣泛和概括性的語言。憲法是一份具有靈活性的文件，旨在配合時代轉變和適應環境的需要。解釋《基本法》這樣的憲法時，法院均會採用考慮立法目的這種取向，而這方法亦已被廣泛接納。法院之所以有必要以這種取向來解釋憲法，是因為憲法只陳述一般原則及表明目的，而不會流於講究細節和界定詞義，故必然有不詳盡及含糊不清之處。在解決這些疑難

48　轉引自潘漢典：〈比較法在中國：回顧與展望〉，載《比較法研究》，1990 年第 2 期。

49　僅從該書"序言"和"緣起"來看，作序的聯合國國際法院前法官倪征燠、美國聖瑪麗大學教授姚啟型、上海社會科學院教授盧峻、香港最高法院前首席大法官（英格蘭出庭律師）楊鐵樑以及該書總審訂、"緣起"作者潘漢典教授都是東吳大學校友。見薛波主編：《元照英美法詞典》，潘漢典總審訂，法律出版社，2003 年版，第 D7-D17 頁。

50　薛波主編：《元照英美法詞典》，潘漢典總審訂，法律出版社，2003 年版。

時，法院必須根據憲法本身及憲法以外的其他有關資料，確定憲法所宣示的原則及目的，並把這些原則和目的加以貫徹落實。因此，在確定文件的真正含義時，法院必須考慮文件的目的和有關條款，同時也須按文件的背景來考慮文本的字句，而文件的背景對解釋憲法性文件尤為重要。

關於目的方面，制定《基本法》的目的是按照《中英聯合聲明》所闡述及具體說明的中國對香港的基本方針政策，在"一國兩制"的原則下成立與中華人民共和國不可分離的香港特別行政區，並實行高度自治。在確定《基本法》某項條款的目的時，法院可考慮該條款的性質，或《基本法》的其他條款，或參照包括《中英聯合聲明》在內的其他有關外來資料。

有關文本所使用的字句，法院必須避免採用只從字面上的意義，或從技術層面，或狹義的角度，或以生搬硬套的處理方法詮釋文意。法院必須考慮文本的背景。《基本法》某項條款的文意可從《基本法》本身及包括《中英聯合聲明》在內的其他有關外來資料中找到。法院也可借用語傳統及文字慣用法去了解所用的文字的意思。

《基本法》第三章一開始便界定包括永久性居民及非永久性居民在內的香港居民類別的定義，接着訂明香港居民的權利和義務，其中包括永久性居民享有居留權。界定了香港居民類別的定義後，《基本法》第三章接着列明受憲法保障的各項自由；這些自由是"兩制"中香港制度的重心所在。為了令香港居民充分享有上述憲法所保障的各項基本權利及自由，法院在解釋第三章內有關那些受保障的權利及自由的條文時，應該採納寬鬆的解釋。

然而，法院在解釋有關界定香港居民定義的條款，特別是關於永久性居民類別的條款時（有別於解釋該等居民的權利自由等憲法保障），則只應參照任何可確定的目的及背景來考慮這些條款的字句。背景包括《基本法》的其他條款。適用於香港並根據第 39 條繼續有效的《公民權利和政治權利國際公約》（"國際人權公約"）的有關條文，以及任何從該公約歸納出來的有關原則，尤其有助於解釋這些條款的字句。

上文所列關於在解釋《基本法》時法院所應採納的原則，實非詳盡無遺，亦不可能一一盡列。憲法文件的詮釋跟其他文件的詮釋一樣，主要是針對具體問題。一旦出現詮釋問題時，法院便會處理這些問題所帶來的疑難，並在有需要時訂立一些原則加以解決。[51]

（二）"莊豐源案" 的解釋方法

香港終審法院在談到有關解釋《基本法》的處理方法時指出：我等要考慮的是，香港法院在《基本法》釋義的問題上，應採取何種處理方法。須考慮的問題如下：①普通法是否適用；②全國人大常委會所作解釋的效力；③普通法對法律釋義的處理方法。

1. **普通法是否適用**。代表特區政府的處長立場非常清晰。其立場是本院如同下屬法院一樣，在解釋《基本法》時，必須引用在香港發展的普通法，這符合《基本法》所維護的"一國兩制"原則。答辯人持相同的立場。處長並沒有主張香港法院在解釋《基本法》時，應引用內地制度的原則。該制度有別於香港以普通法為基礎的制度。在該制度下，常委會的立法解釋可以闡明或補充法律。

與訟雙方的共同立場是香港法院在行使其獲授予的解釋權時，必須引用普通法，這是符合《基本法》中有關普通法可在香港特區

---

51 香港特區終審法院：〈"吳嘉玲案" 終審判決書〉（Ng Ka-Ling and others v. Director of Immigration），FACV14/1998、FACV15/1998、FACV16/1998，載 "香港特區司法機構網站"（http://www.judiciary.gov.hk），瀏覽時間：2011 年 3 月 12 日。

延續的規定（見第 8 條及第 18 條第 1 款）。《基本法》也規定香港特區法院依照適用於特區的法律包括普通法審判案件，其他普通法適用地區的司法判例可作參考（見第 19 條第 1 款、第 84 條及第 87 條第 1 款）。

2. **全國人大常委會所作解釋的效力。**若全國人大常委會依據《憲法》第 67 條第 4 項及《基本法》第 158 條所授的權力對《基本法》作出解釋，香港法院便有責任依循。

3. **普通法對法律釋義的處理方法。**香港法院根據《基本法》行使獨立司法權。香港特區法院行使獨立司法權時的其中一項基本職能是解釋法律，其中包括《基本法》，但此項職能受制於第 158 條第 3 款對本院就"範圍之外的條款"行使管轄權的規限，以及受全國人大常委會根據第 158 條而作出的解釋的約束。除受上述事宜規限外，解釋法律便屬法院的事務，此乃特區法院獲授予獨立司法權的必然結果。這項由三權分立論產生出來的原則乃普通法的基本原則，並藉《基本法》在香港繼續保存下來。

法院根據普通法解釋《基本法》時的任務是詮釋法律文本所用的字句，以確定這些字句所表達的立法原意。法院的工作並非僅是確定立法者的原意。法院的職責是要確定所用字句的含義，並使這些字句所表達的立法原意得以落實。法例的文本才是法律。法律既應明確，又應為市民所能確定，這是大眾認為重要的。

法院不會把有關條款的字句獨立考慮，而會參照條款的背景及目的（見"吳嘉玲案"）。法律釋義這項工作需要法院找出有關條款所用字句的含義，而在這過程中需要考慮該條款的背景及目的。這是一種客觀的探究過程。法院必須避免只從字面上的意義，或從技術層面，或狹義的角度，或以生搬硬套的處理方法詮釋文字的含義，也不能賦予其所不能包含的意思。正如法院在關於解釋憲法的

"民政事務總署訴費舍爾"（Minister of Home Affairs v. Fisher）一案中指出"對所用字句，以及賦予這些字句含義的用語傳統及慣用方法必須加以尊重。"

正如本院在吳嘉玲一案裁定，法院在解釋第三章內有關那些為"兩制"中香港制度的重心所在，並受憲法保障的自由的條款時，應該採納寬鬆的解釋。然而，法院在解釋有關界定永久性居民類別的條款時，則只應參照任何可確定的目的及背景來考慮這些條款的字句。

為協助解釋有關條款，法院會考慮《基本法》的內容，包括《基本法》內除有關條款外的其他條款及其序言。這些均屬有助於解釋的內在資料。

有助於了解《基本法》或《基本法》某些條款的背景或目的的外來資料，一般均可用來協助解釋《基本法》。這些可供考慮的外來資料，包括《中英聯合聲明》以及於 1990 年 4 月 4 日通過《基本法》之前不久，即於 1990 年 3 月 28 日提交全國人大審議的《關於基本法（草稿）的解釋》。審議上述解釋時以及簽署《中英聯合聲明》時，本地法例的狀況很多時也會用作為解釋《基本法》的輔助資料。雖然《基本法》於 1997 年 7 月 1 日才實施，但由於《基本法》的背景及目的是在 1990 年制定《基本法》時確立，故一般來說，與解釋《基本法》相關的外來資料是制定前資料，即制定《基本法》之前或同時期存在的資料。

就本案而言，除了與背景及目的有關的制定前資料外，本院無須在此探究其他外來資料會有甚麼幫助（即使有的話）；特別是制定後資料能否給予協助的問題。就本案而言，本院只須說明：在常委會沒有作出具約束力的解釋，而法院必須按照普通法處理法律釋義的情況下，若法院在借助內在資料及適當的外來資料去確定有關

條款的背景及目的，並參照該背景及目的後作出詮釋，斷定文字的
含義清晰，則外來資料，不論其性質，也不論其屬制定前或制定後
資料，均不能對解釋產生影響。含義清晰即所用文字沒有歧義，就
是在合理情況下不能得出另一對立的解釋。

法院參照了有關條款的背景及目的來詮釋文本字句，一旦斷定
文本字句確是含義清晰後，便須落實這些字句的清晰含義。法院不
會基於任何外來資料而偏離這些字句的清晰含義，賦予其所不能包
含的意思。

如法院需考慮採用外來資料，而這些資料並不是與背景及目的
有關的制定前資料，法院便應依循普通法原則審慎處理有關事宜。
一般而言，普通法的處理方法是不會把所有外來資料先收入考慮之
列，然後再衡量資料的分量。法院應要求考慮制定後資料時尤須審
慎。這是因為如前所述，在包括三權分立的普通法制度下，法例一
經制定，解釋法律便屬法院的事務。解釋《基本法》亦然。不過，
如前所述，法院在這方面的權力是受制於第 158 條第 3 款對本院就
"範圍之外的條款" 行使管轄權的規限，以及受常委會根據第 158
條作出的解釋的約束。[52]

（三）對終審法院解釋方法的解讀[53]

以筆者對香港終審法院兩份判決書中解釋方法的理解，似乎可
以得出如下幾點看法：

52　前引網站，香港特區終審法院：〈"莊豐源案" 判決書〉（Chong Fung-yuen v. The Director of Immigration），FACV26/2000，瀏覽時間：2011 年 3 月 23 日。

53　秦前紅、黃明濤近期發表了數篇對終審法院解釋技術的解讀文章：〈文本、目的和語境──香港終審法院解釋方法的連貫性與靈活性〉，載《現代法學》，2011 年第 1 期；〈對香港終審法院就 "剛果金案" 提請人大釋法的看法〉，載《法學》，2011 年第 8 期；〈普通法判決意見規則視閾下的人大釋法制度──從香港 "莊豐源案" 談起〉，載《法商研究》，2012 年第 1 期。── 補註於 2015 年 1 月。

1. **寬鬆目的論解釋**。考慮到憲法（香港終審法院把《基本法》理解為憲法）解釋的特殊性，應採用寬鬆的目的論解釋。憲法有如正在生長的樹，有一個成長的歷程；憲法的解釋應有一定的靈活性，以適應轉變中的社會環境。[54] 正如陳弘毅所細緻考察的，終審法院的這種解釋方法與回歸前香港法院的解釋方法具有一致性，如 1991 年香港上訴法院判決的"律政司訴丘達昌案"（Attorney General v. Chiu Tat-cheong）和"王國政府訴冼友明案"（R v. Sin Yau-ming），而此種解釋方法又源自英國樞密院的有關判例，如"岡比亞檢察長訴喬布案"（Attorney General of the Gambia v. Jobe）、"民政事務總署訴費舍爾案"，等等。樞密院的上述判例在 1997 年後仍然經常被引用。[55]

2. **字義解釋**。通常情況下，字義解釋仍然是普通法法院的首選方法，"一旦斷定文本字句確是含義清晰後，便須落實這些字句的清晰含義。法院不會基於任何外來資料而偏離這些字句的清晰含義，賦予其所不能包含的意思"。文本主義以"當代普通百姓所理解的憲法字面意思"為優先考慮。這與普通制定法結構中的字面原則是一致的，字面原則強調立法文本中語言要平實易懂。

3. **結構的解釋方法（結構主義）**。"為協助解釋有關條款，法院會考慮《基本法》的內容，包括《基本法》內除有關條款外的其他條款及其序言。這些均屬有助於解釋的內在資料。"這種方法可理解為結構主義而且明顯傾向於其中的文本結構主義。這種類型試圖根據文本全文解釋其中每一條文，特定條款被視為尋求內部和諧一致的一個組成部分。

54　陳弘毅：《法理學的世界》，中國政法大學出版社，2003 年版，第 348 頁。
55　陳弘毅前引書，第 346-356 頁。

　　4. 歷史原義解釋。"須按文件的背景來考慮文本的字句，而文件的背景對解釋憲法性文件尤為重要"，"有助於了解《基本法》或《基本法》某些條款的背景或目的的外來資料，一般均可用來協助解釋《基本法》"。終審法院關注外來資料可視為是一種歷史原義解釋。憲法論證的歷史形態主張採用憲法文本通過時的意義，以及制定者和批准者的意圖。[56] 由此可見，香港終審法院並不排斥原義解釋，只是重視程度不如民法法系而已。

三、解釋衝突源自內部分歧還是外部分歧：一種過程的考察

　　很多論者在討論"吳嘉玲案"時，簡單地認為是全國人大常委會和香港終審法院的解釋衝突導致了此次"憲政危機"，此種判斷遮蔽了衝突的過程。筆者嘗試從訴訟過程考察解釋衝突，一方面説明分歧主要來自內部，另一方面説明解釋方法在其中的作用有限。

　　在《基本法》於 1997 年 7 月 1 日生效以前，香港永久性居民在中國內地出生的子女並不享有赴香港定居的法定權利（雖然他們可以根據每天准許 150 名內地人士移居香港的配額，申請"排隊"前來香港定居）。《基本法》第 24 條第 3 款卻明文規定，這些港人在中國內地的子女是香港特別行政區永久性居民，在香港特別行政區享有居留權。香港是否有能力和應該接受港人在內地的子女或後裔，這是個道德和社會政策的問題。這些人是否有權移居香港，則是個法律問題。

　　問題的癥結在於對《基本法》中兩個條文的解釋。首先是第 24 條，這條規定的是"香港特別行政區永久性居民"的定義及符合此定義的人在香港的居留權。其次是第 22 條第 4 款，對"中國其他

56　陳弘毅：〈普通法權限中的憲法解釋〉，載《學習與探索》，2007 年第 1 期。

地區的人"進入香港的手續作出了規定。

（一）"張麗華案"[57]

張麗華是內地出生的中國籍人士，在 1989 年出生時，她父親已是在香港通常居住連續 7 年以上的中國公民，並於 1967 年到港。她不是父母所婚生的，其母親在她出生後的第 2 天便不幸去世。1994 年 12 月，張麗華持雙程證到港。1995 年 1 月，她的雙程證有效期屆滿，之後一直逾期居留。1997 年 7 月 15 日，她向入境處報到，並堅稱根據《基本法》第 24 條第 2 款第 3 項擁有居留權。但她的權利未獲入境處處長承認。因為根據香港特區《入境條例》，不承認生父與其非婚生子女的關係，故香港男性居民在內地的非婚生子女無權到港定居。

香港高等法院原訴法庭、上訴法庭和香港終審法院的三個判決是一致的，都裁定《入境條例》的相關規定違反《基本法》第 24 條，因為《基本法》第 24 條並沒有就有關子女的身份（即其是婚生子女或非婚生子女）作出區分或歧視。雖然相關規定在制定時曾獲根據《中英聯合聲明》成立的中英聯合聯絡小組的認可，但法院認為這無濟於事。對此判決，香港特區政府完全接受了，並對相關條款進行了修改。

（二）"陳錦雅案"[58]

本案要處理的問題是，子女是否不但可憑藉其父或母在其出生前，甚至也可憑藉其父或母在其出生後，取得屬《基本法》第 24

57　前引網站，入境事務處處長訴張麗華（中文判決書），FACV16/1998，瀏覽時間：2011 年 3 月 12 日。

58　前引網站，香港特區終審法院：〈"陳錦雅案"判決書〉（Chan Kam Nga and others v. Director of Immigration），FACV 13/1998，瀏覽時間：2011 年 3 月 12 日。

條類別 2 所指的香港永久性居民身份而成為該條所指的類別 3 的香港永久性居民。以下的關鍵性事實均為 81 名上訴人的共通之處：①他們全部為中國籍人士；②他們均在香港以外（內地）出生；③他們的父親均憑藉類別 2 成為香港永久性居民，即身為中國公民並已在香港通常居住連續 7 年以上；④全部上訴人的父親或母親都是在上訴人出生後才成為香港永久性居民。

香港特區《入境條例》規定，港人在香港以外所生的中國籍子女，其出生時其父或母必須已取得香港永久性居民身份，否則該名子女不具香港永久性居民身份。《入境條例》的規定有中英聯合聯絡小組和特區籌委會的相關文件支持。

香港高等法院原訴法庭認為 "規定" 違憲。上訴法庭三位法官則都認為 "規定" 所體現的正是《基本法》第 24 條的正確解釋。他們指出，香港永久性居民 "在香港以外所生的中國籍子女" 這句話中 "所生" 二字把焦點放在了子女出生的時間，所以除非某人在出生時其父或母已具有香港永久性居民身份，否則此人不能滿足第 24 條的要求。第 24 條的用意是賦予各類與香港有真實聯繫的人在港的居留權，而如果一個非香港永久性居民在香港以外生了孩子，難以見得這個孩子與香港有甚麼聯繫。因此他們認為 "規定" 合憲。

終審法院推翻了上訴法庭的判決。他們認為，香港永久性居民 "在香港以外所生的中國籍子女" 這句話很明顯地包括現時的香港永久性居民的所有子女，如果後者是中國籍和在香港以外所生的話。他們並認為這種有助於家庭團聚的解釋也符合《公民權利和政治權利國際公約》中保護家庭的原則。

由此可見，此案不僅表現了香港特區政府和立法會與法院的分歧，同時也反映了法院內部的分歧。

（三）"吳嘉玲案"[59]

本案的當事人為內地出生的中國籍人士。該人的父或母為香港永久性居民。1994年7月，吳嘉玲持雙程證來港，逾期居留。當事人堅稱他們根據《基本法》第24條第3款擁有居留權。入境事務處處長不承認上訴人的權利，並將他們拘捕。處長的立場為上訴人受《1997年入境（修訂）（第3號）條例》引進的計劃所限制，而根據該計劃，即使某名大陸居民因其為港人子女而根據《基本法》第24條享有香港永久性居民身份，他仍須先取得大陸公安機關簽發的"單程通行證"和香港入境事務處簽發的"居留權證明書"才能來港定居，否則可被遣返。

此案的焦點在於如何理解《基本法》第22條第4款："中國其他地區的人進入香港特別行政區須辦理批准手續，其中進入香港特別行政區定居的人數由中央人民政府主管部門徵求香港特別行政區政府的意見後確定。"問題的關鍵是：根據《基本法》第24條因其父母是香港永久性居民而取得香港永久性居民身份的大陸居民，是否包含在"中國其他地區的人"範圍內。

香港高等法院原訴法庭和上訴法庭均給予這個問題以肯定的答覆。他們認為，無論從字面上或從立法目的上去解釋，第22條第4款應理解為適用於港人在大陸所生的、身為大陸居民的子女，而這個理解符合《中英聯合聲明》的有關條文。他們還認為，第24條和22條是相關的，第24條所賦予的居留權可以受到第22條的規限。

終審法院有相反的理解。首先，第24條所賦予的香港特區永

59　前引網站，香港特區終審法院：〈"吳嘉玲案"判決書〉（Ng Ka-Ling and others v. Director of Immigration），FACV14/1998，瀏覽時間：2011年3月12日。

久性居民的居留權是一項"核心權利"，法院有責任盡量予以維護。其次，《基本法》第 22 條第 4 款不應理解為對香港特別行政區自治權的減損。最後，"第 22 條第 4 款內所指的'中國其他地區的人'包括進入特區定居的人，但不包括《基本法》已賦予其在特區擁有居留權的特區永久性居民。按對言詞的一般理解，根據《基本法》而擁有永久性居民身份的人士不能稱之為'中國其他地區的人'。他們是中國特區（香港）的永久性居民。將他們形容為是為了定居而進入特區的人也是不正確的。他們進入特區並非為了定居。他們本身為永久性居民，擁有進入特區及在特區隨意逗留的權利。"

　　上述考察說明，對《基本法》的有關條文，不但香港特區政府和立法會與法院之間有不同的理解，而且香港特區高等法院原訴法庭、上訴法庭和香港終審法院之間也有不同的理解。在"張麗華案"中，特區政府接受了終審法院的判決，中央對此並未表態。在"陳錦雅案"和"吳嘉玲案"中，特區政府尊重但不接受終審法院的判決，而且在"'民意戰'中佔了上風，並取得了立法會多數議員的支持"[60]後提請中央協助解決。全國人大常委會的解釋並無新意，不過是採納了香港高等法院上訴法庭的解釋。[61]因此，該解釋並非中央政府對香港特別行政區的自治權的干涉，宜理解為香港終審法院與特別行政區政府行政、立法部門之間的意見衝突。[62]

四、終審法院是技術"錯誤"還是判斷"失誤"？

　　陳弘毅認為，香港終審法院在"吳嘉玲案"中應用第 158 條第 3 款時，犯了技術上的錯誤。

60　陳弘毅前引書，第 371 頁。
61　陳弘毅前引書，第 372 頁。
62　陳弘毅前引書，第 324 頁。

就"吳嘉玲案"而言,毫無疑問,上訴人符合《基本法》第24條中香港永久性居民的定義。唯一的問題是,他們作為香港永久性居民的居留權和入境權可能受到"單程證"/"居留權證明書"等法律上的限制。將"無可爭議的辦法"(Undisputable Approach)[63] 適用於本案很簡單。首先,法院應該指出該案中哪些條款需要解釋(以及哪些條款看起來符合另一個相關的條件 —— 這些條款的解釋將"影響到案件的判決"),並列出這些條款的清單,或表述為,哪些條款是有關《基本法》條款:如果案件最終判決時,法院對這些條款的解釋將成為案件判決理由的關鍵部分,或案件的結果取決於這些條款的解釋,這一步也就是終審判決書所稱的"必要條件"。其次,法院應該決定所設條款是否是除外條款。如果任何一條是,則法院應該提請解釋,這也就是判決書中的"分類條件"。

在第一階段("必要條件"),我們發現為了裁決這些案件必須解釋《基本法》第22條。有關入境管制計劃的有效性取決於對《基本法》第22條第4款的某種解釋(也就是說,該條款也適用於某些香港永久性居民,如果他們原來是內地居民)。《基本法》第22條不僅僅是對本案的判決"可爭議地相關"(判決書用語),而是"明顯"相關、"重要"相關、"決定性"相關或"絕對"相關。第24條是否有必要解釋,作者與終審法院也有不同看法。此後,可以進入第二階段,如何對待解釋的《基本法》第22條和第24條進行分類(分類條件)。第22條應該劃分為除外條款。因此,終審法院負有憲法性義務(同時也是《基本法》的強制要求)將《基本法》第

---

63 陳弘毅:〈終審法院"無證兒童"案的判決:對適用《基本法》第158條的質疑〉,載佳日思、陳文敏、傅華伶主編:《居港權引發的憲法爭論》,香港大學出版社,2000年版,第115-121頁。文中作者對"無可爭議"的方法有詳盡的討論。

22 條提交全國人大常委會解釋。[64]

　　終審法院認為第 24 條屬自治條款，並願意接受第 22 條第 4 款是內地和香港關係條款的論點。但終審法院決定無須提請全國人大常委會對第 22 條第 4 款進行解釋，理由是從本案的 "實質內容" 來看，法院在本案中解釋的 "主要條款" 並非第 22 條第 4 款，而是第 24 條，後者是自治條款。法院認為如果把第 22 條第 4 款提交給人大解釋，又鑒於該條的解釋可能影響到第 24 條的解釋，那麼香港法院自行解釋自治條款的自治權便會受到虧損。

　　終審法院自己創立的 "主要條款" 概念在第 158 條的文字裏不能找到任何依據。就目的論的方法而言，特區的自治並不是《基本法》的唯一目的。《基本法》的另一個根本目的是勾畫自治的範圍和界限，以及使中央政府能行使監督權以確保自治權的行使沒有超出自治的界限。自治界限問題便構成中央政府與特區關係的核心。可以得出的結論是：終審法院把 "主要條款" 標準引入《基本法》第158 條，不但從法律解釋的目的論方法中得不到支持，也可能違背了《基本法》第 158 條的真正目的。該條款的真正目的是使全國人大常委會（經諮詢基本法委員會後）能夠對《基本法》的除外條款（涉及中央與特區關係或中央管理事務的條款）行使最終的解釋權。[65]

　　因此，第 158 條第 3 款的正確應用，便是由終審法院在作出其判決之前，先把第 22 條第 4 款提交全國人大常委會進行解釋。終審法院沒有這樣做，便是技術上的犯錯。

　　筆者認為，陳弘毅教授的考察和分析是細緻和專業的，理由是充分的，批評能夠成立。

64　陳弘毅前引文〈終審法院 "無證兒童" 案的判決：對適用《基本法》第 158 條的質疑〉，第122-124 頁。
65　陳弘毅前引文，第 134-138 頁。

進一步的問題是，終審法院為何會犯技術錯誤？

特區政府入境處代理人馬道立大律師認為，《基本法》第22條第4款和第24條兩個條款之間存在着規範關係：當法院在解釋X條款時（以本案來說，即《基本法》第24條），而該條款屬關於特區自治範圍內的條款，因而並非"範圍之外的條款"，但法院發覺屬關於範圍之外的Y條款（以本案來說，即第22條第4款）是否與解釋X條款有關是一個可爭論的問題，則在這情況下，法院應根據第158條，將這條款提交全國人大常委會。[66] 按照這種"關係論"，特區終審法院審理"範圍之內條款"，如果在規範上涉及"範圍之外條款"，應提請人大釋法。而被上訴人代理人張建利大律師認為，法院審理案件時最主要需要解釋的是哪條條款？如果答案是一條"範圍之外的條款"，本法院必須將之提交"全國人大常委會"。如果最主要需要解釋的並非"範圍之外的條款"，便不需提交。在這情況下，即使一條"範圍之外的條款"可以爭辯地說成與"非範圍之外的條款"的解釋有關，甚至規限了"非範圍之外的條款"時，法院仍無須將問題提交"全國人大常委會"。[67]

終審法院採納了張建利大律師的觀點。他們認為根據《憲法》、《基本法》和《中英聯合聲明》確立的憲制架構，《基本法》第158條的立法目的是賦予香港法院獨立的終審權，從而體現香港的"高度自治"。由此，它賦予了香港法院對於"自治範圍內"的條款"自行解釋"的權力，即無須提請人大釋法，對於涉及"範圍之外"的條款，法院在評估認為不滿足"有需要條件"時，也無須提起釋法。在本案中，終審法院認為主要解釋的是第24條，因此就不需

66　前引網站，FACV 14//1998，瀏覽時間：2011年3月12日。
67　前引網站，FACV 14//1998，瀏覽時間：2011年3月12日。

要提請人大釋法，否則"這樣的提交，會收回了本法院對解釋《基本法》中關於屬特區自治範圍內的條款的司法管轄權。我等認為這樣做會嚴重削弱特區的自治，而且是不對的"。

強世功對此評論道，終審法院在作出這個解釋時，實際上對第22條第4款中"中國其他地區的人"作了字面意思的狹義解釋，即這些人不包括香港永久性居民。這意味着中央政府只能管理中國內地的其他居民進入香港定居的問題，而不能管理屬於中國籍又屬於香港永久性居民的人進入香港定居的問題。為了進一步說明這個問題，終審法院採用文本解釋和目的解釋的方法，認為《基本法》設立特區的目的，就是在"一國兩制"的原則下實行高度自治。批准在國內的非特區永久性居民的人士進入特區，及決定進入特區定居者的人數，都是內地機關的責任。特區政府在不同的制度下行使高度自治，並有責任去接收根據憲法擁有居留權的永久性居民。我等認為，第22條第4款並沒有容許特區的自治權受到削弱。[68]

終審法院的整個法律推理一方面按照目的解釋的方法，強調《基本法》的目的在於確保香港高度自治和終審法院自行解釋《基本法》的權力；另一方面按照字面解釋的方法，將第22條第4款中所說的"中國其他地區的人"解釋為"在國內的非特區永久性居民的人士"，從而主張本案不涉及"範圍之外條款"，更無須提請人大釋法。然而悖謬的是，終審法院得出這一結論的前提，恰恰是對第22條第4款這個"範圍之外條款"自行作出了解釋。按照終審法院的這個法律解釋邏輯，任何案件涉及"範圍之外條款"都可以被終審法院解釋之後，認為案件與該條款無關，而無須向全國人大常委會提請釋法。這無疑將整部《基本法》的解釋權置於特區法院

68　前引網站，FACV 14//1998，瀏覽時間：2011 年 3 月 12 日。

之手。因此，全國人大常委會被迫根據《基本法》第 158 條第 1 款的規定，自行解釋《基本法》。[69]

李曉新認為，在香港的三級法院的法律解釋中，都同時採用了文義解釋的實證方式與目的解釋相結合的方法。但終審法院立場及理由存在諸多錯誤，導致其作出了錯誤的判決。具體為：①邏輯方法上的錯誤；②不適當地擴大了終審法院的解釋權；③片面地理解立法目的。[70] 筆者認為，第一項可以認為是技術錯誤，但後兩項與其說是技術 "錯誤"，不如說是判斷 "失誤"：意在擴大終審法院的管轄權並使全國人大常委會的解釋權 "虛置"。

第四節　民法法系的解釋方法

對法律解釋在實施法律過程中的重要性，以及誰有權解釋法律等問題的認識，在民法法系的歷史上經歷了一個演變的過程。

一、古羅馬的法律解釋

法學家在民法法系中居於極其重要的地位，這種地位自古羅馬以來相沿不改。在古羅馬，法學家雖然沒有立法權威或司法權，但因其精通法律要義而被人們尊崇。法學家對法律問題的 "解答"，即對羅馬成文法的解釋，一直具有很強的說服力，並從公元二世紀時開始具有法律約束力。

69　強世功：〈文本、結構與立法原意 —— 人大釋法的法律技藝〉，載《中國社會科學》，2007年第 5 期。
70　董茂雲、杜筠翊、李曉新：《香港特別行政區法院研究》，商務印書館，2010 年版，第260-262 頁。

奧古斯都（Augustus）登台後，授予某些有名望的法學家以"公開解答權"，使他們的法律解釋具有一定的法律效力。獲得公開解答權的法學家，對羣眾和下級官吏公開解答的法律問題，採用書面形式，並加蓋私章表示負責。他們的解答，僅對有關案件有約束力，法官辦案時應加以採用。在理論上，所作解答對其他同類案件，法官並沒有遵循的義務，但由於解答者對法學有較高的造詣，又出於皇帝的授權，因而具有較高的權威性，故實際上對其他案件也多被引用。[71]

公元 426 年，東羅馬皇帝狄奧多西二世（Theodosius II）和西羅馬皇帝瓦倫提尼三世（Valentinian III）發佈了《引證法》（*Law of Citation*），規定權威性的法律解答權僅限於五大法學家：即伯比尼安（Papinian）、保羅（Paul）、莫特斯蒂努斯（Modestianus）、烏爾比安（Ulpian）和蓋尤斯（Gaius）。《引證法》還規定，此五人意見有衝突時，以多數意見為準，如不同意見人數相等，則以伯比尼安的為準。如在這一問題上伯比尼安沒有表示過意見，適用法律者可自行決定。[72] 查士丁尼（Justinian）的《學說彙纂》採用五人的意見有 6,017 條，佔了全書內容的 66% 以上。[73]

古羅馬法律解釋分為法律解釋和學理解釋，後者也具有一定的法律效力。

1. **法律解釋**。亦稱有權解釋或強制解釋。即由軍伍大會等立法機關以成文法解釋早已頒佈的成文法；或由大法官以諭令解釋成文法或習慣法。前者叫立法解釋，後者叫司法解釋。

2. **學理解釋**。即依據理論和邏輯對法律所作的解釋。按解釋

71　周楠：《羅馬法原論》(上)，商務印書館，2004 年版，第 59 頁。
72　沈宗靈前引書，第 65-66 頁。
73　周楠著前引書，第 62 頁。

的方法，可分為文義解釋和論理解釋兩種。

（1）文義解釋。即根據法律的文字確定法律的涵義。法律的文字是立法者表達意志的符號，要了解他們的意旨，首先當然是從文字上入手。《十二表法》公佈後，法學家一度從極端形式主義的觀點出發對律文進行文字解釋，咬文嚼字，達到了可笑的地步。蓋尤斯舉例，《十二表法》第八表第 11 條規定，不法砍伐他人樹木的人，每棵處 25 阿司的罰金，當時有的人的葡萄蔓被人砍了，告到法官那裏，他一定要說樹木（arbores）被砍，如果說葡萄蔓（vites）被砍，那他肯定要敗訴。一般說來，對新公佈的法律，人們多偏重文義解釋。因為：其一，新法律剛公佈時，與當時的社會情況比較吻合；其二，統治者要樹立新法的權威，如果法律剛公佈就離開文義進行解釋，必然會影響新法的威信。但對施行年代已久，並與現實有較大脫節的法律，人們往往偏離文義解釋，以求加以變通。

（2）論理解釋。即不拘泥條文的文句，而從理論上闡明法律的涵義，也就是從立法的精神和立法的目的來判斷立法者的意思，使法律能更好地為經濟基礎服務，更好地維護統治階級的利益。羅馬法昌明時期的一個重要標誌，就是法律解釋由文義解釋進步到論理解釋，大大促進了羅馬法的發展。《學說彙纂》引用了 P. J. 塞爾蘇斯（P. J. Celsus）的話說："羅馬法學昌明時期，解釋法律，不拘泥於文字，而按法律的精神為之。"如《十二表法》第七表第 10 條規定："樹上的果實落於鄰地時，得入鄰地拾取之。"假定大風把樹枝吹斷了，落入鄰地，樹枝上並無果實，按照論理解釋，比照可以入鄰地拾取果實的例子，樹木所有人當然可以到鄰地去取。假定雞或兔子跑到鄰地去了，雞、兔子不是果實而是動物，按照論理解釋，雞、兔子的所有人也可以取回。

共和國時期，羅馬大法官有權解釋法律，補充法律，甚至根據
"公平、正義"的原則修改法律，以適應時代的需要。這也就是對
法律進行論理解釋。查士丁尼在完成了法典編纂工作後，曾認為法
典已完美無缺，可以永垂千秋，並明令禁止對其進行註釋和評論，
當然更談不上加以修改補充了，可是禁而不止，事實給他以否定的
答覆。[74]

二、中世紀的法律解釋

西歐十一世紀末到十五世紀，隨着資本主義經濟的萌芽和發
展，而產生了一支與神學法學相對抗的新的法律思想派別——註
釋法學派。該派以研究羅馬法為中心，並以意大利博洛尼亞為發源
地，因而又稱意大利法學派或博洛尼亞法學派。從十一世紀末，西
歐各國以意大利為中心，開始對羅馬法廣泛研究，因為羅馬法的使
用不僅有利於以王權為代表的中央集權制的建立和加強，而且也為
商品生產的各種法律關係，提供了極為詳盡的規定。當時這種廣泛
研究，意味着法學正從神學中分離出來。與此相適應，一個獨立
的、世俗的法學家階層逐步形成。他們主要代表新興市民等級的利
益，與代表封建制度的神學或教會法學家相對立。

註釋法學派的出現和發展，同西歐近代大學的興起也有密切聯
繫。意大利博洛尼亞大學是近代歐洲第一所大學，它主要就是從研
究羅馬法開始的，並長期成為傳播羅馬法的基地。西歐其他國家和
意大利其他地區都有學者到博洛尼亞學習羅馬法。十二世紀中葉，
在該校研究法律的學生有一萬多人。該校創始人就是前期註釋法學
派奠基人伊爾內留斯（Irnerius, 約 1055-1125）。繼博洛尼亞大學後

74　周楠前引書，第 102-104 頁。

創立的一些著名大學，也都將羅馬法的研究作為一門主要學科。

根據研究重點或方法的不同，註釋法學派又可分為：①前期註釋法學派（十三世紀以前），主要代表人物有意大利的伊爾內留斯、阿佐（Azol, 1150-1230）和 F. 阿庫修斯（F. Accursius, 約 1182-1260）。他們對羅馬法的研究，首先是恢復查士丁尼時代所編纂的各羅馬法文獻，特別是《學說彙纂》的本來面目。《查士丁尼民法大全》這一名稱就是他們首先提出的。他們的主要工作是對這些文獻進行文字註釋，以後發展為較詳盡的註釋，包括列舉註釋者之間的分歧意見、各方論據以及作者本人結論、為供適用法律規則參考的有關案例、為便於記憶而歸納的簡要準則和定義，以及對某一法律領域的論述，等等。阿庫修斯曾將大量註釋彙編成卷，因而被認為是前期註釋法學派的集大成者。②後期註釋法學派（十三世紀後半葉至十五世紀後半葉），又稱評論法學派，主要代表人物有意大利皮斯托亞的奇諾（Cino da Pistoia, 1270-1336）和薩索費拉托的巴爾多魯（Bartolus of Sassoferrato, 1314-1357）。他們致力於使羅馬法和實際生活相結合，對羅馬法的研究已從註釋轉變為提出法律的原則和根據，建立法律的分析結構，促進判例法的發展。[75]

三、近現代民法法系的法律解釋

在十八世紀歐洲大陸國家堅持只有立法機關才有權作出權威的法律解釋。例如，1794 年普魯士王國的《普魯士邦法》就禁止法官對該法作任何解釋；在有疑難問題時，法官只能將它們提交專門設立的"法律委員會"加以解釋。法國制憲會議於 1790 年 8 月 16-24

---

75 沈宗靈：〈註釋法學派〉，載《中國大百科全書‧法學卷》，中國大百科全書出版社，1984 年版，第 817 頁。

日通過的法律中，禁止法院在判決中作出一般規則，在他們認為有必要時必須請求立法機關解釋法律或制定新的法律。但普魯士王國和法國制憲會議的這兩個命令都未實現，因為任何法律都不能完備無遺或明確到很少需要法律解釋的程度。同時，審判工作中的法律解釋是一項十分艱巨和繁重的任務，是立法機關難以完全承擔的。

　　法國在發佈 1790 年法律後 15 年，在 1804 年的《法國民法典》中，一方面仍禁止法官創制法律（第 5 條），另一方面又規定"審判員藉口沒有法律或法律不明確不完備而拒絕受理者，得依拒絕審判罪追訴之"（第 4 條）。在 1810 年的《法國刑法典》第 185 條對拒絕審判罪規定了刑罰（處以 4.8 萬以上 12 萬以下法郎罰金，並禁止擔任公職 5 年以上 20 年以下）。既然法官必須請求立法機關進行法律解釋的規定已不存在，但法官又不能因法律不明確不完備而拒絕審判，就某種意義上說，這也意味着允許並要求法官必須在審理案件時，至少就這一案件作出法律解釋。

　　法國在十九世紀還建立了上訴法庭，它有權撤銷一般法院因錯誤解釋法律而作出的判決。但開始時，這一法庭不算是一個司法機關，而是維護立法權不受司法權侵犯的一個特殊組織，之後它才有權直接對法律作出解釋，並最後演變成普通法院系統中的最高法院。

　　德國統一後所建立的最高法院更建立複審制。它不僅有權撤銷下級法院因錯誤解釋法律而作出的判決，並有權直接對下級法院的錯案進行複審而不限於撤銷原判，發回複審。

　　由此可知，從堅持僅立法機關才有權解釋法律，發展到以各種不同形式確認普通法院有權解釋法律並同時予以監督，是經歷了一個過程的。[76]

76　沈宗靈前引書，第 129-130 頁。

在民法法系國家裏，法官解釋法律的方法可以歸納為以下四種：

1. **文法解釋**。即從文字、語法分析來確定法律條文的含義，而不考慮立法意圖或社會、道德要求。這種解釋方法通常稱為"法律本身如何說"。它可能得出以下三種結論之一：①該法律無疑適用於這一情況；②有兩種或兩種以上解決辦法，因而必須作出選擇；③該法律條文並不曾提供任何解決辦法。

2. **邏輯解釋**。即不把有關法律條文看作一個孤立的片面材料，而是從這一法律的整體來探求該條文的含義。也就是説，不僅考慮法律的文字而且考慮法律的精神。

3. **歷史解釋**。即通過有關立法的歷史資料探求法律起草時的原意。

4. **目的解釋**。即探求法律的當前條件下的需要。這種解釋方法超出了法律起草的原意。

在法學著作中，往往又將法律解釋簡化為兩種：①狹義解釋，又稱嚴格解釋（Strict Interpretation）或字面解釋，即強調法律條文字面上的含義。②廣義解釋（Liberal Interpretation），即不拘泥於文字的，比較自由的解釋。在這一意義上講，它等於上面所説的目的解釋。一般地説，不論哪一個國家，大部分法官傾向於文法解釋、邏輯解釋和歷史解釋，他們不願違背法律條文規定，尊重立法者的原意。但也有一些法官，尤其是在特殊社會條件下（如社會矛盾激化、發生危機、對外戰爭等場合），會作出改變法律字面含義或立法原意的解釋。

法官在作出改變法律字面含義或法律原意的解釋時，往往有兩種形式：一種是德國法官在第一次世界大戰後使用的形式，即引用法律中一些抽象的、富有很大伸縮性的用語，如"不可抗力"、"善良風俗"、"誠實信用"等，使它們與當前的社會條件和需要結合起來，從而改變法律字面含義或原意。另一種是法國法官傾向於使用的方式，即將有關法律的用意完全置之不顧，而直截了當地從當前需要出發來解釋法律。[77]1904 年，法國最高法院院長巴洛・博普雷（Ballot-Beaupré）曾說："法官不應該一味地試圖尋找 100 年前法典的制定者在起草這一或那一條款時的意圖。他應該向自己提出這樣的問題：面對一個世紀以來在法國思想、習俗、政治結構、社會和經濟方面發生的一切變化，面對正義和理智要求法律條文靈活地適應現代生活的現實，那麼原立法者應有怎樣的意圖。"[78]

鄭永流教授認為，法律解釋的方法史始於近代，一般可追溯至德國法學家薩維尼（Friedrich Carl von Savigny）處。1840 年，他在其巨著《當代羅馬法體系》中，對當時德國法學中的方法論討論作了總結，概括出了著名的、至今仍在沿用的解釋四"要素"（elemente）：語法的（grammatische）、邏輯的（logische）、歷史的（historische）、體系的（systematische）解釋。但這四個要素（後人常稱準則）並非薩維尼的創造，它們早在中世紀的羅馬法和意大利法中，作為正確解釋的標準發揮着作用。薩維尼的貢獻在於，他對這幾種解釋方法作出了定義，並使之連成一個方法的體系。近代出現的法律解釋學大抵發端於此。

今天主導的解釋方法是建立在薩維尼的學說之上，一方面在名稱上略有變化，另一方面在內容上有所擴充：有的稱字面、體系、產生史和目的解釋；有的稱平義、邏輯—體系、主觀、客觀—目的解釋、合憲性解釋；還有人區別了解釋目標與解釋手段，解釋目標

77　沈宗靈前引書，第 130-131 頁。
78　轉引自劉星前引文。

是規範的目的,解釋手段服務於解釋目標,包括字面、體系、歷史三種。雖然有關解釋方法的討論文獻充斥圖書館,也不乏哲學語言學等非法學學科的交叉性支援,但百多年來對解釋方法的認識無大的突破性進展。[79]

胡橋博士認為,現代大陸法系的法律方法,已經歷了從法律涵攝、法律解釋,到法官續造,直到法律論證的嬗變軌跡。在這種嬗變的背後,首先是一個從"邏輯至上論"與"法典萬能論",向"法律缺陷論"、"法律漏洞論",再到"平等對話與溝通理論"的思想轉變過程;其次也是法官角色從"法律複印機",向"法律的嘴巴",再向"法律工程師",直到"傳統的顛覆者"與"法律的拯救者"的轉換過程。[80]

第五節　全國人大常委會的解釋方法

強世功認為,從香港回歸以來全國人大常委會解釋《基本法》(以下簡稱"人大釋法")的三次情況看,對人大釋法的法理學辯護的理論範式,經歷了從政治辯護向法律辯護的轉型。這種轉型並不意味着主權理論不重要,而是由於主權理論並不能完全解決問題。法治國家的基本標誌就是主權的行使應當受到法律的約束,因此人大釋法必須有規可循,有正當的程序等。由於人大釋法程序不同於司法解釋程序,這自然需要兩種法律傳統進行對話溝通。這種對話將難以妥協的政治立場問題,轉化為可以溝通的法律技術問題,從

79　鄭永流:〈出釋入造──法律詮釋學及其與法律解釋學的關係〉,載《法學研究》,2002年第 3 期。

80　胡橋:〈現代大陸法系法律方法的嬗變軌跡及其背後〉,載《政治與法律》,2008 年第 11 期。

而將需要長期解決的人心回歸這個深層的政治認同問題懸置起來，通過法律技術層面的溝通和對話，成功減少政治對抗產生的震盪，並在法律技術的基礎上達成新的政治共識。

更為重要的是，它將民主與專制、法治與人治之類的等級制政治話語，轉化為普通法傳統和大陸法傳統兩種地位平等的不同法律傳統，由此在整個話語體系上強化了人大釋法的正當性。然而需要注意的是，這種話語轉化在強化人大釋法正當性的同時，也在無形中強化了兩種法律解釋方法的對立，即所謂人大釋法基於大陸法傳統，強調立法原意的解釋方法；而特區法院基於普通法傳統，強調字面意思的解釋方法。這種簡單化的理解，實際上掩蓋了人大釋法和特區法院釋法的實際情況，遮蔽了人大釋法中包含的複雜、豐富的法律解釋技藝。[81]

一、全國人大常委會釋法的提起

《基本法》第 158 條的立法原意是建立特區與中央之間互動的法律解釋機制。當特區終審法院破壞了這一機制，迫使人大主動釋法時，中央有兩種可能的選擇，要麼乾脆拋開這套機制，運用《基本法》肯定的主權權力，直接解釋《基本法》；要麼重建中央與特區之間的互動機制。前者固然屬於主權者的權力，但權力行使多少體現了主權者的傲慢；後者也屬於主權者的權力，但行使權力更多體現了主權者的政治責任。因此，對於政治權力，重要的不在於如何行使，而在於權力行使試圖體現怎樣的政治理念。中央對香港行使權力，始終貫穿着對香港特區政府和香港市民的尊重，人大釋法

81　強世功：〈和平革命中的司法管轄權之爭 —— 從馬維錕案和吳嘉玲案看香港憲政秩序的轉型〉，載《中外法學》，2007 年第 6 期。

也是在這個基礎上進行的。

正是基於這個政治原則，人大釋法確立了一個重要的憲法慣例，即由特區政府向國務院提出"報告"，由國務院按照全國人大常委會議事規則的規定提出釋法的"議案"，請求全國人大常委會解釋《基本法》。這個憲法慣例既符合內地法律，也符合《基本法》的規定。《基本法》第 43 條明確規定，特區行政長官代表香港特別行政區，對中央政府負責；第 48 條第 2 項規定，行政長官負責執行《基本法》。在《基本法》實施中出現問題時，行政長官理應向中央政府提出意見。[82]

龔祥瑞曾提到憲法慣例：政府不僅要守法，而且要在政治生活中遵守一定的政治道德、優良傳統或某些政治準則，這些準則不是法律。有的如 J. S. 密爾（J. S. Mill）稱之為"不成文的準則"（The Unwritten Maxims of Constitution）；有的如戴雪（A. V. Dicey）稱之為"憲法慣例"（The Conventions of the Constitution）；有的如安森（Willam Anson）稱之為"憲法習慣"（The Customs of the Constitution）。[83]

從英國的實踐來看，憲法慣例起着兩種作用：①使刻板的法律條文能適應變化中的社會需要，靈活地跟上時代潮流；②使從事政治的人能管好政府。政府是一件需要各部門通力合作的機器，僅有法律規定還不足以提供政府各部門一致的行動。內閣制能使立法和行政的目的達到統一；議會慣例也能使聯合王國和各自治領在對外政策上協調一致。[84]

82　強世功：〈司法主權之爭 —— 從吳嘉玲案看"人大釋法"的憲政意涵〉，載《清華法學》，2009 年第 5 期。

83　龔祥瑞前引書，第 96-99 頁。

84　龔祥瑞前引書，第 99 頁。

政府或搞政治的人之所以必須遵守這些準則，是因為這些準則能把法律搞活，能使法律上的憲法運用自如，能使憲法和流行政治觀念（時代潮流）相一致。憲法要靠人來執行，要靠全國各部門通力合作。憲法慣例之所以被遵守就是為了實現這種合作。而且，憲法也需要隨着形勢的變化而變化，舊的條文規定必須適應新的需要。憲法慣例就起着這種應變的作用，從而使憲法和法律能夠貫徹實施。[85]

1999 年 5 月 4 日，特區政府政務司司長陳方安生就居港權問題到北京專門拜會國務院總理朱鎔基，並與全國人大常委會法工委副主任喬曉陽和港澳辦主任廖暉進行專門會談。5 月 20 日，特區行政長官董建華向國務院提交了請求釋法的報告：香港特別行政區終審法院 1999 年 1 月 29 日的判決，擴大了原來根據《入境條例》香港永久性居民在內地所生子女獲得香港居留權的範圍，並認為這些子女無須經內地機構批准，即可進入香港定居。這理解與香港特別行政區政府對《基本法》有關條款的理解不同。而且，香港特區無法承受因此項判決所造成的壓力。為此，特區政府請求中央政府予以協助。香港特區政府將會採取適當措施，落實終審法院關於非婚生子女的判決。至於終審法院其他判決，改變了香港現行的出入境管理制度，引起了香港社會廣泛的關注和討論。據香港特區政府的調查統計表明，根據終審法院的判決，內地新增擁有香港居留權資格的人士，至少有 167 萬人（其中第一代約 69 萬人；當第一代在香港通常居住連續 7 年以上後，其第二代符合居留權資格人士約 98 萬人）。香港特區政府的評估顯示，吸納這些新移民將為香港帶來巨大壓力，香港的土地和社會資源根本無法應付大量新移民在

85　龔祥瑞前引書，第 96-97 頁。

教育、房屋、醫療衛生、社會福利及其他方面的需要。因此而引發的社會問題和後果將會嚴重影響香港的穩定和繁榮，是香港無法承受的。

終審法院對《基本法》有關條款的理解，與香港特區政府對有關條款的字句、宗旨及立法原意的理解不同。同時，香港社會也對該項判決是否符合《基本法》，提出了質疑及爭論。香港社會的廣泛民意均要求盡快解決這一問題。香港特區政府尊重香港的司法判決。香港特區政府極其慎重地反覆權衡過眾多的解決方案，由於此事涉及應如何理解《基本法》的原則性的問題，而內地居民來香港的管理方法，涉及中央與香港特區的關係，目前香港特區內部已無法自行解決。為此，決定尋求國務院協助提請全國人大常委會進行立法解釋。這是實因面對的情況非常特殊，在不得已之下才作出的決定。

根據《基本法》第 43 條和第 48 條第 2 項的有關規定，就執行《基本法》有關條款所遇問題，向中央政府報告，並提請協助，建議國務院提請全國人大常委會根據《憲法》和《基本法》有關規定，對《基本法》第 22 條第 4 款、第 24 條第 2 款第 3 項的立法原意作出解釋。[86]

由特區政府啟動人大釋法，實際上創設了一個憲法慣例，恢復了被終審法院破壞的中央與特區的互動機制。從中央的角度看，這個互動機制體現了中央遵守"一國兩制"、"港人治港"和不干預香港內部事務的基本方針。對於終審法院的判決，即使其中涉及中央管轄以及中央與特區關係的事務，中央也希望在特區內部解決。比

---

86 〈香港行政長官向國務院提交的報告〉，載"香港特別行政區政府基本法網站"(http://www.basiclaw.gov.hk)，瀏覽時間：2011 年 2 月 20 日。

如終審法院挑戰全國人大及其常委會的主權行為，就是在特區內部解決的。只有在特區政府無力解決，且涉及香港繁榮穩定的根本大局的情況下，特區政府才提出請求，給中央行使自己的權力提供了正當性，體現了中央主動不干預香港事務，體現了中央對特區政府的尊重，更體現了中央對行使權力的自我約束。

從特區的角度看，這個互動機制在中央與特區的關係上，將中央置於相對被動的位置，使特區政府對中央政府的行為構成了一定程度的約束，從而確保香港的高度自治。換句話說，中央在香港特區行使權力必須尊重特區政府，徵得特區政府的同意。正如福柯（Michel Foucault）所言，權力是一種關係，權力的行使從來都是雙向的互動，而不是單向的支配。這個互動關係既有助於權力的順利運行，也對權力的運行構成了制約。中央之所以在人大釋法問題上創設自我約束的憲法慣例，是基於"一國兩制"、"港人治港"和不干預香港內部事務的政治原則。

正是在這種權力行使理性化的憲法慣例基礎上，特區政府提請國務院提出釋法的報告，本身就對人大釋法構成重要的制約。換句話說，人大釋法的內容必須符合特區政府提交的報告請求，而不能超越這些請求的範圍。[87]

二、全國人大常委會第一次釋法與評價

1999 年 6 月 26 日，全國人大常委會公佈了有關解釋。在該解釋中指出，"第九屆全國人民代表大會常務委員會第十次會議審議了國務院《關於提請解釋〈中華人民共和國香港特別行政區基本法〉第 22 條第 4 款和第 24 條第 2 款第 3 項的議案》。國務院的議案是

87　強世功前引文。

應香港特別行政區行政長官根據《中華人民共和國香港特別行政區基本法》第 43 條和第 48 條第 2 項的有關規定提交的報告提出的。鑒於議案中提出的問題涉及香港特別行政區終審法院 1999 年 1 月 29 日的判決對《中華人民共和國香港特別行政區基本法》有關條款的解釋，該有關條款涉及中央管理的事務和中央與香港特別行政區的關係，終審法院在判決前沒有依照《中華人民共和國香港特別行政區基本法》第 158 條第 3 款的規定提請全國人民代表大會常務委員會作出解釋，而終審法院的解釋又不符合立法原意，經徵詢全國人民代表大會常務委員會香港特別行政區基本法委員會的意見，全國人民代表大會常務委員會決定，根據《中華人民共和國憲法》第 67 條第 4 項和《中華人民共和國香港特別行政區基本法》第 158 條第 1 款的規定，對《中華人民共和國香港特別行政區基本法》第 22 條第 4 款和第 24 條第 2 款第 3 項的規定，作出解釋"。[88]

　　鄭賢君教授曾專門著文討論 1999 年全國人大常委會第一次釋法。鄭賢君認為，釋法是全國人大常委會的一項重要權力，用以監督法律、法規及地方性文件的合憲性。全國人大常委會對《基本法》的解釋，在不改變終審法院的判決，不影響香港司法獨立和終審權，維護香港法治延續的情況下，解決了兩地釋法的錯位及衝突，避免了憲法危機的發生，發展了《基本法》和我國的憲法解釋技術。[89]

　　就法律技術而言，鄭賢君認為該次解釋基本上屬立法原意解釋，但在釋法過程中也參考了其他因素。

88　全國人民代表大會常務委員會：《關於〈中華人民共和國香港特別行政區基本法〉第 22 條第 4 款和第 24 條第 2 款第 3 項的解釋》，載 "中國人大網"（http://www.npc.gov.cn），瀏覽時間：2011 年 3 月 23 日。

89　鄭賢君：〈我國憲法解釋技術的發展 —— 評全國人大常委會' 99《香港特別行政區基本法》釋法例〉，載《中國法學》，2000 年第 4 期。

1. 立法原意。立法原意解釋也即制憲者意圖的解釋，制憲者意圖的解釋是憲法解釋中最常見的一種。美國各法院歷來宣稱，"確定和尊重制憲者的意圖是憲法解釋的首要原則"，"每一憲法條文的解釋都須表達制憲者的意圖"。

特區行政長官在 1999 年 5 月 20 日就"居留權"問題向國務院呈交的報告中已寫明："終審法院對有關條款的理解，與香港特別行政區政府對有關條款的字句、宗旨和立法原意的理解不同"，"就執行《基本法》有關條款所遇問題，向中央政府報告，並提請協助，對《基本法》第 22 條第 4 款、第 24 條第 3 項的立法原意作出解釋"。同時，全國人大常委會也聲明自己的解釋屬於立法原意解釋。

2. 字義。根據字義進行憲法解釋也是釋法過程中最常見的一種。字義解釋不是無視社會發展和價值變化所賦予的新生命和含義。

特區行政長官在其報告中也表明了這一點，"對有關條款的字句、宗旨和立法原意的理解不同"。全國人大常委會對《香港特別行政區基本法》進行的解釋屬於字義解釋。

《基本法》的各條款之間必須聯繫起來解釋才能獲得其準確含義，不能進行獨立解釋，忽視《基本法》各條款之間的聯繫，如第 22 條第 4 款和第 24 條之間、第 24 條第 2 款第 1-3 項之間的聯繫。實際上，《基本法》分段只是為了閱讀和理解的方便，《基本法》各條款之間是互相回應的。所以，對《基本法》的解釋必須保持其連續性。

3. 立法宗旨。立法宗旨指《基本法》的原則和精神，它們也是釋法過程中的重要參考和依據。《基本法》的原則和精神意在保障香港的繁榮和穩定，如果某一條款的實施有悖這一原則，則與其立法宗旨不符。這一點，也是特區臨時立法會在修訂《出入境條例》時的主要立法根據。

全國人大常委會對《基本法》有關條款的立法原意作出解釋，完全符合法律規定。該解釋符合法律規定的程序，是由國務院應香港特別行政區行政長官的請求向全國人大常委會提出的，它也符合《基本法》賦予行政長官的職權。全國人大常委會對《基本法》有關條款的解釋，並不代替香港終審法院對具體案件的審理和判決，不會影響香港特別行政區獨立的司法權和終審權。全國人大常委會行使的立法解釋權，只不過是重申《基本法》有關條款的立法原意，目的是防止該判決給今後帶來嚴重的社會後果。[90]

從鄭文的引註看，主要參考資料是美國詹姆斯·安修（James Antieau）著《美國憲法判例與解釋》。[91] 筆者以為，首先，該書範圍主要限於美國；其次，該書作者明確指出：慫恿人們機械地恪守這些刻板的準則，並不能圓滿地完成充實憲法內容的任務。因此，把"解釋的指南（或準則）"看作是有助於憲法解釋的指南更為恰當。[92] 最後，儘管該書也敘述了"根據制憲者的意圖解釋"、"歷史解釋"、"哲學解釋"、"比較法解釋"和"社會學解釋"，但以筆者的閱讀，該書只是列舉了若干釋憲的判例和判例中體現的釋憲規則，並未展開充分討論。因此，該書的價值主要在於資料性。就鄭文而言，筆者認為其對全國人大常委會第一次釋法的技術分析本身技術含量不高，雖然作為早期的論文這樣的要求和標準有些苛刻。

就筆者的閱讀範圍看，目前對全國人大常委會的第一次釋法最具"技術含量"的分析應屬強世功。因全國人大常委會第一次釋法

90　鄭賢君前引文。
91　[美]詹姆斯·安修：《美國憲法判例與解釋》，黎建飛譯，中國政法大學出版社，1999年版。
92　[美]詹姆斯·安修前引書，第7頁。

唯一借助的法律解釋方法就是原意解釋，即直接進入對立法原意的探討，多數對人大釋法的批評也從原意解釋入手（如前述焦洪昌教授的批評），所以強世功集中討論了立法原意。

　　強世功首先從法律職業的角度，討論對立法原意的法律程序主義的審查。原意解釋的關鍵在於立法者的原意通過甚麼途徑傳達出來，或者說甚麼東西才能被合理地推定為立法原意的表達。通常歸結為立法者在起草法律過程中，通過合法程序保留下來的、具有證明力的權威文本，比如法律起草過程中的記錄文本和相關的法律文本等，立法者在起草法律過程中發表的言論等。[93] 這實際上意味着對體現立法原意的權威文件進行法律程序的審查。正如一個文件是否屬於遺囑，一紙合約能否成為有效的合同，一段口供能否作為有效證據，必須經過相應的法律程序的檢驗和審查。同樣，證明立法者原意的文件、資料和數據也必須經過類似的法律程序的證明。

　　這種對立法者原意的確定過程，實際上是一種公開展示的證明過程或合理性審查過程，它假定立法者的思想必須以一種物理科學般的客觀性展現出來，全部的審查或證明過程，就在於對這種客觀性加以檢驗。為此，整個證明過程必須符合類似科學受控實驗般的精確性和可重複性，法律程序的要求，就是保證這種精確性和可重複性。這種探尋立法者原意的過程，實際上是一種法律程序主義的立法原意論，它要求體現立法者旨意或意圖的資料必須經過嚴格的、形式主義的法律程序的審查或者證明，否則即使它確實是立法原意，哪怕有上帝作證，也不能作為法院採納的依據。這種嚴格法律程序主義的立法原意論，並不關心某些內容是否在實質意義上屬於立法者原意的體現，而只關心這種體現原意的方式能否通過法律

93　安修的書中有多處此類判例和規則（或指南），參見[美]詹姆斯・安修前引書。

程序的嚴格審查。

如果按照此種理論，全國人大常委會的第一次釋法能否通過審查呢？答案似乎並不樂觀。

人大釋法在闡述第 22 條第 4 款的立法原意時強調，這"是基於內地與香港之間長期以來實行的出入境管理制度……《基本法》第 22 條第 4 款的立法原意，正是肯定內地與香港之間長期以來實行的出入境管理制度"。[94] 這一立法原意，完全是為了保證內地居民有序赴港，是符合香港的整體利益的。

這種對立法原意的闡明在實質上意義可能是對的，但從法律程序的審查看，這個立法原意通過哪個權威文件體現出來呢？因為特區成立之前的做法是由於《基本法》還沒有生效，能否在《基本法》生效後繼續有效，當然要受到《基本法》的審查。在"吳嘉玲案"中，入境處的代理人能夠提供的權威資料就是《中英聯合聲明》附件一第十四部分，其中規定對中國其他地區的人進入特區按照現在實行的辦法管理。但從字面意思看，這也不能證明其中中國其他地區的人就包括香港永久性居民。在法律上，我們必須意識到，許多內地中國公民在 1997 年 7 月 1 日之前不是香港永久性居民，但是在這一天之後已經變成了香港永久性居民，他們是不是要受到此前入境管理規定的約束，需要在法律上或法理上重新加以確定。

對第 24 條第 2 款第 3 項的解釋，人大釋法中提供了試圖證明立法原意的權威性文件。這就是 1996 年 8 月 10 日全國人大香港特區籌委會通過的《關於實施〈基本法〉第 24 條第 2 款的意見》。其中規定在香港以外出生的中國籍子女，在本人出生時，其父母雙方

94　喬曉陽：〈對《全國人民代表大會常務委員會關於〈中華人民共和國香港特別行政區基本法〉第 22 條第 4 款和第 24 條第 2 款第 3 項的解釋（草案）》的說明〉，載"全國人大網"（http://law.npc.gov.cn:87/home/begin1.cbs），瀏覽時間：2011 年 2 月 20 日。

或一方須是根據《基本法》第 24 條第 2 款第 1 項或第 2 項已經取得香港永久性居民身份的人。這個意見被納入到 1997 年 3 月 10 日籌委會主任委員錢其琛在第八屆全國人大第五次會議上所作的關於籌委會的工作報告中。第八屆全國人大第五次會議於 1997 年 3 月 14 日通過了《關於全國人民代表大會香港特別行政區籌備委員會工作報告的決議》，批准了錢其琛的報告。香港回歸以後，臨時立法會的《入境條例》就是參照籌委會的這個意見制定的。但是，這些文件能否通過程序性審查來證明它是體現立法原意的權威資料呢？

如果我們從嚴格的法律形式主義的程序審查看，這個意見能否成為體現《基本法》立法原意的權威資料，至少需要考慮四個問題：①籌委會的性質是籌建第一屆特區政府而成立的工作機構，而不是代議機構，即使它制定一些規範，也是着眼於香港回歸和第一屆政府的成立，而不是着眼於完善基本法。②儘管籌委會中的許多成員曾是基本法草委，但籌委會在法律性質上不同於草委會，況且這些基本法草委參加籌委會時，《基本法》起草已告結束，基本法草委已成為歷史，他們只能被稱為基本法前草委，他們現在的看法不能當然地看作是立法者意圖的體現。③更重要的是，無論是中英聯合聯絡小組的協議還是籌委會的意見，或者全國人大批准的報告，都是在《基本法》制定之後才提出來的，而不是在《基本法》起草過程中保留下來的。因此，從法理上推定，這些文件只能證明《基本法》制定之後人們對《基本法》的理解，而不能證明這就是《基本法》的立法原意。④如果我們把《基本法》的規定和 1993 年通過的《澳門基本法》的規定[95] 做一個比較，就會發現《澳門基本

---

95 《澳門基本法》的規定：第 24 條，澳門特別行政區居民，簡稱澳門居民，包括永久性居民和非永久性居民。澳門特別行政區永久性居民為：①在澳門特別行政區成立以前或以後在澳門出生的中國公民及其在澳門以外所生的中國籍子女；②在澳門特別行政區成立以前或

法》關於澳門永久性居民的規定與《基本法》不同。而兩種法律文本的差異，恰恰反映了立法者的立法意圖是不同的，否則《澳門基本法》又為何與《基本法》的規定不同呢？

在"莊豐源案"中，特區終審法院正是從這個角度，對人大釋法所提出來的體現立法原意資料進行了審查。在終審法院看來，這些有助於了解立法的背景和目的的資料稱之為外來資料，就《基本法》而言：這些可供考慮的外來資料包括《中英聯合聲明》，以及於1990年4月4日通過《基本法》之前不久，即於1990年3月28日提交全國人大審議的《關於〈中華人民共和國香港特別行政區基本法(草案)〉及其有關文件的說明》。審議上述解釋時以及簽署《中英聯合聲明》時，本地法例的狀況很多時也會用作解釋《基本法》的輔助資料。雖然《基本法》於1997年7月1日才實施，但由於《基本法》的背景及目的是在1990年制定《基本法》時確立，故一般來說，與解釋《基本法》相關的外來資料是制定前數據，即制定《基本法》之前或同時期存在的資料。

正因為籌委會的意見是在《基本法》頒佈之後提出來的，即使這個意見被最高國家權力機關所確認，也不能證明它是立法原意的體現，因為它不能通過原意解釋所要求的，對體現立法原意資料進行程序性的合理性審查。人大釋法必須尋找新的正當性基礎。[96]

以後在澳門通常居住連續7年以上的中國公民及在其成為永久性居民後在澳門以外所生的中國籍子女；③在澳門特別行政區成立以前或以後在澳門出生並以澳門為永久居住地的葡萄牙人；④在澳門特別行政區成立以前或以後在澳門通常居住連續7年以上並以澳門為永久居住地的葡萄牙人；⑤在澳門特別行政區成立以前或以後在澳門通常居住連續7年以上並以澳門為永久居住地其他人；⑥第5項所列永久性居民在澳門特別行政區成立以前或以後在澳門出生的未滿18周歲的子女。以上居民在澳門特別行政區享有居留權並有資格領取澳門特別行政區永久性居民身份證。澳門特別行政區非永久性居民為：有資格依照澳門特別行政區法律領取澳門居民身份證，但沒有居留權的人。對比其中第1、2款可明顯看出與香港基本法的不同——筆者註。

96 強世功：〈文本、結構與立法原意——人大釋法的法律技藝〉，載《中國社會科學》，2007年第5期。

筆者認為，強世功的分析符合普通法的解釋傳統和香港法院的推理過程，也可以解釋焦洪昌教授的批評。我們也需要這種分析來增進對香港法院的理解。當然，強世功的分析不會到此為止。

強世功繼續論述說，我們必須認識到，終審法院所堅持的程序主義的立法原旨論僅僅是一種法律理論，而不是唯一的法律理論。就法律解釋方法而言，探明立法者原意的途徑還有一種相對寬鬆的、目的論的實質證明方式。因為並非所有的法律都有所謂的外來資料保留下來，但這並不意味着制定法律過程中立法者沒有自己本來的理解或意圖，而只是說這些理解或意圖無法通過可見的、能夠經過法律程序的合理性檢驗的方式展現出來而已。問題在於除了這種可證明的法律程序的合理性檢驗，我們能否通過其他的途徑來確定立法者的原意呢？這涉及法理學上的一些根本問題。

在這裏，正是對探尋立法原意的形式主義途徑的懷疑，使法律解釋中對立法原意的探討進入另一條不同的路徑，即在缺乏相應的客觀主義的外部資料時，必須根據立法的主導思想和原則，推定立法者的原意。法律解釋者必須設身處地推想，立法者如此規定的目的和意圖是甚麼，或者說立法者在制定法律時，準備如何回應歷史發展所帶來的這種新變化。進一步講，假如當年的立法者面對今天出現的新情況，他們會怎麼想這些新問題，他們會如何把自己的立法意圖展現出來，他們會如何解釋他們自己制定出來的法律。這樣的法律解釋方法實際上將法律解釋者虛擬為立法者，並根據整個法律所體現出來的完整法律意圖和法律精神來推定在當前新情況下，立法者如何來解決眼前的問題。這種法律解釋方法就是所謂推定的意圖理論，這是一種目的實質主義的立法意圖論，它採用寬鬆的、目的論的實質證明方式來探索立法意圖，與嚴格的、法律論的程序證明方式相對照。在這種法律解釋方法中，關鍵的要素在於確定立法的政治意圖，只有立法的政治意圖才能為整部法律提供統一的、完全的立法意圖。

從這個角度看，中英協議、籌委會的意見、全國人大的決定以及《澳門基本法》的規定，雖然在形式主義的程序意義上，不能成為證明立法原意的有效資料，但在實質意義上完全可以推定為立法者的本來意圖。它無疑表達了制定《基本法》的意圖和宗旨，即為了保障香港社會的穩定，對香港永久性居民作出嚴格限定，並對其進入香港定居進行有效管理，使其能夠有序進入，被香港社會逐步容納。這種對立法意圖的實質主義建構的法理基礎，在於把《基本法》理解為憲制性法律，理解為一種政治理念的法律表達，其背後的政治理念就是中央對香港一貫的方針政策，即保持香港的長期繁榮穩定，這個政治理念貫穿在整個“一國兩制”的實現過程中。

問題在於這個立法意圖並沒有準確地寫在《基本法》之中，以至於《基本法》第24條第2款的規定在語言解釋中存在如此巨大的漏洞。這只能說是立法者當時的疏忽，沒有對相關語言進行細緻的推敲，而後來的中英協議、籌委會的意見以及《澳門基本法》的規定，其實是對《基本法》文字未能完整表達立法者意圖的補救措施。儘管這種補救措施徵求了香港社會各界的意見，並得到相應的政治支持，但全國人大常委會似乎沒有意識到，這種符合政治理念且獲得政治支持的補救措施，本身無法通過原意解釋所要求的嚴格的法律程序審查。只能說，作為法律的制定機關和解釋機關，全國人大及其常委會當年在對待《基本法》及其解釋的問題上，經驗不足，對法律程序的重視不夠。但必須承認，立法者不是神仙，不可能對立法意圖作出沒有任何漏洞的規定，否則就不需要法律解釋者，而只要有法律執行者就夠了。問題在於，如果發現這種漏洞，法律解釋者如何彌補。事實上，人大釋法應當採取實質主義的立法意圖論，把籌委會的意見推定為立法者的意圖或原意，用立法者的真實意圖來彌補法律文字上的漏洞。在這個意義上，人大釋法的重點也許不應當強調全國人大批准有關決議的權威性，而應在於闡述為甚麼籌委會的意見與《基本法》的立法意圖相一致。

可見，關於居港權的人大釋法絕不是毫無法理依據的恣意解釋，也不是對國家最高權力毫無節制的濫用，更不是對香港法治的破壞。[97]

筆者認為，強世功對全國人大常委會解釋的分析是客觀的，批評也是到位的，同時也進一步說明了法律技術（或技藝）的真正價值。

三、全國人大常委會釋法的發展

強世功把 2004 年關於《基本法》附件一的人大釋法，可以看作是在法理原則和憲政結構上完善"一國兩制"的一個里程碑。無論在法律解釋技藝上，還是在現實的政治意義上，它完全可以與美國建國初年的"麥卡洛克訴馬里蘭案（McCulloch v. Maryland）"相媲美。[98] 作者將人大此次釋法的"技藝"概括為"法典結構和法理原則的統一"。具體方法為：

（一）字面解釋與文本解釋

這次人大釋法要解決的是困擾"一國兩制"的核心問題，即特區政府行政長官和立法會如何產生。《基本法》以附件方式載明了 1997-2007 年的行政長官產生辦法和 1997-2008 年的立法會產生辦法，至於此後行政長官和立法會的產生辦法，《基本法》的兩個附

97　強世功前引文。
98　強世功前引文。

件僅僅規定一個程序：2007年以後各任行政長官的產生辦法如需修改，須經立法會全體議員三分之二多數通過，行政長官同意，並報全國人民代表大會常務委員會批准（附件一第7條）。2007年以後香港特別行政區立法會的產生辦法和法案、議案的表決程序，如需對本附件的規定進行修改，須經立法會全體議員三分之二多數通過，行政長官同意，並報全國人民代表大會常務委員會備案（附件二第3條）。對這兩個條款的理解，首先一個分歧就在於：如需修改，是否必須修改？

從字面意思來解釋，如需就是假如需要，那就不是必須修改，而是可以進行修改，也可以不進行修改。為了強化這種字面解釋的含義，人大釋法採用了文本解釋的方法，把附件規定的程序與正文中規定行政長官和立法會選舉的第45條和第68條聯繫起來加以理解。這兩條分別規定行政長官和立法會產生，要根據香港特別行政區的實際情況和循序漸進的原則來決定修改。因此，2007年之後行政長官和立法會的產生辦法是否需要修改，就需要評估當時香港社會的實際情況，再作出決定。《基本法》的立法意圖顯然是採取面向未來的開放姿態。如需修改的含義就不可能是必須修改，肯定是可以修改，也可以不修改的開放態度。由此產生的一個問題是：誰來決定可以修改或者不可以修改？這是這次人大釋法中爭議最大的部分，也是這次釋法的要害之處。這關係到香港政制發展的主導權究竟在中央，還是在特區。

（二）憲政結構與法理原則

從上述兩個條款的規定看，如需修改缺乏一個主語，《基本法》並沒有規定誰來決定是否需要修改。考慮到起草《基本法》的背景，香港社會各階層之間、中央與特區之間的協商妥協是至關重要的，而這個缺乏主語的含糊其辭，也是這種妥協的一部分，使大家把最大的共識寫下來，把分歧留給時間來解決，因為時間才是真正的立法者。

字面上理解，《基本法》附件的修改程序包含了三個環節，全國人大常委會是其中最後的程序，屬於最後的批准和備案。由此產生的問題是：全國人大常委會批准和備案的權力，究竟是實質性權力，還是程序性權力？[99] 如果是實質性權力，就意味着全國人大常委會可不批准、不備案，可行使否決權，這意味着全國人大常委會在香港政制發展問題上擁有主導權和決定權。這樣的話，就出現一個政治上的困局：按照程序，中央必須在特區的立法會和行政長官這兩個環節完成之後，才能發揮作用，這在政治上無疑將中央置於不利的地位。今天要解決這個困局，就要把程序上置於最後的中央權力提前，從而將程序上被動的中央權力轉變成程序上主動的中央權力。

對於這個問題，上述兩個條款的規定，在文字上並沒有留下任何的線索，根本無法按照字面解釋的方法來理解。因此，必須將這兩個條款的內容放在整個《基本法》結構中來理解。從《基本法》的結構看，附件一和附件二從屬於第 45 條和第 68 條，而這兩條屬於第四章“政治體制”的組成部分。整個香港特區的政治體制內容，又來源於第一章的“總則”和第二章的“中央和香港特別行政區的關係”。而無論特區的政治體制，還是中央與特區的關係，或者總則規定的原則，在《基本法》的結構上都從屬於序言。《基本法》序言規定，國家根據《憲法》規定設立特別行政區，並通過制定《基本法》規定其實行的制度。因此，對《基本法》的理解又必

99　陳端洪曾就《基本法》第 15 條與第 45 條第 1 款的潛在矛盾進行過分析，參見陳端洪：《憲治與主權》，法律出版社，2007 年版，第 182 頁。

須放在國家憲法的結構中，將其作為全國人大制定的一個基本法律或憲制性法律來理解。正是在國家的憲法結構中，我們才能理解《基本法》附件一和附件二規定的中央權力，是實質性權力還是程序性權力，並由此決定了如需修改的主語（或決定權）在中央，還是在香港特區。

因此，喬曉陽在解釋人大釋法的合理性和正當性之前，首先講的不是《基本法》附件一和附件二的具體規定，而是開宗明義闡明《基本法》的憲制地位、特區的權力來源、香港的法律地位、香港的政治體制、《基本法》的解釋權和修改權這五個基本概念。這幾個概念從憲政的法理原則一直到《基本法》附件的具體規定，實際上把對《基本法》附件的解釋一層一層地放在《基本法》，乃至整個國家憲政制度的整體結構中來理解。正是從整個國家憲法體系的結構出發，才能引申出三個基本的法理原則：①主權原則。香港的主權屬於中央，中央對香港的問題擁有主導權和最終的決定權，香港特別行政區是直轄於中央人民政府的，享有高度自治權的地方行政區域。香港特別行政區的高度自治權來源於中央的授權。②中央決定地方政治體制的單一制原則。中國是一個單一制國家，而不是聯邦制國家。單一制國家的主權源於中央政府，地方政府的權力，即使自治或者高度自治的權力，都源於中央政府授權。高度自治既不是完全自治，也不是最大限度地自治，而是在《基本法》授權範圍內的自治，不能離開《基本法》授權去講高度自治。在單一制的國家結構基礎上，沒有明確授予香港特別行政區行使的剩餘權力就屬於中央政府，而不是香港特區。既然《基本法》附件一和附件二對如需修改的決定權沒有明確授予香港特區，那必然保留在中央。中央對香港的政制發展，也就是行政長官和立法會兩個產生辦法的修改，擁有實質性的主導權和決定權，而不是程序性的權力。③法治原則。中央與特區的關係是通過《基本法》規定下來的，如果發生分歧，也應當通過《基本法》規定的途徑，在法治的渠道上解決。《基本法》明確規定，全國人大常委會擁有對《基本法》的最終解釋權。中央和香港特區都必須遵守這種權力。

正是在上述法理原則的基礎上，人大釋法明確了中央對香港政制發展擁有主導權和決定權。所謂主導權就是如需修改的主語是全國人大常委會，即由中央決定特區行政長官和立法會的產生辦法是否需要修改；所謂決定權就是全國人大常委會對行政長官和立法會產生辦法的修改或備案的權力是實質性權力，而不是程序性權力。當然，在"一國兩制"前提下，作為對特區政府的尊重，人大釋法將中央權力的啟動權置於特區政府的手中，即對於是否需要修改的問題，由特區行政長官向全國人大常委會提出報告，由全國人大常委會作出決定，而不是由全國人大常委會自行作出決定。[100]

筆者基本同意強世功的上述分析。在此作一點補充談兩點保留。補充的是，就解釋方法而言，此次人大釋法符合民法法系的解釋方法，也兼容普通法法系解釋方法。"解釋"的第 1 款（上述兩個附件中規定的"2007 年以後"，含 2007 年）和第 2 款（"如需"修改，是指可以進行修改，也可以不進行修改）明顯屬於薩維尼所稱的"語法"解釋[101]和普通法法系的"字義解釋"。第 1 款還可以從其他"基本法律"中得到證明：現行《刑法》第 99 條規定，本法所稱以上、以下、以內，包括本數；《民法通則》第 155 條規定，民法所稱的"以上"、"以下"、"以內"、"屆滿"，包括本數。因此，"法律用語中表示具體數字或年份時的'以前'、'以後'，均包括本

---

100 強世功前引文。

101 [德] 魏德士（Bernd Rüthers）：《法理學》，法律出版社，2003 年版，第 313 頁。

數在內。"[102] "解釋"第 3 款（上述兩個附件中規定的須經立法會全體議員三分之二多數通過，行政長官同意，並報全國人民代表大會常務委員會批准或者備案，是指行政長官的產生辦法和立法會的產生辦法及立法會法案、議案的表決程序修改時必經的法律程序。只有經過上述程序，包括最後全國人民代表大會常務委員會依法批准或者備案，該修改方可生效）屬民法法系的"體系解釋"，[103] 同時也兼容普通法法系的"上下文連貫"方法。[104] 保留之處在於：一是強文引用喬曉陽的講話，不如直接引用全國人大常委會法制工作委員會副主任李飛的〈關於《全國人民代表大會常務委員會關於〈中華人民共和國香港特別行政區基本法〉附件一第 7 條和附件二第 3 條的解釋（草案）》的説明〉。二是就"字義"來看，"批准"與"備案"存在明顯區別，前者屬"事前監督"，後者屬"事後監督"；附件二第 3 條也許是個"失誤"，通過"解釋"加以糾正。

在三次人大釋法中，關於補選行政長官任期的"4·27"釋法是最晚的一次，也是最成熟的一次。説它成熟，不僅是指技藝更為精巧，而且是因為在整個法律解釋過程中，在程序上做了許多完善。比如，前兩次釋法都是在人大釋法之後才公佈全國人大常委會對有關解釋的説明，並與香港各界人士進行座談，而在這次人大釋法之前，全國人大常委會法工委就以發言人發表談話的方式，提前公佈了有關法律解釋的內容，而且提前就釋法涉及的法律問題與香港社會各界人士進行座談，尋求共識。強世功將此次釋法的"技藝"概

---

102 全國人大常委會法制工作委員會副主任李飛：〈關於《全國人民代表大會常務委員會關於〈中華人民共和國香港特別行政區基本法〉附件一第 7 條和附件二第 3 條的解釋（草案）》的説明〉，載"中國人大網"（http://www.npc.gov.cn），瀏覽時間：2011 年 3 月 24 日。

103 魏德士前引書，第 328 頁。

104 [英] 魯珀特·克羅斯：《法律解釋》，孔小紅、夏道虎、黎建飛譯，西南政法學院法學理論教研室，1986 年印行，第 60-70 頁。

括為"結構索引與原意補充"，並進行了非常細緻的分析，包括運用的具體方法如"結構解釋與條款索引"以及"金質規則與原意補充"。

從三次人大釋法的總體情況看，香港法律界反對或質疑的聲音一次比一次小。這是由於人大釋法在法律解釋的技藝和法理運用上越來越嫻熟，在釋法前後徵求意見及説明解釋的溝通工作越來越規範有效。這也説明香港市民和法律解釋人士逐漸接受了全國人大常委會是國家最高權力機構這種憲制性地位。全國人大常委會在香港特區是貨真價實的國家最高權力機關。這一切不僅應歸功於《基本法》，而且要歸功於香港法律界人士，正是他們對法治的執着捍衛，使中央認真對待《基本法》的問題，尤其注重嚴格按照法律程序辦事。可以毫不誇張地説，中央對香港特區不折不扣地採取以法治國，把香港特區作為一國中最有挑戰性和生命力的要素來看待。[105]

強世功在另一篇論文中曾評論道：（香港）大律師們完全按照西方式的思維理解"一國兩制"，希望展開西方式的法理辯論，從法律上清晰地界定中央與特區關於司法主權的劃分。即使對終審庭判決持保留意見的陳弘毅教授，也是撰寫長文仔細分析終審庭判詞中的推理邏輯。然而，時至今日，內地的法學家較少撰文詳細分析終審庭判詞中的法律推理，以及由此觸及到的《基本法》本身性質的複雜性。內地法學家辯護的法理基礎是主權理論，而且把主權理解為絕對的不受任何約束的政治權威，這很容易用權威的訓誡來取代理性的對話和探討。[106]

在筆者的閱讀範圍內，強世功對人大三次釋法的分析不但分析到位，而且具有相當高的技術含量，是有關《基本法》解釋的論文

105　強世功前引文。
106　強世功：〈和平革命中的司法管轄權之爭 —— 從馬維錕案和吳嘉玲案看香港憲政秩序的轉型〉，載《中外法學》，2007 年第 6 期。

中少見的精品。強世功對內地法學界的批評也是尖銳而中肯的。
內地法學界（包括筆者在內）應該在法律評論的技術和專業方面提
高水準，與香港法學者展開真正的理性對話和探討。當然，強世功
的分析不能代替全國人大常委會的解釋實踐，"反對或質疑的聲音
一次比一次小"也不等於"沒有反對或質疑的聲音"。儘管沒有反
對或質疑的聲音可能只是個"夢想"，但讓"反對或質疑的聲音盡可
能地少"卻是一個值得努力的目標。既然全國人大常委會的釋法是
一種法律作業，"法律技術或技藝"就不是無用的，雖然不是萬能
的。考慮到香港終審法院、澳門終審法院、最高人民法院都是專業
的司法機構，如果加上台灣地區的法律界，我國已經匯集了世界的
主要法系文化傳統，並且水平都不低（如澳門法律制度是葡萄牙法
律在澳門的延伸，由於二十世紀中葡萄牙先後對其刑法和民法進行
了新的修訂，從而吸收了大陸法系二十世紀以來的最新發展成果，
故葡萄牙法制更能代表大陸法系法律發展的狀況；[107]台灣地區至今
仍適用"中華民國民法"，謝懷栻認為，"即在當時，與同時代的各
國民法，也可並肩而立。至於它在改革中國數千年的法制方面，在
中國開創私法制度和私法文化方面，較之法國民法《拿破崙法典》
猶有過之。這是中華民族可以引以自豪的一部民法法典。"[108]），作
為全國最高的釋憲釋法機關 —— 全國人大常委會有必要也應該努
力學習普通法法系、民法法系的法律解釋技術，有必要也應該提高
自己的法律專業水準，從而使其解釋不但具有法律約束力，而且具
有內在說服力，成為在權威和專業方面的"最高"釋法機關。

---

107 米健：〈現今中國民法典編纂借鑒德國民法典的若干思考〉，載范健、邵建東、戴奎生主編：
　　《中德法律繼受與法典編纂》，法律出版社，2000 年版，第 13-32 頁。
108 謝懷栻：《大陸法國家民法典研究》，中國法制出版社，2004 年版，第 124 頁。

第五章

香港基本法解釋
實踐的考察與評價

　　張志銘教授曾反思，事實上，各種解釋技術的有效性，很大程度上要取決於解釋主體的作用。法律解釋是解釋主體與解釋方法之間互動的過程。法律解釋技術儘管為構建具體的解釋論點提供了各種可能或可用的形態，但其本身並不等於具體的解釋論點，也不支持或反對某種解釋論點。在實際的法律解釋操作中，各種解釋方法只有通過解釋者的運用，才能產生具體的解釋論點。同時，由於在具體個案中，可行的解釋技術或方法往往不止一種，所以就需要解釋者作出恰當的權衡和選擇。更重要的是，法律解釋論點的構建和運用，不能不體現對法律解釋根本目的的思考。法律解釋不僅要追求法律適用的確定性，而且還要在這種追求中兼顧法律適用的妥當性，而要做到這一點，解釋者的能動作用就不可缺少。[1]

　　孫國華教授也認為，法律解釋三個方面的內容，即法律解釋的行為和過程、法律解釋制度，和法律解釋技術是統一整體，忽視其中任何一個部分都會導致理解上的偏頗。[2] 本章在前四章有關法律解釋對象、主體、解釋權配置和解釋技術討論的基礎上，重點探討相關主體的解釋實踐。

第一節　關注香港基本法解釋實踐
—— 方法論的啟示

　　舒國瀅教授曾呼籲："返觀實在法！"這對抽象法學理論而言絕不簡單是一個姿態的選擇，毋寧說是理論生命力再造的必然要

1　張志銘：《法律解釋操作分析》，中國政法大學出版社，1999年版，第88-89頁。
2　孫國華、郭華成：〈法律解釋新論〉，載《政治與法律》，1988年第5期。

求。法學理論必須背負起實在法這個"沉重的肉身"，一起向法律
思想的高度攀進。然而，返觀實在法絕不是重走註釋法學的老路，
將抽象法學理論的全部注意力轉向法律教義學體系的構建。所謂
返觀，只不過是要求抽象法學理論放棄逃避實在法、逃避問題的心
態，放棄以製造"貧血的概念體系"為旨趣的理論努力。直面實在
法及其存在的實踐問題，同樣可以通達抽象法學理論"心儀高遠"
的目標。貼近實在法、貼近法律實踐問題，就是貼近人類生活本
身。只有貼近生活的法學理論，才具有綿延不絕的生命力。[3] 筆者
贊同舒國瀅的呼籲，作為對舒文呼籲的一個回應，本章進一步嘗試
直面解釋實踐。

一、比較法學方法發展的一個趨勢

沈宗靈教授曾有專文介紹比較法的方法。[4] ①宏觀比較與微觀
比較。法國比較法學家達維（R. David）曾較多地論述了這兩種方
法。他認為，世界上存在着大量國家或地區的法律制度，其中有
的是相互類似的，有的有很大區別，為此，就可以分出宏觀比較
（Macro-comparison）與微觀比較（Micro-comparison）兩種方法或
類型。後者研究同一法系（Legal Family）的法律，前者則研究相
互有很大區別的法律制度。一般法學家主要關心法律具體問題，對
微觀比較有吸引力。與此不同，法律哲學家和政治科學家則注意宏
觀比較，他們認為法律屬於社會科學研究領域，主要應研究法律在
政府治理和組織中的作用。

3　舒國瀅：〈從方法論看抽象法學理論的發展——兼論法律論證理論〉，載戚淵等：《法律論
　　證與法學方法》，山東人民出版社，2005 年版，第 133-134 頁。
4　沈宗靈：〈比較法學的方法論〉，載《法制與社會發展》，1996 年第 3 期；另參見沈宗靈：
　　《比較法研究》，北京大學出版社，1998 年版，第 28-36 頁。

　　②在西方比較法學家中，十九世紀後期德國的一些法學家，如 R. 耶林（Rudolf von Jhering）和 E. 拉貝爾（E. Rabel）等都已傾向對比較法進行功能研究（Functional Approach）。在現代比較法學家中，提倡這種研究方法的人，有德國的 K. 茨威格特（K. Zweigert）與 H. 克茨（H. Ketz）。他們認為：“全部比較法的方法論的基本原則是‘功能性’原則，由此產生所有其他方法學的規則 —— 選擇應該比較的法律、探討的範圍，和比較體系的構成等等。”[5]在法律上只有那些完成相同任務、相同功能的事物才是可比的。因此，任何比較法研究作為出發點的問題，必須從純粹功能的角度提出，應探討的問題在表述時，必須不受本國法律制度體系上的各種概念所拘束。因而，例如，我們不要這樣提問：“外國法關於買賣契約設有甚麼形式的規定？”最好這樣提問：“外國法如何保護當事人免於草率立約，或者不受未經認真考慮的行為的約束？”意思就是後一種提問是從功能性原則出發的，因而是合理的。[6]他們還認為，各種不同的法律制度，只要它們要解決相同的事實問題，即適應相同的法律需要，就是可比較的。所以功能是一切比較法的出發點和基礎，也即“共同的起點”。正因此，他們特別強調，既然比較法的關鍵是具體的事實問題，人們絕不能讓本國法律制度的概念模糊自己的視線。他們聲稱：“功能主義原理的‘否定’方面是：人們在從事比較法工作中，必須徹底地擺脫他本國的法學教條主義的先入為主之見；其‘肯定’方面則告訴我們，為了尋找同本國問題的解決相應的法律，我們必須進入外國法的那些領域。”[7]

5　［德］K. 茨威格特、H. 克茨：《比較法總論》，潘漢典、米健、高鴻鈞、賀衛方譯，法律出版社，2003 年版，第 46 頁。原文引自原著英文版，此處引自潘漢典等譯本，個別表述稍有不同，特此註明，引者註。
6　前引文，第 46-47 頁。
7　前引文，第 48 頁。

與功能研究方法對稱的方法，一般被稱為結構（Structuralism）方法或概念（Conceptualism）方法，也有人稱為規範比較或立法比較。功能研究方法論者甚至稱它為"教條主義"（Dogmatism）研究方法。它們的主要含義指着重研究本國法律制度，即它的概念、結構、規範等。

③自二十世紀 70 年代以來，西方法學中出現了強調法律文化研究的趨向，其代表作有 H. 埃爾曼（H. Ehrmann）的《比較法律文化》、M. 胡克（M. Hooker）的《法律多元主義》（1975 年）和 L. M. 弗里德曼（L. M. Friedman）的《法律制度》（1975 年）等書。

④動態比較與靜態比較。對法律這一現象的理解，在法學中常有靜態（Static）概念和動態（Dynamic）概念之分。前者通常指一般法律條文，後者則指除法律條文外，還研究法律的產生、本質、發展、作用（功能）、形式，以至法律的制定和實行等問題。美國法學家 L. M. 弗里德曼的理解與此類似。當然，法律制度並不是靜態的，它們是不斷運動的，不斷變化的。

朱景文教授也曾專門探討比較法發展的一個趨勢 —— 從規範的比較到功能的比較。[8] 這不僅意味着方法論上的更新，而且伴隨着研究內容的擴大，比較法的研究也從社會政治制度和法律結構相同的法律體系之間的比較，發展到社會政治制度和法律結構不同的法律體系之間的比較。規範的比較適用條件的狹隘性，決定了必須突破其方法論的限制，發展一種新的比較的方法 —— 功能的比較。

功能的比較具有以下特點：首先，它不是以規則為中心，而是以問題為中心，只要被比較的國家有相同或類似的問題，就可以對

8　朱景文：〈從規範的比較到功能的比較：比較法發展的一個趨勢〉，載《法學家》，1993 年第 2 期；另參見朱景文：〈評功能比較〉，載沈宗靈、王晨光編：《比較法學的新動向》，北京大學出版社，1993 年版。

它們對該問題的不同解決辦法進行比較，從而大大擴展了可比性的範圍。其次，它擺脫了在規範的比較中容易受到的本國法律概念的限制。衡量一個國家法律體系的發達程度，不能以其他國家的法律概念為標準。即使二者使用同一法律概念，但它們的含義也可能不完全相同。最後，功能的比較對不同國家執行着同一社會功能的不同規範採取靈活態度，有時"化整為零"，即在一個國家的某一法律制度分解為幾個單獨的部分，使其中一個部分同另一個國家執行着同樣功能的某一法律制度相對應；有時又"化零為整"，即把幾個不同的規則合併為執行着某一功能的整體，並使之與另一國家執行着同一功能的法律制度相對應。這種轉化在法律結構和法律概念上有較大差別的國家之間有重要作用。

功能比較步驟與規範比較步驟的最大區別在於：規範的比較把被比較的國家相同名稱的規範、制度作為研究的出發點，以規則為中心；而功能的比較則以不同國家存在着相同或類似的社會問題，或社會需要為研究的出發點，研究對這些問題的不同解決辦法，並以這些問題解決的社會效果如何為歸宿，社會問題始終是研究的中心。

功能比較在對有着不同的社會政治、經濟制度和歷史文化傳統的國家的法律制度比較方面，顯示了其優越性。同樣，它對於我國法制建設的實踐和法學理論的發展也具有積極意義。功能比較能幫助我們解放思想，在借鑒外國包括西方國家的法律制度時不被姓"社"還是姓"資"的抽象爭論，束縛自己的思想和手腳，只要有相同的社會問題或社會需要，就可以比較它們的不同解決辦法，凡是有利於解決這種問題、滿足這種需要的辦法都可以借鑒，為我所用。當然，功能比較像規範比較一樣，既有其優點，也有其不可避免的局限性：一方面，它解決了規範比較不可能解決的問題，儘管各國法律結構不同,但都存在相同或類似的問題,可以比較對同一類問題的不同解決辦法;另一方面,它又有其作用的界限,由於各國又存在着一些互不相同的問題,功能比較對這類問題仍然是無能為力。

還應該指出,功能比較的方法是社會學的,它相對於規範比較中就規範研究規範的形式主義方法,無疑有其優勢。但是,有些學者在對同一類問題的不同解決辦法進行比較時,特別是涉及同非法律手段的比較時,卻走上了另一個極端,筆者稱為"法的泛化",即把那些不屬於法律手段的解決辦法也稱為法。

從規範比較到功能比較的發展,有其內在的合理性。馬克思說:"法的關係正像國家的形式一樣,既不能從它們本身來理解,也不能從人類精神的一般發展來理解,相反,它們根源於物質的生活關係。"[9]因此,對於馬克思主義法學來說,注重法律規範的功能,把法律規範與它們所反映和服務的社會關係聯繫起來,特別注重不同社會制度的法律規範,服務於不同的社會階級需要,反對形式主義的觀察問題的方法,更是它的一個主要特徵。但作者認為,比較法研究中社會功能分析的產生,是為了彌補單純的法律分析方法的不足,它沒有也不可能取代法律分析方法。法律分析和功能分析,規範的比較和功能的比較,是我們研究不同國家法律現象的不同手段。每種研究方法都有其優點,也都有其局限。在運用不同方法時應注意自己的界限,即可比性的前提,而不是把二者推到極端,那麼規範比較和功能比較,不但不是相互對立的,而且可以相互補充、有機統一。

---

9 馬克思:"《政治經濟學批判》序言",載《馬克思恩格斯選集》(第 2 卷),人民出版社,1972 年版,第 82 頁。

朱景文總結說，比較法學從規範的比較到功能的比較的發展，符合歷史的規律。十九世紀末二十世紀初，比較法學在其發展初期主要集中在大陸法系內部的比較，由於被比較的國家有大致相同或類似的法律結構，其法律制度的社會功能也大體相同，所以規範的比較能夠順利發展。後來比較法學從大陸法系內部的比較發展到大陸法系與普通法法系國家之間的比較，被比較的國家之間有不同的法律結構，這就是二十世紀 20 年代以來，德國法學家拉貝爾等人提出的功能性觀點即功能的比較的基礎。二次世界大戰後，隨着一系列社會主義國家的出現和第三世界國家的興起，給當代比較法學提出了許多規範的比較根本無法解決的問題：一方面，雖然蘇聯、東歐各國原屬大陸法系，在建立了社會主義制度以後，其法律結構仍然與大陸法系相似，但同一法律制度的社會功能卻極為不同；另一方面，許多第三世界國家在其獨立以後，雖然仿照原殖民地宗主國的法律體系建立了西方式的法律體系，但是它們的作用是大打折扣的，這些國家原有的傳統法、習慣法或宗教法在實際生活中仍然起着很大的作用。在兩大陣營尖銳對立的冷戰時期，面對這些新出現的問題，無論是蘇聯、東歐等社會主義國家的學者還是西方的學者，都有人曾經主張不同社會制度國家的法律之間是不可比的，例如同樣是商標法，在實行計劃經濟的國家作用十分有限，而在實行市場競爭的國家作用則很大，因此很難把它們放到同一層次上去比較優劣。[10]

黃文藝也認為，當代西方比較法學的發展，在方法上表現為從一元走向多元。在傳統的比較法中，佔主導地位的比較方法是規範

---

10 ［瑞典］米凱爾・博丹（M. Bogden）：〈不同的經濟制度與比較法〉，載《法學譯叢》，1980年第 5 期。

比較。近二、三十年來，很多比較法學家都認識到規範比較的局限性，轉而尋求更為寬泛的比較方法，提出了功能比較、傳統比較、文化比較等新的比較方法。在當代西方比較法領域，比較法學家所使用的比較方法，表現出越來越明顯的多樣性特點和多元化傾向。

在對法的理解上，規範比較方法比較接近分析實證主義法學的立場和觀點。在規範比較中，比較的單位是法律規範或法律規範體系。功能比較方法是德國學者茨威格特和科茲等人在批判規範比較方法的過程中，提出來的一種新的比較方法。在對法的理解上，功能比較方法比較接近社會學法學的立場和觀點。在功能比較中，比較的出發點和基礎是社會所面臨的各種問題或需要。比較的基本步驟是，首先在所比較的國家中找出人們共同遇到的社會問題或社會需要，然後是研究所比較的國家對這種社會問題或社會需要，所採取的法律解決辦法，即有關法律規範、程序和制度，最後是對這些法律解決辦法進行比較。[11]

筆者認為，從規範比較到功能比較的轉變，本身只是對各國法律發展實踐的一種回應。這種轉變不僅僅是比較方法的轉變和比較內容的擴大，更是研究重點從法律規則到法律秩序的轉變、從書本中的法律到行動中的法律的轉變。它的優勢在於對法律實踐的關注和強調。

二、中國法律社會學的興起和發展[12]

美國社會學法學家龐德（Roscoe Pound）認為，"我們必須從功

11　黃文藝：〈論當代西方比較法學的發展〉，載《比較法研究》，2002 年第 1 期。
12　蘇力近作〈中國法學研究格局中的社科法學〉（載《法商研究》，2014 年第 5 期）對中國語境下的"社科法學"進行了細緻梳理。筆者以為，"法律社會學"與"社科法學"在中國語境下是相同，至少是兼容的，這從下述侯猛的論述中可以得到證明。當然"社科法學"近些年有了長足的進步，特別是蘇力的著述更見功力。——補註於 2015 年 1 月。

能上審視法律。我們必須探究法律是如何運作的，因為法律的生命乃在於它的適用和實施。"[13] 法的實施一直是法律社會學的研究重點。早在 30 年前，沈宗靈教授與陳守一教授合寫的〈論法學的範圍和分科〉一文中就提出，法律社會學應是我國法學學科之一。"法學還應着重研究法律制定後在社會中的實施，即如何實施、是否實施、怎樣得到保證實施、這種法律在社會上的作用和效果如何，等等，這些問題在法學中稱為法律社會學。"這應是新中國成立以來有關社會學法學在大陸的最早論述。[14]

二十多年前沈宗靈教授著文指出，我國近年來的法學中，也有很多通過具體社會實際問題探討法律實行方面的文章，但總的來說，註釋法學或具有註釋法學傾向的作品，在法學研究和法律教育中佔有相當大的優勢。課堂講授、法學教材或論著的主要內容，一般都圍繞制定法的條文進行文字上、邏輯上的闡述，而對這些條文在社會實際生活中的實行、它的具體的成效和社會效益卻不加涉及或很少涉及。在闡釋法律條文時，我們也舉一些實際生活中的例子，甚至介紹一些案例。這種做法當然勝於單純闡述條文，在一定意義上，也是貫徹理論聯繫實際的一種形式。但這種做法的出發點仍在於幫助正確地闡述條文，而不在於研究法律的實行和成效等。對傳播和實行法律來說，註釋法學是必不可少的，古今中外的法學中都有註釋法學（形式或名稱可能不同）。對法律條文作較高質量的註釋文章或著作，也可以說是法學研究的一種成果。但法學不能僅限於註釋法學。以註釋法學為主的法學是缺乏生活力的。制定法

---

13 ［美］羅斯科・龐德：《法理學》（第 1 卷），鄧正來譯，中國政法大學出版社，2004 年版，第 359 頁。

14 陳守一、沈宗靈：〈論法學的範圍和分科〉，載北京市法學會首屆年會論文集編輯組：《法學論集》，法學雜誌社，1981 年版，第 3 頁。轉引自沈宗靈：〈法律社會學的幾個基本理論問題〉，載沈宗靈主編：《法理學研究》，上海人民出版社，1990 年版，第 272-283 頁。

律的直接目的在於法律的實行，法律通過在社會生活中的實行，而履行自己的社會功能並實現自己的社會目的，它的實行越接近它的社會目的，它的社會效益也就越大。特別在當前，法制建設中的關鍵問題是要解決"有法不依"，法律的實行是法學應着重研究的課題。[15]

從哲學上講，法律上的規定和法律在實際生活中的實行這二者之間的關係，實質上就是理論和實踐之間的關係。法律來源於社會實踐，是人們實踐經驗的總結；反過來，法律要服務於社會實踐，要回到社會實踐中去調整人們的行為，並在實踐中進一步受到檢驗，從而不斷修改和發展。在這裏，理論和實踐是密切聯繫但卻是不同的現象。從邏輯上看，法律規定一般屬於模態判斷，即斷定事物必然或可能發生的判斷。法律在實際生活中的實行，即人們是否在實際上按法律規定行為卻是一種實然判斷，即表明已發生事實的判斷。在這裏，法律規定應當的事情和實際生活中發生的事情，顯然是兩個既有密切聯繫但卻又不同的事情。

毛澤東在講到團章規定的原則性和靈活性之間關係時曾指出："應當是那樣，實際上是這樣，中間有個距離。"他還特別以新中國成立初期的婚姻法作為例證："有些法律條文要真正實行，也還得幾年。比如婚姻法的許多條文，是帶着綱領性的，要徹底實行至少要三個五年計劃。"[16]他在這裏所講的婚姻法的許多條文要在多年後才能真正實行，只是指法律在實際生活中實行的一種特殊情況，但這種情況也説明法律在紙面上的規定，和法律在實際生活中的實行，是兩個既有密切聯繫但又有區別的現象。總之，應當是那

15　沈宗靈：〈論法律的實行〉，載《法學研究》，1988 年第 2 期；另參見沈宗靈主編：《法理學研究》，上海人民出版社，1990 年版，第 259-271 頁。

16　毛澤東：《毛澤東選集》(第 5 卷)，人民出版社，1977 年版，第 86 頁。

樣和實際是這樣，理論和實際，理想和現實，目標和過程，並不是等同的，中間是有距離的。[17]

沈宗靈在另一篇論文中，專門討論了法律社會學的問題。他在文中指出，法律社會學是以研究法律的實行和效果等作為主要對象的一門學科。它早在十九世紀末二十世紀初就已在西方國家興起。但對我國來説，它還是一個正在創建的新學科。沈宗靈認為，法律社會學是我國法學的一個分支學科。按照國際社會科學中的傳統，不僅法學，而且社會學，都有法律社會學這一分支學科。從這一意義上講，法律社會學也可以説是法學和社會學之間的一個邊緣學科。事實上，法律社會學的研究往往要涉及到法學、社會學以外的其他許多學科，包括自然科學在內。因而法律社會學也具有"軟科學"的特徵。在西方法學中，法律社會學（Sociology of Law）和社會學法學（Sociological Jurisprudence）這兩個名稱的關係是含糊不清的。由於二者的特徵都在於以社會學的觀點和方法研究法律，都着重研究法律的實行、功能和效果等，因而有時是通用的；但有時卻是有區別的。一般地説，社會學法學是指法學中一個學派，僅在法學中使用。在有的法學作品中，又稱功能法學派。法律社會學則被認為是社會學的一個分支學科。但有些社會學法學家也常將自己的作品稱為法律社會學。例如，社會學法學的創始人之一、奧地利法學家歐根‧埃利希（Eugen Ehrlich, 1862-1922）的主要著作即稱為《法律社會學的基本原理》。

法律社會學和社會學法學實質上是同一含義，僅由於研究者本人是社會學家或法學家，在研究同一問題上（例如青少年犯罪問題

---

17 沈宗靈：〈論法律的實行〉，載《法學研究》，1988 年第 2 期；另參見沈宗靈主編：《法理學研究》，上海人民出版社，1990 年版，第 261-262 頁。

和夫妻共同財產制問題等），其研究角度和着重點有所不同，一個社會學家要綜合包括法律在內的各種社會因素來研究這一問題，而法學家則着重研究這一問題的法律方面，但又不限於法律方面。美國法學家派特遜（E. Patterson）認為，社會學法學是"規定性的"（Prescriptive），而法律社會學則是"描述性的"（Descriptive），也主要是指前者着重法律規定，後者着重陳述社會、法律事實。英國社會學家科特雷爾（Cotterell）在解釋法學和社會學之間的差別時也認為："法律作為一個學科關係到闡明政府通過規則的實際技巧，它關心的是規定的和技術的事情。社會學則關係到對社會現象的科學研究，它關心的是說明和陳述的事情。"也有人認為，法律社會學是應用法學，它研究特定問題上法律的功能；社會學法學則是理論法學，它着重研究法律在社會中的實行，而不是法律的內容和形式。

我國的法律社會學通過各種社會現實問題來研究法律的實行、功能和效果。法律通過在社會生活中的實行而履行自己的社會功能，並實現自己的社會目的，它的實行越接近它的社會目的，它的社會效益也就越大。法律社會學並不是像民法、刑法那樣單一的部門法學科，也不像法學理論、法制史那樣的基礎學科。它是同這些學科既有交錯但又不同的橫斷學科或綜合學科。它彷彿是在一個市區中穿越許多直行道的橫行道。它所研究的範圍中，既有理論問題，又有很多部門法的實際問題。

法律社會學有它自己的理論，但總的來說，它不是理論法學而是應用法學，是通過現實社會問題來研究法律的實行、功能和效果。它不是我國法學理論中的一個學派，更不是用來代替原有的法理理論。它能豐富和發展法學理論，但它本身是以法學理論作為自己的理論基礎之一的。它與原有的法學理論在研究對象方面的主要差別是：**法學理論**，作為法學的一個基礎學科，要研究法律的產生、本質、作用（功能）、形式、發展，法律和其他社會現象的關係，法律的制定和實行等一系列基本理論問題；**法律社會學**，作為一門應用法學，它研究的主要對象是，通過現實社會問題，着重研究各部門法的實行、功能和效果問題。如果法律社會學主要是一般論述法律與其他社會現象，例如經濟、政治、文化、道德、宗教、科技等的相互作用，這就會使它與法學理論在研究對象上，有很大程度上的重複，就會使人懷疑法律社會學是否有創建的必要；與民法、刑法等部門法學不同，法律社會學要研究各部門法問題，但它通過現實社會問題來研究部門法；它不是一般地研究部門法，而是要着重研究這些法律的實行。在通常情況下，它所研究的課題不是一個部門法，而是兼及幾個部門法的問題。

談到開展法律社會學研究的重要意義，沈宗靈教授指出：其一，法律社會學着重研究法律的實行，而法律的實行正是當前法制建設中的關鍵問題。其二，開展法律社會學研究的意義，還體現在它將有助於法學研究中貫徹理論與實際聯繫的原則。如果一個法學論著，不接觸社會實際生活中的問題，不研究人們的實際行為，就很難稱為法律社會學的成果。我們寄希望於法律社會學，由於它所研究的特定對象，有可能在法學領域中為貫徹這一原則而做出突出成績，從而推動整個法學學科向這一方面邁進。其三，開展法律社會學研究，可能有助於改變目前法學領域中註釋法學佔有優勢的局面。

西方法律社會學是在十九世紀與二十世紀之交，資本主義社會從自由資本主義向現代資本主義轉變這一重要轉折時期興起的。在此之前的傳統法學，主要是自然法學、歷史法學、分析法學、哲理法學等，在法律性質上，這些傳統法學都否認法律是一種社會現象，而分別認為法律體現人的理性、民族精神、絕對精神、最高道德準則、主權者的命令，等等。在司法實踐中，傳統法學一般都傾向於機械地、刻板地遵循法律條文或法律形式。正是在這種情況下，法律社會學在反對"概念法學"、"形式主義法學"、"機械主義法學"等旗幟下崛起，它強調法律是一個社會現象，法律與其他社會因素相互作用，強調應着重研究法律的實行、功能和效果，而不能僅限於研究法律的內容和形式，強調法律的社會化，鼓吹以社會學觀點和方法研究法律，各社會科學合作進行綜合研究，等等。[18]

侯猛博士分析了中國法律社會學的知識建構和學術轉型。他認為，中國法律社會學有從傳統的法律理論研究向經驗研究轉變的趨勢。推進法律社會學研究就要以研究中國問題為中心，提倡問題意識、學術本土化、以地方性知識為觀察視角、堅持懷疑主義和實用主義的立場、進行交叉學科的研究，從而建立自己的學術研究傳統。

作為一個學科，法律社會學以法律與社會為研究對象，研究整個法律體系運行的社會效果，以及法律與社會其他要素之間的相互關係。這種研究主要側重於理論研究，包括法律運行理論和社會—法律理論（Social-Legal Theory）。作為研究方法（或者稱為研究問題的進路），法律社會學則是開放的科學，不僅運用經驗和實證分析，還運用心理學、統計學、經濟學、文學等領域的研究方法，分析與法律有關的所有社會問題。也就是運用社會科學知識與方法，跨學科分析和解釋社會法律現象。因此，在這個意義上，法律社會學被稱之為法律的社會科學研究。

二十世紀 90 年代以後，法律社會學更多的是注重經驗研究以

18　沈宗靈：〈法律社會學的幾個基本理論問題〉，載沈宗靈主編：《法理學研究》，上海人民出版社，1990 年版，第 272-283 頁。

及具體制度的分析。這一時期研究的主要問題，包括中國法治、司法制度、中國習慣、法律文化、法律全球化等。蘇力的《法治及其本土資源》是這一時期的代表作品。

就總體來看，正如有學者所判斷的，中國的法律社會學的學術傳統和學術訓練仍非常欠缺，法學院至今沒有正式的、系統的法律社會學理論和方法的訓練，法條主義和政策註釋性法律研究仍是主流。儘管有越來越多的法學工作者意識到關注實際的重要性，但是近年來的法律社會學教科書和教學，幾乎還是從比較空泛的理論到理論，在某種意義上是先前的法理學的翻版，而不具有法律社會學所要求的那種以研究問題為中心、強調實證研究的方法的特徵。儘管這一判斷是在十年前提出的，但是在今天仍然適用。[19]

毛澤東曾說，我們所要的理論家是甚麼樣的人呢？是要這樣的理論家：他們能夠依據馬克思列寧主義的立場、觀點和方法，正確地解釋歷史中和革命中所發生的實際問題，能夠在中國的經濟、政治、軍事、文化種種問題上給予科學的解釋，給予理論的說明。[20]沈宗靈教授也指出，作為一個名副其實的當代馬克思主義法學家，就應該能夠依據馬克思列寧主義的立場、觀點和方法，研究在我國社會主義法制建設中發生的種種問題，從理論上給予科學的說明。[21]筆者以為，作為一個負責任的中國法學工作者，必須勇於面對現實中的法律問題。中國法律社會學的興起和發展，說明了法律實踐對中國法學的挑戰和促進，就此而言，我們應該真誠接受和學習法律社會學的方法。

---

19 侯猛：〈中國法律社會學的知識建構和學術轉型〉，載《雲南大學學報》(法學版)，2004年第 3 期。
20 毛澤東：〈整頓黨的作風〉，載《毛澤東選集》(一卷本)，人民出版社，1964 年版，第 772 頁。
21 沈宗靈主編：《法學基礎理論》，北京大學出版社，1988 年版，第 13 頁。

三、憲法學研究中的實踐關注 —— 重讀龔祥瑞 [22]

談到憲法學研究方法，筆者不由想到曾受教的已故憲法學、政治學教授龔祥瑞先生。

龔先生曾指出："憲法的精義不在於法律條文上的規定，就法論法總有局限性，總不能究其根源。憲法是政治法，是治國之法，治官之法，是從崇尚個性解放，保護私有財產，保護人身，言論出版等自由，遏止暴政，保障公民利益出發的。" [23]"一般憲法學者都認為除憲法規定事項外，憲法學還應包括憲法慣例、憲法性法律、有關憲法的解釋、判決和判例等等。這樣，憲法學的範圍就遠遠超出了成文憲法的範圍。①凡憲法無明文規定，但實際上存在的重大原則和主要制度都應包括在憲法學研究的範圍之內；②凡憲法授權立法機關以法律規定的事項，即憲法性法律也應包括在憲法學研究的範圍之內；③在採用不成文憲法的國家，權威的言論也被列為憲法的來源之一；④凡憲法雖有明文規定，但非重大的實質性問題，憲法學者往往略而不論。" [24]

在成文憲法下面生存而行動的人們，如果他們所從事的政治活動依照規則（他們不總是如此），成文憲法誠然可以表現出實際政治組織的正確觀念。但是如果他們不依照規則，則憲法學者如要明

22　筆者近期的閱讀發現，龔祥瑞教授和與他有三重同窗之誼（滬江大學、清華大學政治系和英國倫敦經濟政治學院）的樓邦彥教授在履歷和治學方面有明顯的共同之處，包括他們有共同導師錢端升教授、拉斯基教授（H. J. Laski）和詹寧斯教授，留學時都專攻行政法學，都對英國政治學和憲法學有很深造詣，甚至早在 1934 年就共同撰寫了《歐美員吏制度》並請錢端升作序。樓邦彥教授早在上個世紀三、四十年代就有關於拉斯基、詹寧斯和戴雪等的專論，並有關於英國、法國、德國和美國等國家的政治學、憲法學和行政法學方面的著述。正像陳弘毅教授有專文討論張君勸一樣（〈張君勸先生的儒家與憲法思想〉，載《憲法學的世界》），重溫和反思民國時期政治學和憲法學，對今天的學術研究也許不是多餘。—— 補註於 2015 年 1 月。

23　龔祥瑞：〈中國需要甚麼樣的憲法理論〉，載《法學》，1989 年第 4 期。

24　龔祥瑞：《比較憲法與行政法》，法律出版社，1985 年版，第 2 頁。

確認識政治組織，就必須和政治學者一樣去考察政權在實際上是怎樣行使的。換句話說，成文憲法不過是載入文件當中的關於政府的條文，它不一定表現一國實際存在的政體。我們不能受憲法條文的束縛，我們的研究應推廣到憲政方面去。關於憲政標準，龔祥瑞寫到：其一，立憲政府（Constitutional Government），這種政體不同於個人專制，它不是根據當權者的暫時意念，而是依照法律規則，這許多規則經過明文規定或普遍承認，足以控制政府的行動。所以，憲政是"法治"而不是"人治"。其二，憲政既是法治而不是人治，就需要制定許多規則。這種規則，從統治階級立場來看，可以說是自己加於自己身上的限制（Auto-limitation），[25] 也可以說是被治者加於治者身上的限制（根據 Social Contract），[26] 但不論何種說法，這種規則，總可以歸納在某一文件之內，而這個文件對於政府中負實際責任者，能夠加以監督。其三，這許多規則，或由議會通過，或由政府公佈，都可以從風俗習慣中產生，而這些習慣傳統的來源又和政治行動有關，凡是執政者總不能不加以重視。可以說在立憲政體下，凡參與協商者都可以參政；並且就這一點而言，憲政就是民主的政治。根據上面的分析，把民主和法制結合起來，構成政權組織形式，就叫憲政。憲政的研究既屬於政治學的範圍，也屬於憲法學的範圍。而憲法學所研究的則主要是憲法與憲政的關係。[27]

25　德國人耶林（Rudolf von Jhering）首創此說，他以為國家權力，雖不受外力的限制，卻應受自己意志的限制，應遵守他自己所頒佈的法律；換句話說，在法律尚未正式廢止或變更以前，行使主權的國家機關，應與受主權支配的人民，同受該項法律的約束，而不得有違反法律的措施。這種限制便是近代所謂"法治"或"法治國"的精神。參見龔祥瑞前引書，第4頁註。

26　英人洛克以及美、法革命時代的人權宣言都持此說。依照他們的見解，憲法是有主權的人民對於政體的意志表示。國家的存在只在劃定人民與人民間權利的界限，並給予這些人民以保障，人民於不侵犯他人權利的範圍內，國家便不能加以侵犯。參見龔祥瑞前引書，第5頁註。

27　龔祥瑞前引書，第4-5頁。

談到憲法在內容上的特點，龔祥瑞指出，政治學家，特別是英國的政治學家和憲法學家一般都指出，憲法條文的權威性是形式上的，它的實際效力是隨着統治階級的意志而轉移的，也是與一國的法制水平相一致的。當現實需要強調法制時，便把憲法捧上天，稱之為"國家大經大法"，普通法律必須根據它而制定。當現實不需要法制時（遇有內亂外患），不是把憲法送進冷宮、束之高閣、暫停施行，就是公開拋棄憲法、踐踏憲法，把它變成廢紙一張。所以列寧說："當法律同現實脫節的時候，憲法是虛假的；當它們是一致的時候，憲法便不是虛假的。"

英國的詹姆斯·布賴斯（James Bryce）認為，憲法包括規定政體和人民同政府間相互關係的權利義務的規則或法律，也就是"通過法律加以組織的政治社會結構"，憲法本身起着授權作用，也就是"由法律所規定的永久性機構，它們賦有公認的職能和確定的權利"。當代著名憲法學者幾乎都是屬於布賴斯一派，布賴斯的觀點是從權與法的關係來分析憲法的。[28]

談到研究方法，龔先生指出："不研究政治學，恐怕無從了解憲法中的任何原理原則，於憲法的辯論中就不能詳盡它的意旨所在。所以第一應當研究經濟學和政治學，第二研究史學，第三才研究法學。從實際出發，理論聯繫實際，實事求是地研究問題，這是一個憲法學者必須應用的科學方法。"[29]

W. 艾沃·詹寧斯（W. Ivor Jennings）在解釋實質意義的憲法時說："若不是站在形式意義的立場來了解，'憲法'只不過是人們的一種組織。它的性質依統治者和被統治者的性質而轉移。就這方面

28　龔祥瑞前引書，第 22-23 頁。
29　龔祥瑞前引書，第 11 頁。

來説，憲法是一種變化無常的事物，好像萬花筒似的在變化着，因此對憲法作用的研究，也就包含着使全體人民及各社會階層在思想、願望和習慣各方面發生變化的社會政治勢力的研究。一個憲法學者除非了解這些變化，否則是無法了解憲法的。我要説的是：法律家離開對產生憲法的社會條件和受它統治的人民的狀況的了解，就不可能了解任何一個部門的法律。但是法律家之研究政治社會，其特殊的貢獻恰好在於他對一定時期內調整政治機構各種關係的原則進行探討。因為憲法固然是由人們而不是由條例組成的，社會的複雜性卻要求政治機構要按照一定規則來活動，如果它想要活動的話。"[30]

龔先生曾談到中國實際："有句順口溜説，黨有權、政有錢、人大舉手、政協發言。這似乎正道出了我們國家體制上的弊病。我國《憲法》規定，'全國人民代表大會是最高國家權力機關'，它應該是最有權的，而不應當充當'橡皮圖章'的角色。"[31]

在一篇有關詹寧斯的論文裏，龔先生評論道，在詹寧斯看來，分析與論證是屬於兩種不同的知識領域。分析過程是憲法學（法理學），屬於政治學中有關制度實際運行的領域；論證過程屬於政治理論（法哲學），即政治學中有關制度文化的領域。其間的區別是事實與觀念之間的區別。儘管觀念本身也是事實，不論是存在於文件上的事實，還是銘記於牧師或法官的心中的事實，這種主觀因素在司法過程中是極易被證實的。不過，社會科學家和自然科學家一樣，必須假設現實的存在，他還必須假設存在的原因的性質，至少他要從一人的言行中假設他的觀念的性質。

---

30 龔祥瑞前引書，第 22 頁；另參見[英]詹寧斯：《法與憲法》，龔祥瑞、侯健譯，三聯書店，1997 年版，第 1 版序言。
31 龔祥瑞：〈改善黨政關係〉，載龔祥瑞編著：《憲政常談》(上)，北京大學法律系、政治及行政系，1990 年印行，未公開出版。

　　詹寧斯得出下列結論，應該採取社會科學的方法。他說：所謂社會科學的方法，就是檢驗包括觀念在內的一定的社會現實的過程（發生及其發展）。一個法學家或憲法學家的職責和職業法律家"以法論法"是不一樣的，他（或她）要探索的是大家遵循的一般規則，因為理性是可以用科學的方法使之明確的，在每一社會裏生存着的人們，都會合理地同意某些行為規則，這些合理的規則對每個人來說，不論是對他本人還是對其他人，都是應該接受的。

　　詹寧斯曾指出：法律規則又何嘗不是政治準則呢！英國的所有法律都是政治的產物，尤其是 1689 年政治的產物。法官們不過默認這些政治權威所提供的原則罷了。許多重要的憲法原則特別是有關國王、首相、內閣和議會等相互關係的憲法原則，從來不是靠法院的承認。它們一直是政治實踐的結果，或由立法所確認。詹寧斯既說明了憲法和法律的區別，也說明了憲法學者與法律學者的區別。戴雪是從法院的角度來看國家機關的，而詹寧斯則是從憲法性法律的角度，來看包括法院在內的所有國家機關的；戴雪的憲法觀是從法制開始 —— 首先探索的是法院與法官，而後再把法院的職能劃分為憲法、刑法、民法、程序法和證據法等法律，結果在戴雪那裏，憲法性法律便成了司法制度的一部分（司法職能的產物之一），而詹寧斯則像大陸成文憲法國家的學者那樣，沒有把司法當局看得像戴雪那樣重要，他們從憲法性法律開始，詳述法院與其他國家 —— 議會和行政 —— 及其職能，包括選舉法與行政法在內的憲法，為此，詹寧斯傾向大陸國家學者把憲法和行政法包括在內的憲法學使用"公法學"（Public Law）一詞。要說區別，這才是詹寧斯的公法學與戴雪的私法學的真正區別。[32]

32　龔祥瑞：〈法與憲法 —— 讀詹寧斯《法與憲法》〉，載《比較法研究》，1995 年第 4 期。

以筆者的閱讀體會，龔祥瑞先生由於其政治學的專業訓練，[33]
更習慣並喜歡從政治學角度考慮問題。[34] 鑒於憲法學的政治法性
質，在憲法學研究中無法迴避政治問題，筆者贊同在憲法學研究中
適度引進政治學視角，但也應與法學研究加以區分。至於龔先生所
說的注重實際的方法，筆者以為，是與前述的社會學方法相同或兼
容的，即不但注重文本，更注重實踐，或不僅觀察說，更要觀察
做。筆者認為值得憲法學研究加以借鑒。

第二節　香港特區終審法院解釋
實踐的解讀與評價

基於上文的討論，本節嘗試對香港特區法院——特別是特區終
審法院的解釋實踐進行解讀和評價。需要說明的是，法律社會學需
要專門的訓練和智力投入，也不是短期能夠奏效，筆者對此沒有必
要的準備和積累。在此所能做的只是對法律解釋實踐的關注和解讀。

一、香港特區終審法院解釋香港基本法的實踐考察

香港法院——特別是終審法院有大量的《基本法》解釋實

---

33 龔祥瑞先生於 1929 年入上海滬江大學生物學系學習，於 1931 年入清華大學政治學系學
習，期間在錢端升指導下與同學樓邦彥合作完成《歐美員吏制度》(上海世界書局，1934 年
版)，於 1936 年前往英國倫敦大學經濟政治學院師從拉斯基、詹寧斯專攻"公務員任用制
度"，"在英國所學的，與其說是行政法學，不如說是民主憲法憲政學"，回國後在西南聯
合大學政治學系任教。參見龔祥瑞：〈我的專業的回憶〉，載北京圖書館《文獻》叢刊編輯
部，吉林省圖書館學會會刊編輯部編：《中國當代社會科學家》(第 6 輯)，書目文獻出版
社，1984 年版。轉引自龔祥瑞編著：《憲政常談》(上)，北京大學法律系、政治及行政系，
1990 年印行，第 1-13 頁，未公開出版。
34 筆者在北京大學學習時，龔先生就曾明確表示願意給政治學系學生講課。在前引文中，他
表示今後很可能要歸隊，回到政治學方面去，從政治學的角度去研究社會主義法律。龔祥
瑞前引文第 9 頁。

踐。[35] 在此重點介紹與本書討論聯繫最密切的"馬維錕案"和"居港權系列案"。

（一）香港特區訴馬維錕案（1997 年 7 月）[36]

"香港特區訴馬維錕案"被稱為香港回歸後的憲政第一案。[37] 本案涉及一宗串謀妨礙司法公正控罪的刑事案件。被告人辯稱他們於回歸前被控的普通法罪行（串謀罪是普通法規定的罪行）不再有效，並提出普通法並沒有隨着回歸而過渡，臨時立法會為確保檢控能得以延續而通過的法例是無效的，因為臨時立法會並非是依據《基本法》而合法成立的特區立法機關。這是回歸後，第一次提出香港法院沒有司法管轄權去審查全國人大或其常委會的立法行為這一命題。上訴法庭裁定：香港原有的普通法在回歸後繼續有效，並裁定全國人大常委會（根據 1990 年的全國人大決定）成立的香港特別行政區籌備委員會所成立的特區臨時立法會享有合法地位，因此其制定的《香港回歸條例》是有效的。

在此案中最值得留意的一點是，代表特區政府出庭的律政專員馮華健在法庭辯論中表明，正如香港法院在 1997 年以前有權審查香港立法機關的立法是否與《英皇制誥》相抵觸，在香港回歸以

---

35 參見黃江天：〈回歸後涉及解釋基本法的重要訴訟〉。該文介紹了回歸後至 2001 年 12 月為止的 12 起訴訟，載黃江天：《香港基本法的法律解釋研究》，三聯書店，2004 年版，第 154-170 頁；另參見馮華健、王鳴峰、黃慶康、尹平笑：〈基本法訴訟與司法審查〉。該文介紹了香港回歸後至 2002 年 12 月為止有關基本法的 16 起訴訟，載許傳璽主編：《中國社會轉型時期的法律發展》，法律出版社，2004 年版，第 192-230 頁。

36 香港高等法院上訴法庭：〈"馬維錕案"判決書〉（HKSAR v. Ma Wai Kwan David and Others），CAQL1/1997，載"香港特區司法機構網站"（http://www.judiciary.gov.hk），瀏覽時間：2011 年 3 月 12 日。

37 之所以認為這是香港回歸後的憲政第一案，是基於下列學者在其著述中列舉的涉及基本法的案件裏，此案都無爭議地位列第一。黃江天：〈香港回歸後涉及基本法的重要訴訟〉，載黃江天：《香港基本法的法律解釋研究》，三聯書店，2004 年版；陳弘毅：〈香港特別行政區法院的違憲審查權〉，載陳弘毅：《法理學的世界》，中國政法大學出版社，2003 年版，第 430 頁以下；馮華健、王鳴峰、黃慶康、尹平笑：〈基本法訴訟與司法審查〉，載許傳璽主編：《中國社會轉型時期的法律發展》，法律出版社，2004 年版，第 192 頁以下。

後，特區法院也有權審查特區立法是否與《基本法》相抵觸。但他在此案中的其中一個主要論點是，作為地區性法院，香港特別行政區法院無權審查全國人大的行為或決定。上訴法庭基本上接受了這個論點，但其就臨時立法會的法律地位的裁決，主要是基於它認為在"直通車"方案破滅後，特區籌委會成立臨時立法會的決定，是符合人大有關決定的，而且沒有違反《基本法》。[38]

（二）吳嘉玲及其他人訴入境事務處處長（1999 年 1 月）[39]

這件案件於 1997 年 10 月 9 日在特區高等法院原訟法庭審結，1998 年 5 月 20 日在高等法院上訴法庭審結。上訴法庭基本上肯定了原訟法庭的判決。法院認為：其一，由於《基本法》第 22 條規定中國內地人士進入香港須辦理批准手續，而按法院的理解，此規定也適用於第 24 條第 2 款第 3 項所述的港人在中國內地的子女，所以上述關於"居留權證明書"和"單程通行證"的立法規定是合理的，並沒有違反《基本法》。其二，就入境修訂法例中關於不承認生父與其非婚生子女的父子（或父女）關係的規定，則被法院裁定為與《基本法》第 24 條第 2 款第 3 項相抵觸，因而無效。雖然此規定是中英聯合聯絡小組在商討《中英聯合聲明》的實施的過程中同意的，但法院認為這是無補於事的。[40]

此案後來再上訴至特區終審法院，終審法院於 1999 年 1 月 29 日作出判決（此案在原訴法庭和上訴法庭稱為"張麗華訴入境事務

---

38 陳弘毅：〈香港特別行政區法院的違憲審查權〉，載《中外法學》，1998 年第 5 期；另參見陳弘毅：《法理學的世界》，中國政法大學出版社，2003 年版，第 430-432 頁。
39 香港特區終審法院：〈"吳嘉玲案"判決書〉（Ng Ka-Ling and Others v. Director of Immigration），FACV14/1998，載"香港特區司法機構網站"（http://www.judiciary.gov.hk），瀏覽時間：2011 年 3 月 12 日。
40 香港高等法院原訴法庭：〈《吳嘉玲案》（原稱"張麗華案"）判決書〉（Cheung Lai Wah v. The Director of Immigration），CACV000203/1997、CACV 216/1997，載"香港特區司法機構網站"（http://www. judiciary.gov.hk），瀏覽時間：2011 年 3 月 12 日。

處處長案",到了終審法院後改稱"吳嘉玲及其他人訴入境事務處處長案",簡稱"吳嘉玲案")。終審法院推翻了上述法庭就上述第一點的裁決,但就第二點(即關於非婚生子女的居留權)來説,終審法院維持了上訴法庭的原判。

1999 年 2 月 24 日,入境事務處處長提交動議通知書,要求終審法院澄清 1999 年 1 月 29 日判詞中有關全國人大及人大常委會的部分。終審法院根據其固有司法管轄權,採取特殊步驟,對第一次判詞,作出聲明:①特區法院的司法管轄權來自《基本法》。《基本法》第 158 條第 1 款説明《基本法》的解釋權屬於全國人大常委會。法院在審理案件時,所行使解釋《基本法》的權力來自全國人大常委會根據第 158 條第 2、3 款的授權。第一次判詞中亦説過:法院執行和解釋《基本法》的權力來自《基本法》並受《基本法》的條文(包括上述條文)所約束。②終審法院在第一次判詞中,並沒有質疑全國人大常委會根據《基本法》第 158 條所具有解釋《基本法》的權力,及如果全國人大常委會對《基本法》作出解釋,特區法院必須要以此為依據。法院接受這個解釋權是不能質疑的。③法院在第一次判詞中,也沒有質疑全國人大及人大常委員會依據《基本法》條文和《基本法》所規定的程序行使任何權力。法院也接受這個權力是不能質疑的。

(三)陳錦雅及其餘 80 人訴入境事務處處長(1999 年 1 月)[41]

1997 年《人民入境(修訂)(第 2 號)條例》規定,港人在香港以外所生的中國籍子女,如要享有在港的居留權,則其父親或母

41　香港特區終審法院:〈"陳錦雅案"判決書〉(Chan Kam Nga and Others v. The Director of Immigration),FACV13/1998,載"香港特區司法機構網站"(http://www.judiciary.gov.hk),瀏覽時間:2011 年 3 月 12 日。

親在此名子女出生時必須已享有香港居留權，換句話說，如果某人從內地移居香港，在香港住滿七年（因而成為享有居留權的香港永久性居民）之前，他在中國內地的妻子生下子女，則子女不能行使《基本法》第 24 條第 2 款第 3 項所規定的居留權。在"陳錦雅訴入境事務處處長"一案中，原告人認為這個規定與《基本法》第 24 條第 2 款第 3 項相抵觸。

案件於 1998 年 1 月 26 日在高等法院原訟法庭審結，原告人勝訴。[42] 但當案件上訴至上訴法庭時，由三位上訴法庭法官組成的合議庭，在 1998 年 5 月 20 日一致裁定入境事務處處長的上訴得直，原告人敗訴。上訴法庭認為，《基本法》第 24 條第 2 款第 3 項應理解為只適用於在其出生之時，其父或母已是香港永久性居民的人，因此原告人所質疑的入境法例條文是完全符合《基本法》的。[43]

上訴法庭的判決被終審法院於 1999 年 1 月 29 日的判決推翻。終審法院的解釋與原訴法庭的解釋相同。

（四）劉港榕及其餘 16 人訴入境事務事處處長（1999 年 6 月）[44]

在本案中，申請人都是持雙程證到香港而過期居留的人士，他們皆聲稱是香港永久性居民在內地所生的中國籍子女，根據《基本法》第 24 條享有香港居留權。原訟法庭認為，雖然當局未有作出申請居權證的憲制性新安排，但是入境事務處處長扣留申請人，並下令遣送他們離境都是合法的。[45] 上訴法庭推翻原訟法庭的決定，

42　前引網站，香港高等法院原訟法庭：〈"陳錦雅案"判決書〉（Chan Kam Nga and Others v. The Director of Immigration），HCAL104/1997。

43　前引網站，香港高等法院上訴法庭：〈"陳錦雅案"判決書〉（Chan Kam Nga and Others v. The Director of Immigration），CACV40/1998。

44　前引網站，香港特區終審法院：〈"劉港榕案"判決書〉（Lau Kong Yung v. Director of Immigration），FACV000010-11/1999。

45　前引網站，香港高等法院原訟法庭：〈"劉港榕案"判決書〉（Lau Kong Yung v. Director of Immigration），HCAL 20/1999。

並撤銷了遣送離境令。上訴法庭認為處長堅持上訴人須提出居權證以證明其身份，且沒有研究上訴人向他呈交的資料，便下令將他們遣送離境是錯誤的。不過，在他們的申請核實前，上訴人無權在香港逗留，處長在恰當行使酌情權後仍可下令遣送他們離境。[46]

本案上訴至終審法院，這是香港法院有史以來首次面對和處理全國人大常委會作出的解釋的效果。終審法院將案中主要的爭議定為是全國人大常委會的解釋和其法律後果的問題。法院對全國人大常委會的權力和其解釋的影響作出了一致的裁決，認為全國人大常委會有權根據《基本法》第 158 條第 1 款作出有約束力的解釋，香港特區的法院有責任依循。判決書以多數判決入境處處長上訴得直，裁決"原審法官在司法覆核程序中作出之命令恢復有效，申請人要求司法覆核之申請予以撤銷"。

（五）莊豐源訴入境事務處處長 [47]

本案中的答辯人莊豐源是一名在 1997 年 9 月 29 日於香港出生的中國公民。他聲稱他屬《基本法》第 24 條第 2 款第 1 項所指的永久性居民。該條款規定在香港特區成立以前或以後出生的中國公民為永久性居民，並享有居留權。入境事務處處長否決其聲稱。1999 年 12 月 24 日，原訴法庭判決答辯人勝訴。[48] 上訴法庭於 2000 年 7 月 27 日駁回上訴，維持原判。[49] 處長乃向終審法院提出上訴。

終審法院於 2001 年 7 月 20 日一致判決駁回處長上訴，認為

46　前引網站，香港高等法院上訴法庭：〈"劉港榕案"判決書〉（Lau Kong Yung v. Director of Immigration），CACV 108/1999 & 109/1999。

47　前引網站，香港特區終審法院：〈"莊豐源案"判決書〉（The Director of Immigration v. Chong Fung Yuen），FACV26/2000。

48　前引網站，香港高等法院原訴法庭：〈"莊豐源案"判決書〉（Chong Fung Yuen v. The Director of Immigration），HCAL67/1999。

49　前引網站，香港高等法院上訴法庭：〈"莊豐源案"判決書〉（Chong Fung Yuen v. The Director of Immigration），CACV61/2000。

第24條第2款第1項的特性，是用來界定享有居留權的永久性居民的中一個類別，不涉及中央人民政府管理的事務或中央和特區關係，是一項關於特區自治範圍內的條款，而非"範圍之外的條款"。因此，法院無須向常委會作出司法提請。

在常委會沒有作出具約束力的解釋的情況下，法院有責任按普通法處理法律釋義，而按此處理方法，"該解釋"內關於其他各項的立法原意已體現在"籌委會的意見"中這項陳述，不能影響以普通法對第24條第2款第1項作出正確解釋後，得出的清晰含義，而以有關字句所不能包含的意思代之。在第24條第2款的其他各類別中，當永久性居民身份的資格是取決於有關人士的父或母之身份時，條款便以"所生"這字眼來清楚說明，諸如第24條第2款第3項及第24條第2款第5項一樣。與此截然不同的是，第24條第2款第1項界定該類別人士時提及出生地點，卻沒有文字訂明與父母有關的規定。法院認為，"這樣的差異實在重要"。

"居港權系列案"還包括："呂尚君案"，[50] 此案涉及香港永久性居民在香港以外所生子女中"繼子女"是否享有居港權，法院裁定"繼子女"並不符合資格；"談雅然案"，[51] 此案涉及香港永久性居民在香港以外所生子女中"養子女"是否享有居港權，上述法庭和終審法院否定了"養子女"的居港權。

二、解釋衝突的原因探尋

香港終審法院和全國人大常委會在"吳嘉玲案"（也包括"陳

50　香港高等法院原訴法庭：〈"呂尚君案"判決書〉（Lui Sheung Kwan & Ngan Sau Ying v. The Director of Immigration），HCAL109/97，載"香港特區司法機構網站"（http://www.judiciary.gov.hk），瀏覽時間：2011年3月25日。

51　香港終審法院：〈"談雅然案"判決書〉（Tam Nga Yin & Chan Wai Wah v. The Director of Immigration），FACV000020/2000，載"香港特區司法機構網站"（http://www.judiciary.gov.hk），瀏覽時間：2011年3月25日。

錦雅案"和"莊豐源案")中發生了解釋衝突,衝突的原因究竟是甚麼?不同的文章給出了不同的答案。焦洪昌教授為此有專文探討。[52] 筆者也以焦洪昌的論文作為討論的起點。

在焦洪昌教授看來,居港權系列案件(以"吳嘉玲案"、"陳錦雅案"和"莊豐源案"三個案件為分析材料)透顯出來的全國人大常委會與香港法院在《基本法》解釋上的衝突,主要有三個原因:法律解釋體制的差異、釋法方法的不同和釋法者主觀面向的不同。其中的主觀面向具體包括:①議會至上與司法獨立;②穩定繁榮與人權保障;③主權與自治權。[53] 如果筆者理解的不錯,焦文中的主觀面向可概括對於《基本法》本身、《基本法》中的有關條文乃至憲政等的理解不同,即法律思想、觀念、理念等的差異。這裏的問題是:即使這三個原因是衝突的主要原因,它們的作用相同嗎?換句話說:它們是同一層面的原因嗎?進一步的問題是:除了這三個原因外,還有其他原因(或主要原因)嗎?

(一)方法的迷霧

筆者在某種意義上,同意焦洪昌教授的評論,就"吳嘉玲案"而言,香港終審法院的"技術含量"更高:"以寬鬆的目的論方法為指導,綜合使用了文義解釋、目的解釋、體系解釋等多種方法","說理詳細"。[54] 判決書在解釋技術方面給讀者,特別是內地的讀者(包括筆者在內)留下了深刻的印象。此種注重說理的判決書值得內地法院,包括最高人民法院的法官們學習和借鑒。但解釋技術可以成為"主要原因"嗎?筆者對此不敢苟同。

52　焦洪昌:〈香港基本法解釋衝突之原因分析 —— 以居港權系列案件的討論為例〉,載《廣東社會科學》,2008 年第 3 期。
53　焦洪昌前引文。
54　焦洪昌前引文。

1. 香港終審法院事實上沒有在使用解釋方法方面保持一致。既然是"寬鬆的目的論",具體方法就只具有選擇的價值。程潔博士就曾分析道:"終審法院在審理'侮辱國旗及區旗案'時,沒有僅僅拘泥於文字,而是在充分考慮立法的文化背景的基礎上解釋《基本法》。在說明污損國旗、區旗是否構成妨害公共秩序時,法庭不僅從習慣法的一般淵源,如先例與立法等文本中找答案,也試圖求助於立法文件與地區共識。"

"事實上,終審法庭如果採取與'吳恭劭案'同樣的解釋方法,則應當將籌委會《關於實施〈中華人民共和國香港特別行政區基本法〉第24條第2款的意見》作為判斷立法原意的主要參照,正如在吳案中將1984年西拉庫薩原則(Siracusa Principle)中的專家意見或者1986年對《美洲人權公約》第30條的諮詢意見作為主要參照一樣。因為籌委會的意見較之另外兩份文件更具有相關性。"[55]

2. 從規範的意義上來看,《基本法》對"原有法律"的界定包括"普通法"在內的內容,但普通法並非香港唯一的法律傳統。更重要的是,"普通法"的解釋方法與其他法域,包括中國所採用的方法並無根本性的區別,都包括多種解釋路徑,沒有自我設限。美國聯邦最高法院大法官弗蘭克福特(F. Frankfurter)直承,"憲法解釋毫無科學性可信,就是應用政治學而已"。與公開認同"法官造法"的美國相比,英國的普通法傳統對司法解釋則更加保守,強調法律適用的實在法取向。有論者認識到英國對憲法性法律的解釋不拘泥於文本,此點似乎意在說明,香港司法機構的解釋可以偏離全國人大所傳達的立法意向,但是另一方面,卻也佐證了司法機構在

---

55 程潔:〈論雙軌政治下的香港司法權——憲政維度下的再思考〉,載《中國法學》,2006年第5期。

進行憲法解釋時的政治性。

3. 如第四章曾分析過的,香港三級法院都在運用普通法解釋方法,得出的結論並不相同。就《基本法》第 22 條第 4 款和第 24 條關於港人在內地所生子女的規定來説,全國人大常委會的解釋並無新意,它採納的就是香港高等法院上訴法庭在"張麗華案"和"陳錦雅案"中所主張的解釋。[56]

因此,筆者的意見是,解釋方法對衝突的影響如果不宜説是"忽略不計",起碼也是微乎其微。

(二) 解釋體制的表述與實踐

如同焦洪昌教授一樣,眾多論者都認為,解釋體制差異是導致解釋衝突的原因之一。在這一方面,程潔博士從憲政主義的角度對解釋體制的細緻分析富有啟發性。

將《基本法》的解釋權問題置於憲政的維度下,較之僅僅從中央地方關係視角進行研究更加符合兩地權力構架的屬性。申言之,《基本法》不僅確立了縱向分權,也確立了橫向分權關係,兩者互相影響。從憲政維度來看,權力配置的基本特徵是權力的有限性,包括通過權力分配進行限制,與通過法律規範進行限制兩方面。前者表現為權力制約與平衡原則,後者則表現為法治原則。可見,立憲政體至少包含三個層面的有機關係:首先,橫向權力機關之間的關係能夠形成有效的互相制約機制;其次,中央地方關係層面能夠形成具有自我實施效果 (self-enforcing) 的中央地方分權;最後,對上述分權的爭議能夠通過既有的憲法框架自足地 (self-sufficiently) 解決,包括法律解決與政治解決兩種渠道。

---

56 陳弘毅:《〈香港特別行政區基本法〉的理念、實施與解釋〉,載陳弘毅:《法理學的世界》,中國政法大學出版社,2003 年版,第 371-372 頁。

　　按照上述憲政的權力結構，我們發現香港作為一級自治政府，其相關權力結構缺乏必要的均衡關係。可實施的權力格局應當是一種各種力量均衡的構造。從《基本法》的權力配置與《基本法》的實施來看，形成雙軌制的制度性原因有兩方面：一方面是《基本法》上的制度真空，另一方面則是香港本土的權力配置體系缺乏自我實施、自我修補的能力。

　　在香港，三個權力部門之間雖然存在分權規定，但是相互制約關係僅存在於立法機構與行政機構之間。在司法與立法、司法與行政層面，由於終審法院既可以審查香港政府（特首）行政命令，在 1999 年之後開始審查立法會立法，因而形成實際的單向制約關係。在中央與地方方面，《基本法》分別規定了立法會對全國人大常委會與香港特首對國務院之間 —— 對應的負責關係。然而，香港終審法院則不受任何中央權力機構約束。換言之，《基本法》所確定的權力體系在中央地方關係層面最初表現為：全國人大常委會—國務院—終審法院；但是，由於內地規定國務院對人大負責，《基本法》的最終分權格局就形成全國人大常委會對終審法院的二元關係。由於在中央地方關係層面缺乏輔助界定的補救機制，而在香港本地的橫向分權中，缺乏充分的默契與平衡，從而使雙軌制下的香港終審法院與全國人大常委會的表現，都顯得出挑而武斷。[57]

　　筆者同意程文對香港本土的權力配置體系失衡，缺乏自我實施、自我修補能力的判斷。[58] 如果關於《基本法》解釋體制的"制度

57　程潔：〈論雙軌政治下的香港司法權 —— 憲政維度下的再思考〉，載《中國法學》，2006
　　年第 5 期。

58　佳日思的分析與程文有殊途同歸之效：中央政府在任命或免除香港法官方面不起任何作
　　用。在所有的制度中，法律制度，或者更確切地說，司法機構仍在中國的控制之外。……
　　由於無法期望其他的機構捍衛權利和自由，法院在捍衛權利和自由方面的中心地位顯得尤
　　為重要。香港特別行政區機關是中央政府任命的（第 45 條和第 48（5）條），特區政府並沒
　　有明顯地支持捍衛自治。……我們甚至有充分理由指出，對香港自治的威脅不是來自中央

真空"指香港本土的體系失衡可以成立，但要指中央與香港特區關係，筆者持保留意見。正如程潔在另一篇論文中所言，對特別行政區高度自治的理解，應當以《基本法》所規定的授權關係為框架，在此基礎上討論高度自治的保障問題。在授權框架下，特區的權力來自中央的授予，並且必須接受中央政府的監督，授權的結果既不應產生分權模式下的灰色區域，也不應產生人權語境下的對抗權。在單一制體制下，中央政府權力下放之後，特區政府和人民雖然在法律上不存在對抗中央政府的權力，但是中央政府必須嚴格依法行使權力，遵守自己通過法律對地方人民所作的莊嚴承諾。從《基本法》的規定出發，說明中央對特區高度自治的授權範圍具有體系化的特徵，在邏輯上是確定和周延的。就第 158 條規定而言，《基本法》規定某種權力中央可以行使，特區也可以行使，但中央具有最後的決定權。[59]

　　筆者的觀點是，衝突儘管與《基本法》的規定不完善有關係，比如程序的欠缺，但這不是"主要原因"。正是考慮了兩地的解釋體制差異，參照歐盟的做法，經眾多法學家精心設計，才有了第158 條的規定。對於 158 條規定的明確而具體的提請程序，香港終審法院的不提請絕不僅僅由於不熟悉、不理解，也很難歸結為只是一個"技術錯誤"，恐怕緣於香港終審法院不願意理解、不願意提

政府，而是來自行政長官及其政府。香港特別行政區立法會註定不能發揮作用，它並不具有完全的民主性，因此只享有有限的合法性。……因此，香港與中央政府關係中最具爭議性的問題毫不奇怪地都是圍繞著法律而產生的。……《基本法》這樣的安排可能導致司法機構與香港特別行政區其他公共機構的衝突。這種安排也可能導致法院與中央政府的衝突，特別是如果普通法有關司法審查的假設延伸至《基本法》的整個安排。見佳日思：《基本法》訴訟：管轄、解釋和程序〉，載佳日思、陳文敏、傅華伶主編：《居港權引發的憲法爭論》，香港大學出版社，2000 年版，第 7-9 頁。——補註於 2015 年 1 月。

59　程潔：〈中央管治權與特區高度自治——以基本法規定的授權關係為框架〉，載《法學》，2007 年第 8 期。

請。[60] 如果此種理解成立，就可以理解香港終審法院的"規避"之舉，也可以解釋為甚麼直到 2011 年 5 月，香港終審法院從未提請過一次。難道真的沒有發生過"一次"需要提請的情形？筆者對此持懷疑態度。如果從這個角度看，解釋體制確實存在明顯不足：香港終審法院應該提請不提請怎麼辦？第 158 條第 1 款的"權源"條款變為"實施"條款，也只能是無奈之下的"補救"措施，這也印證了龔祥瑞教授提到的"憲法慣例"的作用。

（三）文化論的解讀與局限

陳弘毅教授主要從文化論的角度分析衝突的原因，因此，解釋衝突就是"憲政文化的衝突"。[61]

陳弘毅認為，爭議的焦點主要有兩個：一是關於香港法院在甚麼程度上有權審查全國人民代表大會及其常委會的立法行為是否符合《基本法》；二是全國人大常委會在甚麼情況下可行使《基本法》解釋權以推翻香港終審法院在判決案件時對《基本法》作出的解釋。

就"憲法性管轄權"問題而言，終審法院認為，由於《基本法》是憲法性的法律，有高於其他一般性法律的地位，所以任何違反《基本法》的法律都是無效的，無論有關法律是香港立法機關所制定的，還是內地立法機關（全國人大及其常委會）所制定的。那麼，誰有權決定有關法律是否符合《基本法》呢？終審法院認為，各級香港法院都享有此權力，因為根據《基本法》，香港法院享有獨立的司法權去實施和解釋《基本法》。如果採用違憲審查權的概

60　佳日思的看法為筆者的觀點提供了佐證：由於第 158 條安排的主要缺陷是制度的分立，可以解釋為何（香港）終審法院在《吳嘉玲案》中不願意提交人大常委會解釋。見佳日思：《基本法》訴訟：管轄、解釋和程序》，載佳日思、陳文敏、傅華伶主編：《居港權引發的憲法爭論》，香港大學出版社，2000 年版，第 36-38、52 頁。——補註於 2015 年 1 月。

61　陳弘毅：〈回歸後香港與內地法制的互動〉，載陳弘毅：《法理學的世界》，中國政法大學出版社，2003 年版。

念，那麼終審法院在"吳嘉玲案"中的立場便是，香港法院不但就香港立法機關的立法行為享有違憲審查權，還就全國人大及其常委會的立法行為享有違憲審查權。

在有成文憲法的普通法國家（如美國、加拿大、澳大利亞、印度等國），法院的司法權和法律解釋權包含違憲審查權，這被認為是理所當然、天經地義的事。在不少歐洲大陸法系的國家，違憲審查權也是存在的，但不是由一般法院行使，而是由專門為此而設的憲法法院行使（如德國）。英國沒有成文憲法，所以其法院沒有違憲審查權；但在殖民地時代的香港，法院有權審查香港本地的立法是否有違《英皇制誥》（殖民地時代香港的憲法性文件）。1991年《香港人權法案條例》通過和《英皇制誥》作出相應的修訂後，香港法院在多宗案例中便行使了對本地立法的違憲審查權。

在"吳嘉玲案"和"陳錦雅案"中，香港終審法院也行使了對香港本地立法的違憲審查權，宣佈由特別行政區臨法立法會制定的1997年《人民入境(修訂)(第2號) 條例》和1997年《人民入境(修訂)(第3號) 條例》的部分條文為無效，理由是它們與《基本法》第24條有所抵觸。但這並不是在1999年2月爆發的涉及香港和中央政府關係的"憲政危機"的導火線。真正觸動中央政府神經的是，香港終審法院說香港法院的違憲審查權，不但涵蓋香港立法機關的立法，也涵蓋全國人大及其常委會的立法行為。中央通過"四大護法"(在1999年2月6日發表言論高調批評終審法院的判詞的四位內地法律學者) 所表達的關注是，香港終審法院是否把自己置於全國人大之上，是否通過"憲法性管轄權"的行使，否定中國對香港的主權，把香港變成一個獨立的政治實體。

香港終審法院肯定香港法院可就香港立法機關的立法行使違憲審查權，這處理的是香港法院和香港立法機關的權力關係，是香港特別行政區內部憲制架構問題。但當香港終審法院就香港法院對全國人大的立法行為的審查權表示其權威性的意見時，它所處理的便是香港法院和中央立法機關的相互權力關係問題。對於這個權力關係問題，《基本法》裏並沒有明文的規定。對於這個問題，香港終審法院有一種意見，中央政府則持有相反的意見（即認為香港法院對全國人大及其常委會的立法行為不享有違憲審查權）。這便是此次憲政危機的由來。

就法院司法權的內容和法院與立法機關的權力關係來説，香港的普通法傳統和中國內地的社會主義法制傳統有截然不同的看法。一方面，香港的"法律解釋"概念（只有司法解釋）相對於內地的"法律解釋"概念（除司法解釋外，也包括立法解釋和行政解釋）是較為狹義的。另一方面，香港的"法律修改"概念比內地的"法律修改"概念更為廣義，既包涵內地的"法律修改"，又包涵內地的"立法解釋"。但其實在內地，法律修改和立法解釋的區分，在實踐上並不重要。因為根據 1982 年制定的《憲法》，全國人大常委會既有權解釋法律，又有權修改法律，兩者都遵從一般的立法程序。因此，要釐清某立法行為是法律解釋權的行使，還是法律修改權的行使，並沒有現實意義。反而在另一些設有立法解釋制度的國家，如比利時和希臘，由於有法律原則規定"解釋性"的立法可具有溯及力（即其生效日期可追溯至被解釋的立法的生效日期）——因為它只不過是澄清被解釋的立法的原意，而一般立法不具有溯及力，所以立法解釋和法律修改之間的區分，具有相當的重要性。

陳弘毅在文中並未對"文化"的概念進行解釋。但從上述文字，特別是筆者加了着重號的文字，似乎可以理解為主要指的法律傳統即"法系"的概念。如果筆者的理解是正確的，應該説此種"文化解釋"是有相當解釋力的，因為它引進了傳統和歷史的維度。事實上，相當多的論者也是從法系的角度來理解解釋衝突的。筆者接下來的問題是：文化解釋的理由充足嗎？或僅憑文化解釋能夠真正解釋此種衝突嗎？比如上訴法院曾論述了主權行為不可審，並以回歸前香港法院與英國議會的關係進行比較。終審法院只是宣佈不可比，並未進行論證。陳弘毅本人的論文〈終審法院對"無證兒童"案的判決：對適用《基本法》第158條的質疑〉[62]也對此有過細緻的分析。而且陳弘毅特別論述了終審法院"技術錯誤"。如果繼續追問：為甚麼會犯"技術錯誤"呢？特別是為甚麼終審法院會在"沒必要"的情況下"毫不含糊"地"闡明"有權審查全國人大立法行為呢？文化論的解釋在此無能為力。

（四）態度的解讀 —— 信任及"兩制"問題[63]

　　強世功認為，法律解釋權衝突背後，是立法機構解釋與司法機構解釋及國家主權與高度自治權的衝突。這種衝突既有法律制度和法律觀念的分歧，也有政治利益的分歧。誰掌握了法律解釋權，誰就在某種意義上擁有了立法權，就擁有了對案件的決定權，因此《基本法》解釋權涉及司法主權。從158條第3款的字面意思看，這個條款的主語是"香港特別行政區法院"，因此案件究竟是否滿足"類別條件"和"有需要條件"，最終決定權只能在特區法院，而不在全國人大常委會。由此，如果終審法院認為案件不能同時滿足

62　陳弘毅：〈終審法院對"無證兒童"案的判決：對適用《基本法》第158條的質疑〉，載佳日思等主編：《居港權引發的憲法爭論》，香港大學出版社，2000年版。

63　重讀佳日思的舊文，也為筆者此種判斷提供了佐證：香港法院還將會遇到艱難而敏感的法律問題，最終，香港法院的作用變得政治化。法院的憲法性作用確實具有政治性。……法院如同《基本法》一樣，是存在於兩種迥然不同的法律和政治傳統之中。……在本世紀（指二十世紀，筆者註）大部分時間裏，最激烈的道德和意識形態爭論是圍繞着資本主義和共產主義各自的優點而進行的。許多衝突和戰爭都是這兩大陣營之間為爭奪霸權而爆發的。數十年以來，這種衝突形成了中國內地和香港的不同思維方式，導致彼此間的誤解和不信任。見佳日思：《基本法》訴訟：管轄、解釋和程序），載佳日思、陳文敏、傅華伶主編：《居港權引發的憲法爭論》，香港大學出版社2000年版，第4頁。—— 補註於2015年1月。

這兩個條件，那麼就不需要提請人大釋法。假如終審法院對於人大釋法缺乏信任，那麼《基本法》第158條設計的提請人大釋法機制完全可能由於終審法院消極規避而變得空洞化。

終審法院真正要表達的政治立場是：除《基本法》附件三列舉的法律外，其他任何內地全國性法律都不能適用於香港居民，以防中央干涉香港高度自治。而特區臨時立法會通過的法律，容許全國性的出入境管理法律適用於香港永久性居民，無疑干涉了香港的高度自治。按照終審法院的法律解釋邏輯，那麼終審法院在對整部《基本法》作出解釋之後，會認為《基本法》根本不涉及主權問題，完全是一部特區自治法，由此沒有任何條款需要向全國人大常委會提請解釋。終審法院對《基本法》第158條的解釋徹底背離了《基本法》的本來意圖，無疑影響到特區與中央之間的政治互信和互動機制。由此可見，這份判決的政治目標就是確保香港法院擁有完整的司法主權。

香港法律界反對人大釋法，一個頗為流行的解釋是由於他們堅持普通法的立場，主張立法者是糟糕的法律解釋者，法官才是唯一合資格的法律解釋者，而且是最終解釋者。法官擁有法律的最終解釋權是司法獨立的標誌。因此，他們不是在"吳嘉玲案"中反對人大釋法，而是從根本上反對人大釋法這種制度。正是按照這種解釋，人大釋法之爭被視為兩種不同的法律傳統，或不同的法律思維模式的分歧。但在這背後實際上有一個顯而易見的政治問題：香港法院是否擁有司法主權？是否承認香港憲政秩序的轉型？是否承認《基本法》是全國人大制定的國內法？是否承認中央擁有對香港的司法主權？香港法律界人士反對人大釋法與其說是由於普通法的傳統，不如說是由於內心中不願意承認中央的司法主權。正如湯家驊批評"新憲政秩序"的說法："完全忽略了作為我們小憲法《基本法》的基礎。《基本法》是中英兩國政府所制定的《中英聯合聲明》的產物。"換句話說,自由派大律師忽略了或者不願意承認《基本法》是國家法的一部分,是國家主權的產物,其實也就不願意承認香港是中國的一部分,而強調香港是"兩制"下的國際性城市,強調普通法的"國際統一性",而非"國家統一性",由此強調《基本法》是《中英聯合聲明》的產物,是對國際條約的執行,而非國家最高權力機關制定的國家法律。正是從這個角度,湯家驊認為:"終審法院是為了代替回歸前作為香港最高上訴庭的樞密院而設的。⋯⋯在原有的普通法制度之下,終審法院的權力必須包括對所有香港法律的最終解釋權。"這實際上主張香港終審法院應當擁有司法主權。雖然《基本法》明確規定全國人大常委會有權解釋《基本法》,但他們並不準備接受這個條款,而希望通過司法實踐在實際中廢止這個條款,使其"存而不用"。正是從香港法院應當擁有完整司法主權的政治立場出發,香港法律界人士才會普遍認為:"《基本法》的設計是保證一種連續性,不幸的是,第158條中卻有一種間斷性。"[64]

　　把《基本法》的設計理解為保持香港法律制度的連續性,這本身就是從普通法視角出發的單向度的理解,將其理解為普通法制度的一部分,而沒有看到香港上訴法院法官陳兆愷在"馬維錕案"中所強調的《基本法》的複雜性,沒有看到香港憲政革命所帶來的新憲政秩序。他們對"一國兩制"的理解是:中央只保留駐軍和外交等權力,其他權力(包括司法主權和財經主權等)歸香港特區。這就是二十世紀80年代以來香港民主派主張"還政於民"的實質,

---

[64]　佳日思:〈基本法訴訟:管轄、解釋和程序〉,載佳日思、陳文敏、付華伶主編:《居港權引發的憲法爭論》,香港大學出版社,2000年版,第37頁。

即英國人把香港的主權交給香港人，而不是交給中央政府。然而，在 1990 年第七屆全國人大第三次會議上，姬鵬飛詳細闡明《基本法》起草的原則，明確指出“一國兩制”保留香港的經濟制度、社會制度和生活方式不變，而法律制度只是“基本上不變”，那就意味着有一定程度的變化。這個變化就體現在《基本法》不僅（是）普通法傳統的一部分，也必須放在中國的大陸法體系中，其中第 158 條中確立的全國人大常委會解釋《基本法》，就是一個根本變化，而中央授權特區法院行使案件終審權，也是一個根本變化。因此，《基本法》同時具備了大陸法和普通法的特徵，同時肯定了中央的司法主權，以及經過授權而使香港法院擁有了相當程度的、但不是完整的司法主權，而給中央保留事實上的最低限度的司法主權。這種制度安排，要求兩種法律解釋傳統之間，要求中央主權與授權地方高度自治之間，在法理學最深層的意義上展開對話。這恰恰是“一國兩制”對內地與香港的法理學提出的挑戰。

佳日思對人大釋法的批評表面上似乎很有道理，但整個表達方式採用了一種媒體的修辭筆法，而不是嚴謹的學術論證。比如，説全國人大常委會沒有解釋法律程序，顯然是對全國人大常委會的運作了無所知；説全國人大常委會是一個龐大的機構，無疑不了解全國人大常委會只是給釋法內容賦予合法性，真正的解釋工作是由全國人大常委會下設的法律工作委員會（後來由港澳基本法委員會）作出的；説全國人大常委會是中國政府和中國共產黨控制的政治機構，顯然忘了英國的樞密院本身也掌握在女王和議會手中。如果我們按照類似的修辭來描述原來對香港案件作出終審裁判的英國樞密院司法委員會，則會看到這是一個由英國女王、議會和內閣控制的機構：它既有司法審判功能，也有政治諮詢功能，還有頒佈法律的立法功能；它既是議會的一部分，也是內閣的一部分，更是為女王服務的政治諮詢機構。可沒有人懷疑這樣一個機構竟然可以作出司法的終審判決。

從司法主權的角度看，香港法律界人士能夠接受來自英國的樞密院對香港上訴案件的司法主權或終審權，能夠接受來自倫敦對香港法院的日常干預，但是卻不能接受全國人大常委會對香港行使最低限度的司法主權，也不能接受全國人大常委會在例外狀況下進行有限度的監督。由此看來，能不能接受人大釋法，與其說是司法獨立或高度自治問題，不如說是是否承認中央的司法主權問題。他們認同英國完全的司法主權，但不認同中央擁有最低限度的司法主權；認同英國樞密院司法委員會的日常干預，但不認同全國人大常委會在例外情況下的偶然監督。這顯然並非因為英國樞密院司法委員會的法律解釋比人大釋法更符合法理，更符合自然正義。

因此，香港回歸初期，普通法訓練下的香港法律界人士對人大釋法普遍沒有信心，這與其說是對大陸法傳統沒有信心，不如說是對中國法制本身沒有信心。他們不能接受人大釋法，並不意味着他們能夠接受最高人民法院解釋《基本法》。最根本的就是要觸動“政治認同”（Political Identity），這才是“一國兩制”下香港面臨的最大的政治。[65]

陳弘毅教授也曾談到，由聯邦最高法院和由全國人大常委會解決主權國家內部，各級政府因實行地方自治而引發的管轄權爭議，究竟有何不同？這說到底是一個信任的問題。如果人們相信全國人大常委會（在聽取基本法委員會的建議之後）能夠和美國最高法院做得一樣好，那麼，我們這裏所討論的“一國兩制”制度的缺陷將不存在。但令人遺憾的事實是：在香港以至在國際上，全國人大常

65　強世功：〈司法主權之爭──從吳嘉玲案看“人大釋法”的憲政意涵〉，載《清華法學》，
　　2009 年第 5 期。

委會還未能贏得作為一個憲政爭端的公正裁判者所應當享有的尊敬。[66]

從論證的角度看，筆者認為，強世功的論辯是成立的。對於佳日思的批評，應該有具分量的回應。就香港終審法院的態度和立場而言，筆者傾向於解讀為信任問題。如果仔細辨析會發現，解釋體制和法系都可歸結為法律的內部問題：解釋權配置和法律傳統。信任問題則不限於法律內部，它涉及經濟、政治、社會以及價值觀念差異等，是一種綜合體現，其中的政治可容納上述法律內部的衝突，但視角比單純法律角度更廣。如果此次判斷成立，信任問題可進一步概括為"兩制"的衝突。確實，"兩制共存的經驗在世界範圍內仍然屬於發展的階段"，[67]相互衝突甚至激烈對抗倒是常見的現象。唯其如此，才凸顯了"一國兩制"的偉大意義，凸顯鄧小平的《基本法》原創性：不但融合不同法系，而且包容不同法制 —— 即社會主義和資本主義。

把視角放在"兩制"差異上，完全可以兼容上述分析：香港地處國家的"窗口"位置（同時也是"兩制"的交匯點），作為地區在國家範圍內不屬於核心區域，作為"制度"（"兩制"意義上的"制度"）在世界範圍內並不屬於弱勢，加之世界範圍內"兩制"衝突甚至對抗的背景，以及國家曾有過的政治錯誤或失誤（如文化大革命等），這種不"信任"屬於正常。由此，法系的碰撞強度更大，政治體制的磨合難度更大，央地關係更趨緊張。如此看來，過分看重"高度自治權"、片面強調"司法獨立"，[68]甚至"不必要"的"技

---

66 陳弘毅：〈"一國兩制"的概念及其在香港的適用〉，載陳弘毅：《法理學的世界》，中國政法大學出版社，2003年版，第329-330頁。
67 程潔：〈論雙軌政治下的香港司法權〉，載《中國法學》，2006年第5期。
68 香港法律界所熟悉的英國司法獨立，並非政治體制意義上的司法獨立，而是職能意義上的司法獨立。正如本書第二章曾討論過的，在其歷史傳統中，英國司法制度兼具依附性與獨

術錯誤”都可以得到理解。英國前首相戴卓爾夫人（又譯：撒切爾夫人）於香港回歸十周年之際的談話，為筆者的此種解釋提供了佐證。戴卓爾夫人於 2007 年 6 月 21 日説，香港歸還以後的發展證明，當初英方的擔心是多慮了。當時她對“一國兩制”也沒信心，她原來不希望交還香港，後來“不得已”才接受了鄧小平提議的“一國兩制”。“一國兩制”原來是給台灣地區設計的，當時她對這種制度也沒信心。現在她想告訴鄧小平，他的辦法很好。戴卓爾夫人接受英國廣播公司訪問的時候説，十年前，要歸還的時候，英國擔心由中共統治，香港不可能繁榮。但是十年過去了，事實證明這些擔心多半沒道理。81 歲高齡的戴卓爾夫人本人説，她以前認為政治不自由經濟就不可能自由，現在看起來經濟繁榮與否還是取決於中國內部。[69] 故此，筆者認為應該有一種符合“一國兩制”精神的“和而不同”的胸襟，和着力提高內地綜合實力的信心和責任。

三、香港法院法律解釋制度的變化

王振民教授細緻分析了香港回歸前後法律解釋制度的變化。

香港回歸前的釋法制度有兩個層面：一是英國樞密院司法委員會作為香港的終審法院，和最高釋法機關對法律的解釋；二是香港本地法院對法律的解釋。就第一個層面而言，回歸前香港的法律解釋制度有如下幾個特點：其一，香港最高的釋法機關是英國樞密院

立性雙重特質。其依附性集中表現為英國法院在其政治上被忽視的地位，以及與之相關聯的孱弱形象。在歷史上，英國沒有獨立的最高法院，其終審權最初依附於國王，其後依附於上議院；但在職能上，英國司法權又始終以一種卓然的姿態屹立於權力秩序之中——很顯然，英國司法的這種獨立性並非由建構主義的產物，它不是以憲法或司法的明文規定為基礎的，而是由英國淵源流長的司法獨立的傳統觀念，以及法律人職業共同體對法律知識的蕙蕭而塑造的歷史性結晶。參見江國華、朱道坤：〈世紀之交的英國司法改革研究〉，載《東方法學》，2010 年第 2 期。

69　中國評論新聞網社評：〈撒切爾夫人想説的話——感人肺腑〉，載“中國評論新聞網”（http://www.chinareviewnews.com）（20070621），瀏覽時間：2011 年 3 月 25 日。

司法委員會，香港最高法院沒有法律的最終解釋權；其二，英國樞密院司法委員會不僅有權解釋當時香港的憲制性法律——《英皇制誥》和《皇室訓令》，而且可以通過對案件的審理解釋香港本地立法；其三，樞密院司法委員會的釋法，必須結合具體案件，進行具體解釋，不能進行沒有訴訟的抽象解釋。

第二個層面，即本地法院對法律的解釋。首先，儘管在英國普通法制度下，香港法院享有法律解釋權，包括有權解釋《英皇制誥》和《皇室訓令》，但是這種解釋權是有限的，而且不是最終的，當事人可以通過上訴的方式申請英國樞密院司法委員會作出最終解釋。回歸前香港的"最高法院"實際上不是"最高的"。而回歸後的終審法院儘管沒有用"最高"一詞，但是實質上在香港享有司法上的最高地位。其次，香港回歸前，香港法院在解釋法律，尤其在解釋《英皇制誥》和《皇室訓令》的時候，通常都比較保守，謹守分際，不願意逾越雷池半步。最後，與樞密院釋法一樣，香港法院的釋法活動不是獨立的司法行為，必須有具體的訴訟案件，通常是在進行司法審查過程中進行的。

儘管回歸前後香港法院都有權釋法，但是釋法的性質發生了根本變化。回歸前香港法院的釋法，是基於普通法本身的要求，由於"釋法"和"司法"合一的制度安排，解釋法律是普通法之下法院固有的功能。回歸後，香港法院釋法固然也是普通法的要求，但是此種性質的釋法僅限於法院對本地立法的解釋。從法理上講，香港法院解釋《基本法》是基於全國人大常委會的授權而進行的釋法活動，主要不是來自普通法固有的制度安排。這是香港法院釋法性質的重大變化。正是基於香港法院釋法性質的這個重大變化，香港法院解釋《基本法》的行為才受到一些限制。這些限制包括：其一，香港特別行政區法院只能在審理具體案件時才可以解釋《基本法》

有關條款，不可以對《基本法》進行抽象解釋，即沒有具體案件的解釋。全國人大常委會對《基本法》的解釋則沒有這種限制，它有權進行抽象解釋。2004 年和 2005 年全國人大常委會兩次釋法就是抽象解釋，而 1999 年全國人大常委會第一次釋法則是結合具體案件的解釋。其二，香港特區法院解釋《基本法》主要限於對《基本法》關於香港特別行政區自治範圍內的條款。而全國人大常委會解釋《基本法》是全面的。其三，香港特別行政區法院對《基本法》的其他條款也可以進行有條件的解釋。如果香港特區法院需要對關於中央人民政府管理的事務，或中央和香港特別行政區關係的條款進行解釋，而該條款的解釋又影響到案件的判決，在對該案件作出不可上訴的終局判決前，應由香港特別行政區終審法院提請全國人民代表大會常務委員會對有關條款作出解釋。如果全國人大常委會作出解釋，香港法院在引用該條款時，應以全國人大常委會的解釋為準。但在此以前作出的判決不受影響。可見，香港特區法院對《基本法》的解釋是被授權的，而且這種解釋也是有條件的。

1997 年以前，香港法院無論解釋本地立法或者當時的憲制性法律，傾向於從狹義的、傳統的角度來進行。法院對釋法總的態度是：尊重立法者的意願，嚴格依照法律條款辦事。回歸後，香港法院釋法的次數和範圍有很大的增加和擴大。香港特區前律政司司長梁愛詩曾經表示，回歸後，有超過三分之一的《基本法》條文已經經過香港法院的解釋（截止 2005 年 5 月）。如果是三分之一的《基本法》正文條款，那就是 53 個條款。這樣，香港法院平均每年解釋《基本法》6 個多條款，亦即香港法院釋法平均 2 個月就要進行 1 次。實際數字相信比這個要多。至於香港法院解釋本地立法，則是天天都有可能發生，經常都在進行，基本上無法統計。

香港回歸後，香港的解釋法律制度已經發生了很大變化。在解釋《基本法》方面，香港法院解釋憲制性法律的權力得到大大加強，香港法院不僅有權解釋本地立法，而且被授權解釋《基本法》。在香港回歸中國後，英國樞密院司法委員會對香港享有的司法終審權和法律的最終解釋權，根據《基本法》被一分為二：終審權被授予了香港特區終審法院，而憲制性法律的最終解釋權則保留給了全國人大常委會。[70]

第三節　全國人大常委會解釋實踐的解讀與評價

一、全國人大常委會解釋實踐考察

香港回歸十幾年來，全國人大常委會共釋法四次：

（一）第一次釋法：港人內地子女的居留權問題

1999 年 6 月 26 日，第九屆全國人大常委會第十次會議通過了全國人大常委會《關於〈中華人民共和國香港特別行政區基本法〉第 22 條第 4 款和第 24 條第 2 款第 3 項的解釋》。它是由"吳嘉玲案"引起的。終審法院 1999 年 1 月 29 日裁定，香港人士在內地出生子女，只要父或母獲得香港居留權，其所生子女便享有居留權；非婚生子女亦享有居留權；居留權證明書不需附於單程證，而且沒有追溯力。這個判決，擴大了原來根據《入境條例》香港永久性居民在內地所生子女獲得香港居留權的範圍，並認為這些子女無需經內地機構批准，即可進入香港定居。

香港特區政府經反覆權衡後，決定尋求全國人大常委會釋法。

70　王振民：〈論回歸後香港法律解釋制度的變化〉，載《政治與法律》，2007 年第 3 期。

1999 年 5 月 20 日，香港特區行政長官依據《基本法》第 43 條和第 48 條規定，向國務院提請解釋《基本法》第 22 條第 4 款和第 24 條第 2 款第 3 項的議案。由於議案中提出的問題涉及香港特區終審法院 1999 年 1 月 29 日的判決對《基本法》有關條款的解釋，該有關條款涉及中央管理的事務和中央與香港特區的關係，終審法院在判決前沒有依照《基本法》第 158 條第 3 款的規定請全國人大常委會作出解釋，而終審法院的解釋又不符合立法原意，經徵詢全國人大常委會香港特別行政區基本法委員會的意見，全國人大常委會決定根據《憲法》第 67 條第 4 項 "解釋法律" 以及《基本法》第 158 條第 1 款 "本法的解釋權屬於全國人民代表大會常務委員會" 的規定對有關條款作出解釋。

該解釋主要指出：只有出生時，父或母已成為香港永久性居民的內地子女，才可擁有居港權；並明確規定港人在內地所生子女，必須按照法定程序，首先在內地提出來港定居申請；同時指出，"本解釋公佈之後，香港特區終審法院在引用《基本法》有關條款時，應以本解釋為準。本解釋不影響香港特區終審院 1999 年 1 月 29 日對有關案件判決的有關訴訟當事人所獲得的香港特區居留權"。同年 12 月 2 日，終審法院首次根據全國人大常委會釋法規定，在 "劉港榕案" 的判決中確認全國人大常委會釋法具有法律的約束力，重新界定只有父或母已成為永久性居民後所生的內地子女方可享有居港權。從而解決了《基本法》第 22 條第 4 款和第 24 條第 2 款第 3 項所引起的問題。

（二）第二次釋法：行政長官和立法會的產生問題

2004 年 4 月 6 日，第十屆全國人大常委會第八次會議通過了全國人大常委會《關於〈中華人民共和國香港特別行政區基本法〉

附件一第 7 條和附件二第 3 條的解釋》。這次人大釋法要解決的是困擾 "一國兩制" 的核心問題，即特區政府行政長官和立法會如何產生。

2004 年 4 月 6 日，第十屆全國人大常委會第八次會議審議了委員長會議根據部分全國人大代表意見，關於提請審議全國人民代表大會常務委員會《關於〈中華人民共和國香港特別行政區基本法〉附件一第 7 條和附件二第 3 條的解釋（草案）》的議案，經徵詢全國人大常委會香港特區基本法委員會的意見，全國人大常委會決定，根據《憲法》第 67 條第 4 項和《基本法》第 158 條第 1 款的規定，對上述條款作出解釋。該解釋的主要內容為：①上述兩個附件中規定的 2007 年以後，含 2007 年。②上述兩個附件規定的 2007 年以後各任行政長官的產生辦法、立法會的產生辦法和法案、議案的表決程序如需 "修改"，是指可以進行修改，也可以不進行修改。③上述兩個附件中規定的必須經過法律程序，方可生效。是否需要進行修改，香港特區行政長官應向全國人大常委會提出報告，由全國人大常委會依法根據香港特區的實際情況和循序漸進的原則確定。修改行政長官、立法會產生辦法及立法會法案、議案表決程序的法案及其修正案，應由香港特區政府向立法會提出。④上述兩個附件中，有關表決程序如果不作修改，仍使用兩個附件中有關規定。

（三）第三次釋法：行政長官的任期問題

2005 年 4 月 27 日，第十屆全國人大常委會第十五次會議通過了全國人大常委員會《關於〈中華人民共和國香港特別行政區基本法〉第 53 條第 2 款的解釋》。2005 年 3 月 10 日，董建華向中央辭去行政長官，依法由政務司司長曾蔭權出任臨時署理行政長官職務，並應在 6 個月內依《基本法》第 45 條的規定產生新的行政長官。那麼，新的行政長官任期如何計算呢？是 2 年還是 5 年，這在《基本法》中未有明確規定，成為當時香港民眾非常關心的一個重大政治體制問題。香港法律界許多人認為各種情況下產生行政長官都應依據《基本法》第 46 條，而內地法律界絕大多數人認為第 46 條只是指正常情況下產生的行政長官，不包括因行政長官缺位後補選的行政長官。

2005 年 4 月 6 日，香港特區政府署理行政長官曾蔭權，以政務司司長身份在立法會宣佈決定向國務院提請全國人大常委會對《基本法》第 53 條有關新的行政長官任期作出解釋。同年 4 月，第十屆全國人大常委會第十五次會議審議了國務院《關於提請解釋〈中華人民共和國香港特別行政區基本法〉第 53 條第 2 款的議案》，根據《憲法》第 67 條第 4 項和《基本法》第 158 條第 1 款的規定，並徵詢全國人大常委會香港特別行政區基本法委員會的意見，對上述條款，作出解釋。主要內容為：按《基本法》第 45 條的規定產生新的行政長官，既包括新的行政長官應依據《基本法》第 45 條規定的產生辦法產生，也包括新的行政長官任期應依據《基本法》第 45 條規定的產生辦法確定。

《基本法》第 45 條第 3 款規定："行政長官產生的具體辦法由附件一《香港特別行政區行政長官的產生辦法》規定。"附件一第 1 條規定："行政長官由一個具有廣泛代表性的選舉委員會根據本法選出，由中央人民政府任命。"第 2 條規定："選舉委員會每屆任期 5 年。"第 7 條規定："2007 年以後各任行政長官產生辦法如需修改，須經立法會全體議員三分之二多數通過，行政長官同意，並報全國人民代表大會常務委員會批准。"上述規定表明，2007 年以前，在行政長官由任期 5 年的選舉委員會選出的制度安排下，

如出現行政長官未任滿《基本法》第 46 條規定的 5 年任期，導致
行政長官缺位的情況，新的行政長官的任期應為原行政長官的剩餘
任期；2007 年以後，如對上述行政長官產生辦法作出修改時，出
現行政長官缺位的情況，新的行政長官的任期應根據修改後的行政
長官具體產生辦法確定。

上述全國人大常委會三次釋法，形態不一，程式多樣，但有其
共同性。首先，從釋法的時間言，它都是在緊要關頭，不到萬不得
已，不會行使，都是在香港面臨重大難題或者香港發生重大爭論，
否則將形成嚴重不作為，嚴重損害"一國兩制"方針和落實《基本
法》。其次，從釋法的程序言，每次都嚴格依法，經過合格機構提
請審議，徵詢法定諮詢委員會以及其他有關團體和人士。再次，從
釋法的用語來看，解釋簡明扼要，言簡意賅，含義嚴謹。最後，從
釋法的實效言，都是效果明顯，基本上解決了紛爭，促進了香港政
制發展，有力地推動了"一國兩制"方針實踐，有利於維護香港社
會的整體利益和長遠利益，更有利於保持香港的長期繁榮穩定。[71]

（四）第四次釋法：國家豁免規則或政策的問題

2011 年 8 月 26 日，第十一屆全國人大常委會第二十二次會議
通過了《關於〈中華人民共和國香港特別行政區基本法〉第 13 條第
1 款和第 19 條的解釋》。[72] 關於提請審議《全國人民代表大會常務
委員會關於〈中華人民共和國香港特別行政區基本法〉第 13 條第 1
款和第 19 條的解釋（草案）》的議案，是由全國人大常委會委員長
會議應香港特別行政區終審法院依據《中華人民共和國香港特別行

---

71 李昌道：〈香港基本法解釋機制探析〉，載《復旦學報》（社會科學版），2008 年第 3 期。
72 全國人大常委會：〈關於〈中華人民共和國香港特別行政區基本法〉第 13 條第 1 款和第 19
條的解釋（2011 年 8 月 26 日）〉，載"中國人大網"（http://www.npc.gov.cn），瀏覽時間：
2011 年 9 月 10 日。

政區基本法》第158條第3款的規定，提請全國人大常委會解釋《中華人民共和國香港特別行政區基本法》有關規定的報告提出的。

香港特別行政區終審法院在審理一起與剛果民主共和國有關的案件時，涉及香港特別行政區是否應適用中央人民政府決定採取的國家豁免規則或政策的問題。為此，香港特別行政區終審法院依據《中華人民共和國香港特別行政區基本法》第158條第3款的規定，提請全國人民代表大會常務委員會解釋如下問題："(1)　根據第13條第1款的真正解釋，中央人民政府是否有權力決定中華人民共和國的國家豁免規則或政策；(2)　如有此權力的話，根據第13條第1款和第19條的真正解釋，香港特別行政區（'香港特區'）（包括香港特區的法院）是否：①有責任援用或實施中央人民政府根據第13條第1款所決定的國家豁免規則或政策；或②反之，可隨意偏離中央人民政府根據第13條第1款所決定的國家豁免規則或政策，並採取一項不同的規則；(3)　中央人民政府決定國家豁免規則或政策是否屬於《基本法》第19條第3款第1句中所説的'國防、外交等國家行為'；以及 (4) 香港特區成立後，第13條第1款、第19條和香港作為中華人民共和國的特別行政區的地位，對香港原有（即1997年7月1日之前）的有關國家豁免的普通法（如果這些法律與中央人民政府根據第13條第1款所決定的國家豁免規則或政策有抵觸）所帶來的影響，是否令到這些普通法法律，須按照《基本法》第8條和第160條及於1997年2月23日根據第160條作出的《全國人民代表大會常務委員會的決定》的規定，在適用時作出必要的變更、適應、限制或例外，以確保關於這方面的普通法符合中央人民政府所決定的國家豁免規則或政策。"

根據《憲法》第67條第4項和《中華人民共和國香港特別行政區基本法》第158條的規定，並徵詢全國人民代表大會常務委員會香港特別行政區基本法委員會的意見，全國人大常委會就香港特別行政區終審法院提請解釋的《中華人民共和國香港特別行政區基本法》第13條第1款和第19條的規定以及相關問題，作如下解釋：

1. 關於香港特別行政區終審法院提請解釋的第1個問題。依照《憲法》第89條第9項的規定，國務院即中央人民政府行使管理國家對外事務的職權，國家豁免規則或政策屬於國家對外事務中的外交事務範疇，中央人民政府有權決定中華人民共和國的國家豁免規則或政策，在中華人民共和國領域內統一實施。基於上述，根據《中華人民共和國香港特別行政區基本法》第13條第1款關於"中央人民政府負責管理與香港特別行政區有關的外交事務"的規定，管理與香港特別行政區有關的外交事務屬於中央人民政府的權力，中央人民政府有權決定在香港特別行政區適用的國家豁免規則或政策。

2. 關於香港特別行政區終審法院提請解釋的第2個問題。依照《中華人民共和國香港特別行政區基本法》第13條第1款和本解釋第1條的規定，中央人民政府有權決定在香港特別行政區適用的國家豁免規則或政策；依照《中華人民共和國香港特別行政區基本法》第19條和本解釋第3條的規定，香港特別行政區法院對中央人民政府決定國家豁免規則或政策的行為無管轄權。因此，香港特別行政區法院在審理案件時遇有外國國家及其財產管轄豁免和執行豁免問題，須適用和實施中央人民政府決定適用於香港特別行政區的國家豁免規則或政策。基於上述，根據《中華人民共和國香港特別行政區基本法》第13條第1款和第19條的規定，香港特別行政區，包括香港特別行政區法院，有責任適用或實施中央人民政府決定採取的國家豁免規則或政策，不得偏離上述規則或政策，也不得採取與上述規則或政策不同的規則。

3. 關於香港特別行政區終審法院提請解釋的第 3 個問題。國家豁免涉及一國法院對外國國家及其財產是否擁有管轄權，外國國家及其財產在一國法院是否享有豁免，直接關係到該國的對外關係和國際權利與義務。因此，決定國家豁免規則或政策是一種涉及外交的國家行為。基於上述，《中華人民共和國香港特別行政區基本法》第 19 條第 3 款規定的 "國防、外交等國家行為" 包括中央人民政府決定國家豁免規則或政策的行為。

4. 關於香港特別行政區終審法院提請解釋的第 4 個問題。依照《中華人民共和國香港特別行政區基本法》第 8 條和第 160 條的規定，香港原有法律只有在不抵觸《中華人民共和國香港特別行政區基本法》的情況下才予以保留。根據《全國人民代表大會常務委員會關於根據〈中華人民共和國香港特別行政區基本法〉第 160 條處理香港原有法律的決定》第 4 條的規定，採用為香港特別行政區法律的香港原有法律，自 1997 年 7 月 1 日起，在適用時，應作出必要的變更、適應、限制或例外，以符合中華人民共和國對香港恢復行使主權後香港的地位和《基本法》的有關規定。香港特別行政區作為中華人民共和國一個享有高度自治權的地方行政區域，直轄於中央人民政府，必須執行中央人民政府決定的國家豁免規則或政策。香港原有法律中有關國家豁免的規則必須符合上述規定才能在 1997 年 7 月 1 日後繼續適用。

基於上述，根據《中華人民共和國香港特別行政區基本法》第 13 條第 1 款和第 19 條的規定，依照《全國人民代表大會常務委員會關於根據〈中華人民共和國香港特別行政區基本法〉第一百六十條處理香港原有法律的決定》，採用為香港特別行政區法律的香港原有法律中有關國家豁免的規則，從 1997 年 7 月 1 日起，在適用時，須作出必要的變更、適應、限制或例外，以符合中央人民政府決定採取的國家豁免規則或政策。

香港終審法院於 2011 年 9 月 8 日根據全國人大常委會的解釋作出了終審判決。[73]

二、全國人大常委會解釋制度的成長

從 1997 年香港回歸至今，全國人大常委會僅僅作過四次釋法，只對數個條款進行過解釋。從數量上看，人大釋法的次數並不多，但是影響巨大。

王振民認為，由最高權力機關的常設機關（立法機關）解釋法律的制度，不為普通法地區所熟悉。反對人大釋法的一個重要理由是，人大既是立法機關，又是釋法機關。立法機關和釋法機關合二為一造成利益衝突，有些甚至認為立法者是最糟糕的釋法者。其實，立法和釋法由一個機關負責並不是問題，關鍵要把這兩個職能分開，並通過不同的程序履行這兩個職能。就像英國議會既是英國最高立法機關，又是英國本土最高釋法機關和終審機關一樣，儘管同屬議會，但是立法職能和釋法（終審）職能分開行使，程序不同，行使的主體也不同，釋法（終審）由上議院中的司法委員會行使，立法則由下議院負責，二者分別獨立行使自己的職權。

中國的法律解釋理論認為，釋法是為了尋找法律條款的確切含義，立法機關顯然比其他機關包括司法機關，更加清楚法律條款準確的意思。而且，現在全國人大常委會的立法職能和釋法職能，從程序上看也是分開行使的。問題是，在普通法體制下，法院的判例，包括法院通過判決對法律的解釋可以成為先例，法院以後在處

---

73 香港終審法院：〈"剛果民主共和國案"判決書〉（Democratic Republic of the Congo and Others v. FG Hemisphere Associates LLC.）（2011 年 9 月 8 日），FACV 5, 6 & 7/ 2010，載 "香港特區司法機構網站"（http://www.judiciary.gov.hk），瀏覽時間：2011 年 9 月 10 日。

理同類案件時要遵循先前的判決和解釋，這就是"遵循先例"(*Stare Decisis*) 原則。根據《基本法》第 158 條的規定，如果人大對《基本法》有關條款作出了解釋，香港法院的判決儘管基於"一事不再理"的原則得以保留，但是，香港法院對《基本法》的解釋以及判決本身的先例效力，則因人大釋法而自然中斷。就像 1999 年 6 月 26 日全國人大常委會第一次釋法，儘管不否定 1 月 29 日香港終審法院判決本身的效力，案件當事人根據判決獲得的權利仍然有效，在 6 月 26 日人大釋法前該判決就是法律，但是一旦人大釋法作出了不同的解釋，該判決包括對《基本法》的解釋作為普通法先例的效力就中斷了。

需要說明的是，即便在普通法體制下，如果立法機關就案件所涉及的問題制定或修改了法律，改變了法院通過自己的判決就有關問題所確定的規則，那麼法院以後處理同類案件就必須遵守立法機關制定或修改的法律。這也是普通法的原則，即"制定法優於判例法"的原則，立法取代判例的情況可以發生在任何普通法地區和國家。所以全國人大常委會對《基本法》作出解釋，否定了香港法院判決（包括對《基本法》的解釋）的"先例"效力，否定香港法院對《基本法》的解釋，無論在大陸法體制下或者普通法體制下，都是可能發生的現象，這與普通法下成文立法取代判例法的效果並無二致。這是由上述人大釋法的性質決定的。2000 年 3 月 15 日，第九屆全國人民代表大會第三次會議通過的《立法法》也明確規定了法律解釋的程序和效力，明確了全國人大常委會的法律解釋同法律具有同等效力。

人大解釋法律採用的程序與一般立法程序不同，是特殊的釋法程序。首先，是啟動程序。根據《基本法》和有關法律的規定，可以啟動人大釋法的主體有三個：一是全國人大常委會自己主動釋法，二是國務院提請人大釋法，三是香港終審法院。其中國務院提請人大釋法，可以基於國務院自己的判斷，也可以基於特區政府的請求。過去十幾年人大四次釋法，一次是全國人大常委會主動釋法，由委員長會議提案；另外兩次是由行政長官請求、經由國務院向全國人大常委會提案而啟動的。最近一次來自特區終審法院的釋法申請。有些人士認為《基本法》第 158 條只授權特別行政區終審法院在法律規定的事由出現時，應該請全國人民代表大會常務委員會對《基本法》的有關條款作出解釋，而沒有授權香港特區行政長官這樣做，因此行政長官不可以提請全國人大常委會解釋《基本法》。根據《基本法》第 43 條規定，特別行政區行政長官是香港特別行政區的首長，代表香港特別行政區。這就是說，行政長官不僅是特區政府行政部門的首長，而且是整個特別行政區的首長。《基本法》第 43 條同時規定特別行政區行政長官依法對中央人民政府和香港特別行政區負責。第 48 條規定香港特別行政區行政長官行使的職權中，包括負責執行《基本法》和依照《基本法》適用於香港特別行政區的其他法律。因此，特區行政長官要向中央人民政府述職，就特區實施《基本法》的情況向中央政府彙報，對中央政府負責。1999 年和 2005 年兩次釋法都是特區行政長官就特區實施《基本法》過程中發生的重大爭議，向國務院進行彙報而啟動的。特區行政長官在報告中建議國務院提請人大解釋《基本法》，國務院自行決定是否接受這個建議，是否向全國人大常委會提案請求解釋《基本法》。國務院研究了特區行政長官提交的報告，認為事關重大，才主動向全國人大常委會提請解釋《基本法》有關條款的議案。

　　從法律上看，特區行政長官是否建議解釋《基本法》，對人大最終是否解釋《基本法》並不起決定性作用。因為即使沒有特區行政長官的報告和建議，沒有任何人或機關的建議，全國人大常委會根據《基本法》第 158 條第 1 款的規定，有權主動解釋《基本法》，並不以任何機構或個人是否建議它解釋為前提。全國人大常委會解釋《基本法》也不以法院訴訟的存在為基礎，這一點香港大學的佳日思教授作過深入研究。

其次，人大解釋《基本法》的具體工作程序，遵循人大解釋法律的一般程序。《立法法》第二章第四節專門規定了"法律解釋"。2004 年第十屆全國人大常委會第十二次委員長會議通過《全國人大常委會法律解釋工作程序》，進一步明確、規範了法律解釋的具體工作程序。全國人大常委會解釋《基本法》的時候，除了必須符合這些程序要求外，還有一些特殊的安排，例如，2005 年在人大釋法之前，全國人大常委會委派有關負責人到深圳舉行座談會，聽取香港各界人士尤其是法律界人士的意見，包括反對釋法或者對釋法有不同看法的人士的意見。這其實類似於聽證或者法庭的辯論。今後可以更加制度化，名稱最好不要叫做"座談會"，而叫做"聽證會"。這樣從程序上，儘管表面與法院釋法的司法程序不同，但是在釋法前聽取各方面的意見，尤其是反對的意見，其效果和作用應該是一樣的。

另外，人大解釋《基本法》與解釋一般法律不同，它還有一個特殊程序，就是必須徵求其所屬的基本法委員會的意見。這是人大解釋《基本法》的必經程序。如果有來自特區終審法院提出的釋法申請，全國人大常委會可以接受，也可以不接受。如果全國人大常委會不受理特區終審法院的申請，那就說明全國人大常委會認為沒有必要解釋《基本法》，或者說通過這種暗示的方式授權特區終審法院對有關條款自行解釋。如果全國人大常委會決定接受申請，解釋《基本法》的有關條款，則必須徵詢其所屬的基本法委員會的意見。全國人大常委會如果不接受特區法院申請釋法，是否要徵詢基本法委員會的意見，法律沒有明文規定，這有待於將來的實踐來創造憲制慣例。基本法委員會中 12 名成員，一半來自內地，另一半來自香港，其中包括法律界人士，他們可以把香港各界，主要是法律界對釋法的意見，帶到全國人大常委會，從而使人大釋法可以照顧到香港實行普通法的特殊情況。[74]

有意思的是，關於全國人大常委會解釋《基本法》的性質，王振民教授的認識有所變化。在 2000 年發表的論文〈"一國兩制"實施中的若干憲法問題淺析〉中，王振民認為，在中國的憲法理論中，法律的解釋權是立法權的附屬權力，解釋法律是全國人大常委會作為立法機關的重要職能之一，因此，它解釋法律的行為具有立法的性質，應該被視為一種特殊的立法行為，就像在內地當法律制定出來後，有關機關還要制定具體的實施細則一樣，只不過這個"實施細則"由全國人大常委會制定罷了。[75]

香港回歸十周年的時候，作者認為，在普通法體制下，法院解釋法律的行為由於與法院對案件的審理是同一過程，因而從性質上看是一種司法行為。根據《憲法》，全國人大常委會是國家的日常立法機關，也是國家最高權力機關的常設機關。除了立法職能外，其憲法上的職責還包括憲法和法律解釋。在中國的憲法和法律解釋理論中，法律的解釋權是最高權力（立法權）的附屬權力，解釋憲法和法律是全國人大常委會除了立法、監督、決定、人事任免等職能之外的一項獨立的職能，與其他職能同等重要。全國人大常委會既是立法機關，也是中國的憲法和法律解釋機關。這種釋法行為儘管不是司法行為，但也不是立法行為，而是介於立法和司法之間

---

74 王振民：〈論回歸後香港法律解釋制度的變化〉，載《政治與法律》，2007 年第 3 期。
75 王振民：〈"一國兩制"實施中的若干憲法問題淺析〉，載《法商研究》，2000 年第 4 期。

的"半立法、半司法"行為，也可以説是獨立於一般司法和立法的專門性法律解釋行為。由於釋法大量發生在司法和執法過程中，因此，人大釋法是連接立法和司法、執法的橋樑和紐帶。回歸後全國人大常委會作為特別行政區的最高釋法機關開始為香港解釋憲制性法律——《基本法》，這是回歸後香港新的政制和法制的重要組成部分。[76]

三、解釋體制完善與法律觀念更新

面對香港終審法院應該提請而不提請解釋，越權解釋又不符合立法原意，全國人大常委會接受國務院提請（經香港特區行政長官向國務院提請），發佈了對《基本法》有關條款的解釋，重建了中央與香港的互動機制，也客觀上激活了全國人大常委會的憲法和法律解釋體制。2011 年 6 月香港終審法院的提請解釋、2011 年 8 月全國人大常委會的通過解釋，和 2011 年 9 月香港終審法院根據全國人大常委會的解釋作出終審判決更是一次良性互動。

全國人大常委會的四次釋法既解決了一些重大的、香港自身無法解決的憲政問題，也彰顯了主權的行使。從正面理解，創設的慣例可看作政治協商的延續。從完善的角度考慮，鑒於釋法性質的多重性（強世功認為第 1 次兼有立法和司法的性質，陳端洪更堅持全國人大常委會釋法就是司法性質，儘管目前沒有更好的辦法），蔡定劍的建議[77]值得思考。全國人大常委會的角色轉換，司法功能的加強，不僅為了回應香港法律界的批評，更為了有效行使職能。王振民建議在全國人大設立憲法委員會並進行配套的政治體

76　王振民：〈論回歸後香港法律解釋制度的變化〉，載《政治與法律》，2007 年第 3 期。
77　參看本書第二章第四節。

制改革。[78] 考慮到重設機構的成本較大（需修改憲法並設置專門機構等），筆者傾向於在全國人大常委會內部設立一個專門機構，專責違憲審查和憲法、法律解釋，並增強人員的專業性、加強程序性（如為座談會正名）。英國的憲政經驗也為此提供了參考價值：上議院和樞密院司法委員會的司法功能，都是在原來的職能基礎上，順應社會和法律的要求而發展起來的。

"一國兩制"本身就是黨和國家根據實事求是的原則，創設的富有原創性的理論，香港回歸後的實踐已經證明這是一個偉大的"構想"，並已經變成現實。全國人大常委會四次釋法實踐都是從實際出發，因而取得了較好的效果。筆者以為，為了更好地貫徹實施《基本法》，觀念更新方面有兩點特別重要：其一，歷史的意識。香港問題是由歷史形成的，解決歷史問題也要有歷史意識。當年香港被割讓，是由於國家貧弱、腐敗所致（當然只是內部原因）。現在國家強大了，才有能力恢復主權，實現香港、澳門回歸。曾在香港工作若干年的強世功通過近距離觀察認為，"國家"在英文中可用Country 與 State 來表達。Country 是與特定土地聯繫在一起的政治組織，強調的是國民與所居住國家自然領土之間的內在關係，並依賴人們對土地的自然情感將國民團結在一起，由此包含了祖國、國土和鄉村的含義。而 State 是依賴抽象法律制度建構起來的政治組織，更強調公民與國家政體的內在關聯，它依賴法律關係將公民團結在一起，由此包含了政府、公共權力和政體的含義。現代國家的政治哲學基礎是 State，而非 Country。愛國主義在香港依然是一個特別概念。香港人確實愛國，保釣運動比內地還積極，可一些精英

78　王振民：〈完善中國違憲審查的思考〉、〈配套的政治體制改革〉，載王振民：《中國違憲審查制度》，中國政法大學出版社，2004 年版，第 382-395 頁。

人士説他們愛的"國"是祖國河山、歷史文化，而非政治實體。沒有政治主權者的"國"是怎樣的東西呢？在這些概念分歧的背後，似乎隱含了自然領土的 Country 與政制建構 State 的區分。而在英文中"一國兩制"被翻譯為"One Country, Two Systems"，似乎標示了這種國家意識和身份認同的區分。為甚麼"一國"之"國"被翻譯為 Country 而不是 State ？這不是誤會，而是精確地把握了"一國兩制"思想的精髓。這裏強調 Country 恰恰在於強調了內地與香港領土的統一性，它是在文化歷史傳統中自然形成的"命運共同體"，而不是人為建構起來的國家，由此為中國恢復對香港行使主權提供了無比強大的正當性。換句話説，香港回歸在政治哲學上的正當性，恰恰不是現代國家理論中的社會契約思想，而是歷史傳統的正當性，即香港自古以來就是中國的一部分。由此，"一國兩制"之"國"在制度建構上是反現代國家的，其政治哲學也是反現代國家理論的，而這種富有想像力的政治建構和政治思想，恰恰來源於中國古典的政治傳統。[79]一國之"國"是文化上的，而非政治上的，這種認識是有深度的。如果此判斷成立，對於香港市民的國家意識恢復需要時間，也應該給予時間。此外，香港一百五十餘年也發展了一些好的傳統，比如法治，儘管是"借來的"（相對於英國把香港看作"借來的時間"、"借來的地點"），受到了香港人的珍惜，[80]對此既應該尊重，也值得借鑒。

其二，文化方面的開放心態。香港法律屬於普通法法系，與內地、澳門和台灣地區有很大區別，由此決定了與香港法律界的交流和溝通更困難、更具挑戰性。辯證地看，這也是好事，使我國成為

79　強世功：〈香江邊上的思考之八 —— "一國"之謎：Country vs. State〉，載《讀書》，2008年第 7 期。

80　陳弘毅：《法治、啟蒙與現代法的精神》，中國政法大學出版社，1998 年版，第 252 頁。

了世界上絕無僅有的集三大法系〔根據達維德（René David）的觀點〕於一國的國家。這種不同法系的直接交流和碰撞，既充滿張力，也充滿活力，更為發展和創新提供了契機。如果不考慮意識形態的因素，普通法法系的法治傳統和憲政經驗在世界範圍內都有明顯優勢。我們能在一國之內近距離地接觸普通法豈非大好事？如果能把其中的優點融入到我國內地的法制建設中，我國的法制建設就會取得更大的進步。我國《合同法》的制定明顯參照了普通法的經驗，《侵權責任法》的制定更是對民法法系的突破。公法方面固然有很多不同於私法的特點，但也並非不能借鑒其他國家和其他法系的經驗。《憲法》本身就是借鑒的產物。基於但不限於上述理由，筆者認為應該加強香港與內地法律界對話與溝通的深度和廣度。

第四節　憲政新意與法學反思

陳弘毅教授大約十年前就指出，如果我們想要理解甚麼是“一國兩制”模式，只看《基本法》的條文是遠遠不夠的，還必須看有關當局的實際行為、心態與實踐做法。有人説《基本法》字面上看起來很完備，但他們懷疑《基本法》能否在實踐中得到貫徹實施。我卻認為恰恰相反，《基本法》從字面上看遠非完備，真正起作用去改善它的正是那些不成文的實踐、理解和慣例。[81] 那麼，從實踐的角度應如何評價解釋衝突呢？

一、香港基本法解釋的實踐互動

林來梵教授曾指出，從“規範憲法學”的角度來看，正因為某

81　陳弘毅：〈“一國兩制”的概念及其在香港的適用〉，載陳弘毅：《法理學的世界》，中國政法大學出版社，2003 年版，第 326 頁。

種規範在現實中"被當作一回事",才有可能出現廣泛而又激烈的爭議,否則,就只有正統觀點與學術定說的同語反覆,而公眾則因為無關痛癢而對此麻木不仁。就 1999 年居港權問題的爭議來說,其背景亂象紛呈,突現極為複雜的構造,當中既有法律規範與社會現實的衝突,亦有價值觀念與法律規範、價值觀念與社會現實乃至價值觀念與價值觀念的衝突,更有掩飾在冠冕堂皇、慷慨激昂的法律辭藻或"政治話語"背後的某種切身利益的衝突。這也是在一個不能完全自足的法律體制下有關憲法性規範問題的爭議所必然具有的宿命。但從 1997 年 7 月 1 日《基本法》生效以來,綜觀我國整體的憲法規範系統,人們不得不承認:它已成為迄今為止其中最活潑、最有實效性的一個規範體。[82]

程潔博士認為,過往實踐主要表現為非制度性的。顯然,制度性方案是法治取向、民主取向的。但是,制度性方案的缺點,是在兩地法治狀況仍然存在差距的情況下,在理論上解決兩制關係的範疇尚欠共識的前提下,制度的剛性將影響後續調整的可能性。同時,非制度性方案似乎也暗合香港沿襲英國的保守主義傳統,與中國對香港政策的"循序漸進"原則。非制度性方案寄希望於慣例、風俗與實力比較,逐步實現兩地之間的磨合與共識。從近期兩地互動的經驗觀察,這些非制度性方案包括謹慎行使權力、關注民意動向、確立柔性規則等內容。[83]

在另一篇論文裏,程潔博士評論道:自 1997 年香港回歸以來,中央政府和特區實施《基本法》的實踐已經極大地豐富了中國的憲法理論和實踐。一方面,特區的憲制結構依《基本法》運行,

---

82　林來梵:〈補論:香港特區的基本法訴訟〉,載林來梵:《從憲法規範到規範憲法》,法律出版社,2001 年版,第 390、392、426-427 頁。

83　程潔:〈論雙軌政治下的香港司法權〉,載《中國法學》,2006 年第 5 期。

特別是終審法院積極行使司法審查權,逐步在區域內形成了類似於美國式的違憲審查機制;另一方面,隨着全國人大常委會對《基本法》的三次釋法和其他有關特區的決定,中央政府對特區的管治權也彰顯無疑。對於中央政府和特區之間的互動,雖然各方面都承認"一國兩制"、"港人治港"、"高度自治"的指導作用,但是對上述原則的理解卻各有側重。[84]

強世功教授認為,如果我們想了解香港憲政秩序的完整圖畫,不僅要看《基本法》的規範條文,更要看圍繞這些規範條文展開的政治鬥爭;不僅要看香港特區對《基本法》的理解和發展,而且要看中央對《基本法》的理解和發展。這種鬥爭既塑造了《基本法》的骨架結構,豐富了《基本法》的內容,也展現了"一國兩制"的法理學。[85]香港回歸之後,中央與特區之間都在摸索相處之道,通過實踐的運行把《基本法》的法律規範變成事實規範。因為真正的法律不是法律明確規定的法律規範,而是人們依據法律而形成的事實規範,是不同政治力量的法律規範框架下經過相互博弈而形成的被人們接受的慣例,法律規範不過是不同政治力量進行政治博弈中,可以利用的資源或法律淵源而已。

從這場涉及司法主權較量的家政中,我們可以看到,中央由始至終保持着不干預香港內部事務的自我節制,而且懷着充分地維持香港繁榮穩定的政治善意,但同時香港自由派大律師們從法律原則出發的不卑不亢抵制,再加上香港的政治環境,也對主權者構成外部的約束。更重要的是,當香港終審庭出於捍衛司法尊嚴,拒絕就"吳嘉玲案"的判決作出自我糾正之後,中央也是嚴格按照《基本

---

84 程潔:〈中央管治權與特區高度自治——以基本法規定的授權關係為框架〉,載《法學》,2007 年第 8 期。
85 強世功前引文。

法》的規定，由全國人大常委會釋法來糾正終審庭的判決，而香港
自由派大律師們的抵制使全國人大常委會在後來行使解釋權的過程
中，更注重法律程序的完善，更注重法律推理的技巧，更注重與香
港法律界的對話和溝通。一句話，在處理香港問題上，古典的家政
技藝逐漸讓位予現代的理性政治或法治。而無論是古典家政中的協
商對話，還是理性政治中的依法行事，都建立在《基本法》這個平
台上。雖然雙方對《基本法》的理解並不完全一致，但有了《基本
法》這個法律文本的技術平台，雙方就可以求同存異，甚至採取一
個文本各自表述的方式，達成最大程度的共識，而這正是"一國兩
制"成功的基石。[86]

　　陳弘毅教授指出，如果我們細心地看、冷靜地分析，便會發覺
這些問題中不少是因回歸後香港和中國內地的法制的互動而產生
的。以前香港是英國統治下的殖民地，對於當時的香港法制來說，
中國法制猶如任何一個"外國"的法制，並不與香港法制發生有機
的、互動的關係。回歸以後，雖然香港法制和中國內地法制仍是
"兩制"，但是香港和中國內地已經同是"一國"。雖然絕大部分中
國內地法律並不適用於香港，《憲法》中也不是每項條文都適用於
香港，但是在法理學的層面，香港法制的"根本規範"（即法律的
有效性的最終依據）已從以前以英國憲法秩序為依歸的導向，轉移
為以中國憲法秩序為最終依歸。然而，香港和中國內地法制的基本
理念、價值取向、架構設計、文化基礎以至其實體法和程序法的具
體原則，卻是那麼不同。在這種情況下，兩地法制"相互間的交叉
和影響等方面的碰撞和磨合"問題，便應運而生。[87]香港回歸十周

86　強世功前引文。
87　陳弘毅：〈回歸後香港與內地法制的互動〉，載陳弘毅：《法理學的世界》，中國政法大學
　　出版社，2003 年版。

年的時候，陳弘毅評論道：總括來說，1999 年的終審法院"澄清"
判詞事件和"人大釋法"事件可以理解為回歸初期《基本法》實施
時，香港和內地兩地法制的相互碰撞並開始相互適應的表現。[88]

綜合上述評論，儘管有政治憲法學與規範憲法學的研究方法
差異，但兩者都關注《基本法》的解釋實踐，都注意到解釋實踐的
互動。據此，筆者認為，可以中性地將"居港權系列案"的解釋衝
突，視為一種《基本法》解釋的實踐互動。

二、成長中的香港基本法 —— 憲政新意

美國比較憲法學學者卡爾·洛溫斯坦（Karl Loewenstein）的憲
法分類受到眾多學者的關注和贊同。龔祥瑞認為，這種分類以憲
法的實施效果為分類標準，將各國憲法分為規範憲法（Normative
Constitutions）、名義憲法（Nominal Constitutions）與標語憲法
（Semantic Constitutions）。規範憲法，係指不但在法律上而且也在
實際上生效的憲法。它和國家政治融為一體，規範着社會政治生活
的全過程。名義憲法，是名不副實的憲法，社會經濟情況根本做不
到憲法上的規定。這種憲法如同空頭支票一樣。標語憲法，它只不
過是一件花樣服裝，只是為了適應統治者的需要和當權派的利益而
愚弄人民羣眾的騙局。這種憲法充滿着大話、假話、廢話和空話，
因而它只對現存政權起催化作用。[89]

林來梵的"憲法規範"和"規範憲法"的分類明顯受到洛溫斯
坦的影響。林文將作者譯為羅文斯坦，並根據羅豪才、吳擷英的中
譯，將三種憲法稱為規範憲法、名義憲法和語義憲法。規範憲法猶

88　陳弘毅：〈"一國兩制"的法治實踐：十年的回顧與反思〉，載《中國人大》，2007 年第 12 期；
　　另參見法律思想網：http://www.law-thinker.com/news.php?id=2411。
89　龔祥瑞：《比較憲法與行政法》，法律出版社，1985 年版，第 43 頁。

如"一件合身的衣服，並且經常被穿著的衣服"。在這種情形下，憲法的規範駕馭着政治過程；同時，權力的運作也能"適應和服從"憲法規範。名義憲法像一件過於寬大而不合身，因此需要放入櫃底等待"國民的身體"成長的那種衣服，但它具有教育啟發的功能，而且遺憾的是，這種功能就是它目前最重要的功能。這種憲法在法律上具有效力，但現實中的政治過程的動態並不依照它進行，其規範性或現實性尚告闕如。不過，這種憲法的目標是在較近或較遠的將來，能夠獲得充分的規範性，即能夠駕馭權力過程，而不再屈服於權力過程的動態。"如果繼續運用明喻的話，那麼，語義性的憲法，就絕不是真正的服裝，而只是一種化妝罷了。"它有可能在政治生活中得到有意識地活用，但往往被作為掌握權力的一種宣言手段或點綴物。[90]

陳弘毅教授也高度評價洛溫斯坦的憲法分類。陳文的解讀是：名義性憲法與該國的政治制度的現實脫節，僅為一紙空言；文字性憲法（Semantic Constitutions）提供一些關於該國的政治制度及其運作的有用資源，但並不能約束從政者的行為；規範性憲法真正決定當權者如何產生，它能真正監督權力的行使和不同權力機關之間的關係，從政者通過潛移默化，均認真地看待憲法的條文，並自願接受其約束。由此可見，規範性憲法的存在乃憲政主義得以成功實施的重要元素。[91]

陳弘毅教授在其著作中指出，《基本法》可算是一部具有憲政主義色彩的憲法性文件：它規定了人權的保障，容許立法機關根據

90　林來梵：〈規範憲法的條件〉，載林來梵：《從憲法規範到規範憲法》，法律出版社，2001年版，第264-267頁。

91　轉引自陳弘毅：〈香港的憲政發展：從殖民地到特別行政區〉，載陳弘毅：《香港特別行政區的法治軌跡》，中國民主法制出版社，2010年版，第105-106頁。

若干選舉規則，自由和開放地經選舉產生，並設立了特區行政長官與立法會之間的分權制衡。[92]1997年，香港進入到一個以《基本法》為根基的新憲政秩序。在這個獨特的憲政秩序裏，新舊制度的元素共冶一爐，新舊秩序的交替中既有延續性，也有創新性。雖然《基本法》是一部全新的憲法性文件，但它嘗試保留香港原有的法律、社會和經濟制度，甚至其正在民主化過程中的政治制度。"一國兩制"是中華人民共和國史無前例的新事物，也是香港在英國殖民統治終結後的新時代、大時代。所謂"實踐是檢驗真理的唯一標準"，經過過去十幾年的實踐，鄧小平等上一代中國領導人設計的"一國兩制"、"港人治港"的構想是否行得通，有目共睹。總體來説，這十幾年的實踐是成功的。

陳弘毅從憲政實踐的角度，對十幾年的經驗作了如下四點總結。

1. 香港特別行政區在"一國兩制"的框架下和《基本法》的基礎上的自治、法治、人權和自由都得到相當成功的實現。不單是港人本身，即使是國際上也普遍承認，北京的中央政府十分尊重香港特別行政區的高度自治權，沒有干預特區政府的決策或施政。香港的行政執法、獨立司法和廉政制度健全，回歸前原有的法治傳統繼續發揮其活力。正如《中英聯合聲明》所承諾，回歸後港人的生活方式不變，香港的人權和自由水平絕對沒有像一些人在1997年前擔心的那樣在回歸後經歷倒退。

2. 全國人大常委會三度解釋《基本法》[93]和《基本法》第23條立法事件，確實是回歸以來在法制領域以至整個社會引起爭議和震盪

92　陳弘毅前引書，第115頁。
93　陳弘毅的文集發表於2009年，主要涉及全國人大常委會的前三次解釋。

的最重要事件。人大釋法是香港特別行政區法律秩序本身的一部分，三次釋法背後都有其理據，並非中央權力機關任意行使其權力或破壞香港的法治或自治。香港法院在一般案件的訴訟過程中適用和解釋《基本法》，和其他香港法律的權力並沒有受到干擾、剝奪或減損。至於第 23 條立法，其用意並非削減港人原有的人權和自由，這次立法之所以引起這麼大的恐慌和社會動蕩，主要應歸咎於特區政府當時處理手法的失當。

3. 香港特別行政區法院在十幾年來充分發揮了它作為香港的法治、憲政、人權和自由的監護者角色，其重要性、積極性和活躍程度與回歸前相比，有增無減。作者十幾年前曾寫道："在九七過渡後，香港法院在香港法制以至政制中的功能將有增無減，……1997年後的香港法院有寬闊的空間去發展香港的法律……香港法院所面臨的挑戰是如何採取一種中庸之道，一方面勇於堅持它們的獨立司法權和敢於發揮它們法定的管轄權，藉以維護法治和權利保障等原則；另一方面，不採取過高的姿態，以避免法院的角色過於政治化。"從香港法院過去十幾年的重要判例來看，法院的確成功地掌握了此中庸之道，在面對中央權力機關時，不卑不亢，在處理香港內部人權與社會整體利益的平衡時，既不過於激進也不過於保守，恰到好處。

4. 如果我們運用曾提及洛溫斯坦的關於三種憲法的區分，那麼1997年以來在香港實施的《基本法》應算是規範性的憲法性文件。套用 H. L. A. 哈特（H. L. A. Hart）的內在觀點的概念，參與實施《基本法》的官員和各方人士，都從內在觀點出發（即自願地、真誠地，以認同的心態）接受了這部憲法性文件作為規範政治權力的獲取、轉移和行使的"遊戲規則"。人民享有言論、集會、結社、遊行示威等自由，政府亦定期進行公正的選舉。人民可以通過訴訟，要求法院維護憲法性文件所賦予他們的神聖公民權利。法院在解釋憲法性文件時，採用了國際上先進的憲政原理，並贏得了法律界以至社會大眾的敬重。這些事實，都是一部規範性的憲法性文件正在發揮其生命力的憑證。[94]

強世功認為，從中性的、甚至正面意義上來理解矛盾和鬥爭，將其看作是人類生存秩序的根本法則，圍繞《基本法》展開的鬥爭一方面使政治鬥爭更趨於理性化和技術化；另一方面也使《基本法》從"書本上的法"變成了"訴訟中的法"，變成現實生活中發揮作用的法。[95]

澳門學者王長斌評論道，"一國兩制"是中華民族對人類政治文明的獨特貢獻，其對中國憲制、乃至世界憲制的諸多方面，均有突破與創新，"一國兩制"的確立，已經超越了理論創新的層面，其對中國憲政實踐的意義，實不容小覷，即稱"一國兩制"是中國憲政發展的一個里程碑，亦不為過分。中國自十九世紀末倡行憲政以來，曾經在全國範圍內具有法律效力的憲法（包括憲法性文件）就有 11 部之多，但憲政主義卻未在中國盛行，原因就在於當政者多把憲法作為統治之工具，而鮮有將其作為限制自己權力之工具者。"一國兩制"卻是反其道而行之，當政者自願限制在港澳（將來還有台灣地區）行使權力，並把這一限制體現在兩部憲制性的文件——《香港基本法》與《澳門基本法》之中。這種做法，體現了憲政主義的精髓。[96]

94　陳弘毅前引書，第 137-139 頁。
95　強世功：〈和平革命中的司法管轄權之爭——從馬維錕案和吳嘉玲案看香港憲政秩序的轉型〉，載《中外法學》，2007 年第 6 期。
96　王長斌：〈"一國兩制"：中國憲政實踐的一個里程碑〉，載《"一國兩制"研究》，2009 年第 2 期。

憲政，簡而言之，就是有限政府，就是限權政治。在憲政秩序之下，當權者不能恣意妄為，要按照憲法或與憲法起相同作用的法律或規則（以下為論述方便起見，統稱"憲法"）的規定行使權力。這是憲政區別於專制或威權政治的本質特徵。如果一個國家的憲法無法阻擋當權者任意行使權力，則這個國家雖然存在憲法，但並不意味着它存在憲政。反過來，如果一個國家雖然沒有成文憲法，但存在"一個作為背景的、大眾化的、公共接受的限制政府權力的觀念"，也可以存在憲政。因為當政者如果濫用權力，就會受到公眾的抵制，不僅其政權的正當性會受到質疑，更有甚者，還會失去公眾的信任，從而喪失政權。所以衡量是否存在憲政的根本標準，是看能否有效地防止或阻止當權者濫用權力。

作為"一國兩制"標誌的港澳基本法，從起草到內容，都反映了憲政主義的特點。港澳基本法的起草過程實際上類似於中央與香港、澳門人締結社會契約的過程，兩部基本法的制定過程看起來像制憲會議。正是基於締結社會契約的需要，香港草委就必須要有"廣泛的代表性"，最大限度地體現香港主流社會力量，最大程度地體現香港社會各階層的代表。1988 年，英國外交大臣傑弗里・豪（Geoffrey Howe）也承認，《基本法》"起草過程非常公開，起草委員會內能自由交換意見，起草過程中已公佈的資訊十分豐富"。[97]

兩部基本法是劃時代的文件，這是當代中國歷史上第一次以類似於制定憲法的方式，以法律的手段解決中央、地方關係問題。起草基本法的過程，是中央政府與港澳草委，以及港澳各界代表、港澳社會反覆協商的過程，而不是中央政府單方面把自己的意志強加

---

[97]　宗道一、周南：〈鄧小平關注《香港基本法》的起草〉，載《黨史博覽》，2009 年第 3 期。轉引自王長斌前引文。

給港澳。而且，兩個法律文件明確授予兩個特別行政區在基本法規定的範圍內，有獨立的立法權、行政管理權和司法權，這就意味着中央政府需要尊重兩個特別行政區的自主權，不能隨便干預其權力的行使。這些都是典型的憲政主義方式。而且，"一國兩制"也反映了不以多數（內地人）壓迫少數（港澳）、不恃強凌弱以及尊重多元化（在香港實行不同的社會制度）等憲政理念。這在當代中國的政制史上屬於開創性舉動。因此，我們認為，稱"一國兩制"為中國憲政實踐的里程碑，並不過分。

十幾年的"一國兩制"實踐表明中央政府確實是認真的。雖然在某些問題上，中央政府可能會向港澳政府或港澳社會表達自己的關切，抑或施加一些影響，但基本上，中央政府遵守了自己通過港澳基本法作出的承諾。這一點，即使素來戴着有色眼鏡看中國的西方媒體，也不得不承認。美國《時代週刊》2004年4月5日發表的一篇題為〈誰在管治中國〉的文章中，也承認："在將近7年的時間裏，680萬香港人生活在中國共產黨的主權之下，但又不受中國共產黨的直接管治。它根據英國留下的法律，由自己人治理，其'一國兩制'試驗在很大程度上是成功的。"

王長斌認為，全國人大常委會關於《基本法》的前三次解釋，是一個漸次提高的過程，同時也是憲政方式的運用。第一次"人大釋法"所借助的唯一法律解釋方法就是原義解釋，即直接進入對立法原意的探討。所謂原義解釋，就是要查找立法者在法律起草過程中，通過合法程序保留下來的、具有證明力的權威文本，比如法律起草過程中的記錄文本和相關的法律文本等。然而，在全國人大常委會的解釋中，並沒有提出這樣的權威文本，而是求諸"內地與香港之間長期實行的出入境管理制度"，以及上述錢其琛向全國人大所作的籌委會工作報告。應當說，這樣的解釋與其說是原義解釋，毋寧說是目的解釋或功能解釋，因為解釋的依據並非法律起草過程中產生的權威文本。因此，此次解釋，是用了一個法律手段的外殼，而內裏還是傳統的實質正義的路子。但畢竟，這是中央政府運用法律手段的第一次嘗試，相對於傳統政治方式而言，仍然體現了進步。

第二次"人大釋法"是中央政府再一次嘗試以"人大釋法"的方式解決政治問題。在解釋方法上，此次釋法不再求諸立法原意，而是採用法典結構與法理原則相結合的方法，把要解釋的法律文本放在整個法典、甚至國家的整體結構以及法理原則上進行分析，體現了法律解釋技藝的提高。最重要的是，通過此次解釋，中央政府成功地把政治問題轉化成法律問題，實現了從政治解決方式到憲政解決方式的轉型。在法律框架內討論政治問題，是憲政的重要標誌之一。

第三次"人大釋法"與第二次釋法一樣，也採用了多種解釋方式，表明中央政府法律解釋的技藝逐漸成熟。而且，這次釋法在程序上做了許多完善。比如，前兩次釋法都是在人大釋法之後才公佈全國人大常委會對有關解釋的說明，並與香港各界人士進行座談，而在這次人大釋法之前，全國人大常委會法工委就以發言人發表談話的方式，提前公佈了有關法律解釋的內容，而且提前就釋法涉及的法律問題與香港社會各界人士進行座談，尋求共識。這種解決問題的方式，體現了法制、尊重、對話、不仗勢欺人的憲政價值觀，是對威權政治的反動。

2007年，全國人大通過決定，同意在香港推進行政長官和立法會的雙普選進程。這個決定至少表明：其一，中央政府認可政治民主化的理念；其二，中央政府願意遵守《基本法》的規定(憲政、法治的標準之一是當政者遵守法律)；其三，這個決定沒有通過中共中央的文件或某個領導人的講話表達出來，而是通過具有法律效力的全國人大的決定表達出來，説明中央政府越來越堅定地走在法制化與憲政主義的軌道上。

一個國家的憲政，必須在實踐中逐步得到提高。不積跬步無以至千里，中國政府在"一國兩制"的實踐中實實在在地體會、學習了憲政，這些積累無疑有助於中國憲政水平的更大進步。[98]

綜合內地學者和港澳學者的觀點，並結合規範憲法學和政治／社會科學憲法學的共識，可以認為，《基本法》已從"書本上的法"變為"活法"，而且充滿生命力，正在健康成長。

三、方法論的思考——波斯納法官的啟示

"吳嘉玲案"中的解釋衝突，從某種程度上也與該案的特殊性——屬於疑難案件有關。

儘管沒有疑難案件的精確定義，但對於如何界定疑難案件，法學界依然存在兩個基本共識。第一個是要區分法律規則上的疑難案件，與案件事實上的疑難案件。所謂法律規則上的疑難案件，是指因法律規則存有缺陷而使案件的處理存有爭議的案件；案件事實上的疑難案件，則是指案件事實撲朔迷離，真相難以查清的案件。第二個是認為導致法律規則上的疑難案件的原因，在於法律規則的四種局限。卡爾·拉倫茲（Karl Larenz）認為："……沒有人再能夠嚴肅地宣稱法律規則的應用只不過是在抽象表達的大前提之下的邏輯涵攝。"羅伯特·阿列克西（Robert Alexy）認為這些局限至少有4個：①法律語言的模糊性；②規範之間有可能發生衝突；③可能存在這樣的事實，即有些案件需要法律上的調整，但卻沒有任何

---

98 王長斌前引文。

事先有效的規範適合來用於調整；④在特定案件中，所作出的裁判有可能背離規範的條文原義。[99] 這就是所謂法律規則的四個局限。

　　季濤認為，法律的完成總是相對的，而未完成卻是絕對的。這使法律總有可能處於不確定之中，但正是法律的不確定性才包含着對法律確定性的急需，而可論辯—證成性與決斷，使這種急需得以實現。所以，依然可以將法律的不確定性作為界定疑難案件的標準，但我們必須清楚其中包含的豐富內容：法律的未完成性、法律的可論辯—證成性，與法律的決斷。[100]

　　根據德國研究者的分析，一個法律問題之所以成為"疑難"，主要可以歸諸於以下三個方面的原因：第一是法律本身的空缺性，包括法律條文用語的歧義、模糊、評價性、過於籠統等，以及法律在體系上的不連貫、不完整或缺漏、陳舊過時等，所有這些都導致了法律本身的不確定。第二是法律解釋方法上的不確定。它可能是解釋方法本身的不確定，即對同一種解釋方法，解釋者會有不同認識並採取不同的運用方式，從而產生不同的解釋觀點。同時，它也可能是不同解釋方法之間的關係不確定，即在同一個法律問題上，可能同時存在幾種可適用的解釋方法，它們產生不同的解釋觀點，而對於它們的運用順序，由於人們在解釋的目標和實體價值判斷上存在分歧，也難以形成共識；同時也可能是不同解釋方法之間的確定。第三是價值觀念上的分歧。法律解釋必然直接或間接涉及法律在一定的案件中要求甚麼、禁止甚麼或允許甚麼的問題，也即法律的規範屬性或價值評價問題。在法律本身不確定的情況下，由於人們對法律的內在價值，以及各種價值之間的關係存在分歧，對

99　［德］羅伯特・阿列克西：《法律論證理論》，舒國瀅譯，中國法制出版社，2002 年版，第　2 頁。
100　季濤：〈論疑難案件的界定標準〉，載《浙江社會科學》，2004 年第 5 期。

甚麼是正確的解釋，甚麼是可適用的解釋方法，以及解釋方法的正確使用方式，也就必然發生爭議。[101]

用此標準衡量，"吳嘉玲案"無疑屬於"疑難案件"。關於第一方面的原因，第 24 條的這些規定有其不清晰之處。例如，如果某人在內地出生時，其父母均非香港永久性居民或甚至未來港定居，但其父或母後來成為了香港永久性居民，那麼該人現在是否屬於香港永久性居民？又如，如果某人從中國內地偷渡來港，或以旅遊或探親為理由來港後逾期居留，但卻能向香港當局證明其符合"永久性居民"的條件，那麼香港當局是否還有權把他遣返中國內地？[102] 關於第二方面的原因，在原義解釋、目的解釋和字面解釋等，不同的法院以及特區政府和全國人大常委會都有不同的認識和選擇。更重要的是第三方面的原因，香港終審法院與全國人大常委會之間無論是有關《基本法》第 158 條還是《基本法》的相關條款以及《基本法》本身，都存在不同的理解和認識，甚至存在衝突的價值觀念。

疑難案件關涉法律的本質、方法以及法律與社會的關係，可以說，是當今各路法哲學流派競相角逐的核心戰場。徐繼強由此認為，世界圖景決定生活形式，生活形式影響語言習慣，語言習慣界定規則和制度，規則和制度構成法律體系，制度與生活（包括文化和價值）的摩擦導致疑難案件。所以從法律上來看，疑難案件是特定事件落在不確定的規則的邊緣的結果，從法律的社會屬性上來看，疑難案件是特定事件處在有爭議的生活形式和世界圖景之中的

---

101 張志銘：〈法律解釋原理〉（下），載《國家檢察官學院學報》，2008 年第 2 期。季濤首先區分了法律規則上的疑難案件和案件事實上的疑難案件。

102 陳弘毅：〈"一國兩制"的法治實踐：十年的回顧與反思〉，載《中國人大》，2007 年第 12 期；另參見"法律思想網"（http://www.law-thinker.com），瀏覽時間：2011 年 3 月 15 日。

結果。疑難案件反映的實際是過去、現代和未來的生活形式的變遷
與法律制度的變革，或同一時代多種生活形式、多種世界圖景之間
的碰撞及其整合的問題。[103]

　　哈特的法理學中，與法律解釋問題最相關的是他提出法律的開
放性特質（Open Texture of Law，或譯作"法的空缺結構"）的論述，
或説他企圖在"形式主義"法學和"規則懷疑主義"之間，開出一
條中庸之道。哈特認為，"形式主義"和"規則懷疑主義"都過於
偏激、以偏概全，因而都是不可取的。一方面他指出語言文字和以
語言文字表達的法律規則，有一定程度的意義的可確定性：每一個
字、詞語和命題在一定範圍（即"核心範圍"）內有明確的、無可置
疑的涵義，其適用於某些案件的結果，也是顯而易見的、具有高度
確定性和可預測性的。另一方面，語言和規則也有"開放性"的特
質。因為語言不是絕對精確周密的示意工具，加上立法者在起草法
規時，沒有可能預見到所有將來可能出現的情況，所以在某些範圍
（即"邊緣地帶"，相對於"核心地帶"而言）內，語言和規則的適用
具有不確定性。在這一範圍內，法官在決定作出怎樣的判決時，的
確享有裁量權和創建新的規範的角色（實際上是"造法"的功能）。
在這些案件中，並不存在一個由現有法律所決定的、絕對正確的答
案，而是法官需要在多種可能解釋和可供採用的推理途徑中作出抉
擇。在這過程中，道德價值判斷、公共政策的考慮、不同利益的權
衡、不同判決對社會的影響因素，都會左右法官的最終判斷。

　　由於法律的開放性特質，"形式主義"對司法判決過程的理解
是有所偏差的，形式主義所構想的司法判決模式並不適用於上述
"邊緣地帶"的情況。反過來説，"規則懷疑主義"只適用於這些情

---

103 徐繼強：〈法哲學視野中的疑難案件〉，載《華東政法大學學報》，2008 年第 1 期。

況，它忽視了"核心地帶"的情況。哈特認為，法律規則在大多數情況下是可以順利地、客觀地應用的，而"法律的生命在很大程度上存在於確定的規則對官員和私人的指導"。[104]

羅納德・德沃金（Ronald Dworkin）認為，法律的概念"是一個解釋性的概念"。在他看來，通過法官在疑難案件中的推理機制，通過哲學上的闡釋理論，我們便能深刻地理解法律是甚麼，便能更好確定某一規範是否為法律規範。"里格斯訴帕爾馬案"（Riggs v. Palmer）說明法官適用了法律原則，在此可以說，法律不僅僅是由法律規則組成，它還包括法律原則。德沃金強調指出，法官在疑難案件中確定法律原則，不是也不可能根據承認規則這類標準，而是根據政治道德的推論或討論。法官確定法律原則的過程，是建立一個對審判有用的法律理論，這個理論包括有關法律規則和審判制度的學說，以及支持它們的政治道德理由。如果法官確定了某個原則體系，對已確立的法律提供了最好的證明正當的理由，那麼法官便得到一個在他看來是最完善的法律理論，同時他也得到一個複雜而又統一的原則體系。因此，確定某一原則是法律原則的標準是：這個原則構成了最完善的法律理論的一部分，這個理論又能夠證明已確立的法律規則和制度是正當的。

德沃金進而認為，通過法官確定法律原則的推理機制，人們可以發現法官是在規範性地思考而非描述性地思考。當法官在疑難案件中發生爭論時，他們不是爭論法律規則的適用範圍是甚麼，而是爭論確定法律的標準是甚麼，即爭論用甚麼標準確定法律是甚麼，及用甚麼標準確定某一規範是法律規範。因此，在法官那裏，法律的概念是規範的而不是描述的，"法律的帝國是由態度，而不是由

---

104 陳弘毅：〈當代西方法律解釋學初探〉，載《中國法學》，1997 年第 3 期。

領土、權力或程序界定的"。當然，"每個法官審判新的案件時，都須將自己視為一個複雜的鏈條事實（Chain Enterprise）的參與者，而無數的判決、體制、慣例和法律實踐，就是這個鏈條事業的歷史。法官必須解釋過去，因為他有責任推動手中這個事業的歷史而非另闢蹊徑。他必須根據自己的判斷，確定以往判決達到了甚麼，斷定迄今為止整個慣例的契機或宗旨實際上是甚麼"。他先要解釋過去法官的法律解釋，解釋過去法官作為整體的法律解釋，正如眾多作家創作一部"鏈條小說"（Chain Novel）一樣，除第一個和最後一個外，每個作家都要理解和解釋先前作家創作的章節。然後在前面章節暗含的方向上，續寫未來的章節。所以，法律的概念最終是個解釋性的概念。

那甚麼是"解釋"？在德沃金的理論中，解釋是解釋者融合自己的目的來說明客體的活動。它包括三個基本內容：首先，解釋法律是甚麼和解釋藝術作品頗為類似，其過程是"創造性的"（Creative）解釋，其目的不在於發現人們行為的經濟、心理、生理等決定因素，而在於將解釋者自己的目的加在客體上，以使客體成為它所隸屬的整體的最佳範例。其次，解釋分為"前解釋"（Pre-interpretive）、解釋和"後解釋"（Post-interpretive）三個階段。在前解釋階段，解釋者要確定人們以往經驗中的法律是甚麼；在解釋階段，解釋者要為上一階段確定的法律，提供某種一般的證明適用它是正當的理由；在後解釋階段，解釋者要調整自己對法律實際上要求甚麼的感覺，以更好地為第二階段確定的證明理由服務。最後，解釋者如果想要理解法律，就必須參與到法律實踐中去，因此在某種程度上，他是在其不能完全逃避的歷史傳統文化之中解釋對象。

德沃金斷言，雖然法律的概念是抽象的，但是無論怎樣抽象，它都必須能夠很好地解釋法律實踐。因此，法學家確定法律是甚麼和法官確定法律是甚麼，本質上是同一的。法學家所說的法律概念和法官所說的法律概念一樣，都是基於一定歷史傳統文化而作出的解釋性概念。[105]

德沃金雖然豐富了法律解釋理論，但他的"唯一正解"受到很多法學家的批評。美國的波斯納法官（Richard Posner）提供了另一種思路。他認為法律解釋、司法判決等法律問題上的客觀性一詞，與確定性、非個人化等用語同義，它大致可以區分為三種強弱不同的含義：①形而上的或本體論上的客觀性，它指的是對法律問題的認識，和處理與某種外部實在或客觀真理相符合，這是一種本體論或者說形而上學意義上的。比如我們說立法原意，法律規則是立法者制定的，制定這個規則的時候，他有一個想法，這個想法對一個法律適用者來講是外在於他的，正確適用法律就是要使這種對於法律的理解，和立法原意相吻合，如果說任何規則之後都有一個立法原意的話，這個規則的意思就有一個本體意義上的存在。所以也可以講法律的確定性可能在最常識的意義上，就確實存在着這樣一個東西。②科學意義上的可復現性，即對法律問題的認識和處理如同科學實驗一樣，只要運用正確的方法，那麼不同的研究者對同一問題就能找到相同的答案。③這種客觀性或者合理性指的是交談或交流意義上的合理性，即對法律問題的認識和處理是基於有說服力的合理根據，而非主觀任意的判斷，它在交談中被認同，並可合理地加以修改。這同樣也是一種確定性。確定性與不確定性，和非個人與主觀任意性是一對矛盾的概念。只要他不是主觀任意的，不是想當然的，就有客觀的效果。波斯納認為在前兩種意義上的客觀性並

---

105 劉星：〈描述性的法律概念和解釋性的法律概念——哈特和德沃金的法律概念理論之爭〉，載《中外法學》，1992 年第 4 期。

無根本不同，如果客觀性指的是這兩種意思，那麼當面臨疑難法律問題時，人們就不得不在形式主義的確定性和規則懷疑主義的不確定性之間作出抉擇。他認為只有選用客觀性的第三種含義，即交談的合理性，人們才能超越這種非此即彼的抉擇，採取一種中間立場。同時，他認為在一個社會或共同體中，成員在政治思想、文化傳統、價值觀念、生活方式等各方面是高度同質的，同質性程度越高，多元性程度越低，他們就法律問題達成共識的機會就越大，對法律問題的處理也就越具有客觀性。[106]

　　甚麼是法律職業共同體？法律職業共同體實際上就是一個解釋共同體，作為一個法律職業共同體，由於受過共同的訓練，信奉共同的學說，做同樣可以共同從事的職業，有共同的一些偏好，有利益上的這種相關性，所以面臨同樣的問題時，思考也總是大同小異的。傳統的確定性概念，是科學的本體論意義上的確定性概念，這種確定性概念無法對妥當性概念進行充分的關照，在法律解釋正當性問題上，會面臨解不開的結或者處理不了的問題。在波斯納概括的三種確定性概念中，只有本體論和科學意義上的客觀性有可能符合唯一確定性的傳統答案標準，而作為交談合理性的客觀性是不可能達到的，它只能滿足於獲得合乎情理或者相對正確的答案。但是波斯納的匠心獨具也恰恰就在這個地方，當面臨疑難法律問題時，他把分析確定性或客觀性的視角從追求答案的"唯一正確"，轉向關注獲得答案的"過程和理由的合乎情理"。而這樣一種處理也同樣符合法律或法律解釋對確定性的追求，同樣是對主觀任意性的批評和挑戰。

　　交談合理性概念的落腳點，不在於最終解釋結論的"唯一正

---

106 [美]波斯納：《法理學問題》，蘇力譯，中國政法大學出版社，2002 年版，第 42-44 頁。

確"，而在於把法律解釋視為一個相關解釋主體之間、解釋主體與其所在的制度場景之間的交談或交流的過程，強調最終解釋結論是某種合理而客觀的過程或程序的結果，強調法律傳統、法律職業共同體等因素對解釋活動的制約作用，強調解釋者對其解釋和判斷的理由作出説明和展示的責任。因此，基於交談合理性產生的解釋結論並非主觀任意和不確定的，儘管它可能並不具有本體論或科學意義上的客觀性或確定性。作為交談合理性的客觀性概念的提出，在理論上緩解了在法律解釋中，由於解釋者自由裁量因素的引入而對傳統的法律確定性或客觀性概念所造成的衝擊。它消除了各種法律解釋主張在確定性或客觀性上的緊張關係。[107]

前述解釋衝突的原因時提到，差異不僅體現在解釋體制和解釋傳統方面，而且體現在解釋價值和相互信任方面。如果此種判斷成立，更凸顯出《基本法》相關解釋主體溝通的必要性。陳弘毅曾從比較憲法學的角度，提到加拿大和印度法律明文規定，政府可就重大憲法性問題要求最高法院表示權威性意見。據此陳弘毅認為，"吳嘉玲案"的衝突説明香港也有這方面的需要。[108] 如果陳文指的是香港特區內部立法機關、行政機關與司法機關之間適度溝通的話，這種意見具有建設性。就中央與香港特區關係而言，司法層面的溝通機制也有待加強。筆者認為，在現有體制下，可以而且應當充分發揮香港基本法委員會的作用。

四、法學反思：實踐法律觀的呼喚

結合《基本法》解釋問題的探討，筆者認為應對法學自身進行

---

107 張志銘：〈法律解釋原理〉（下），載《國家檢察官學院學報》，2008 年第 2 期。
108 陳弘毅：《法理學的世界》，中國政法大學出版社，2003 年版，第 401 頁。

反思。

按照國內的權威說法，"法學，又稱法律學、法律科學，是研究法這一特定社會現象及其發展規律的科學，屬於社會科學的一個學科"。[109]

賀衛方在 1991 年就質疑：法律學是一門科學嗎？[110]

鄭戈一篇重要論文的標題也是疑問句：〈法學是一門社會科學嗎？〉，鄭戈為此進行了細緻的討論。

在今天的知識分類學中，科學或自然科學（Sciences）、社會科學（Social Sciences）以及人文學科（Arts / Humanities）成為最基本的三種知識形態。這種劃分已經被學術職業體制和大學教育體制確定下來。法學在這種三分體制中無法找到自己的位置。在法學傳統十分強大的歐陸國家，法學往往作為一門獨立的學科而存在，但其學術地位根本無法與上述三大學科抗衡。而在英國和美國，法學在很大程度上是作為一門"技藝"（Craft）而不是作為一種"學術"來傳授的。法學在很大程度上是一種"實踐"，是面對不同的具體問題作出的理性分析。法學有其"形式化"的一面，但它未曾、也不可能形式化到可以用數學或形式邏輯來表達的程度。法學也有其"實用主義"的一面，但它卻不是"就事論事"的。

加州大學柏克萊分校的愛德華·L. 拉賓教授（Edward L. Rubin）在一篇專門為法學"定位"的文章中指出：實際上，法學既有一種獨特的主題，也有一種獨特的研究方法……法學研究的主題可以歸納為一種內在的、而不是外在的法律觀……法律學者把法律作為一套被人們設計為一種意義體系的規範性述說來加以研

109 張友漁、潘念之：〈法學〉，載《中國大百科全書·法學卷》，中國大百科全書出版社，1984 年版，第 1 頁。
110 賀衛方：〈法律學是一門科學嗎？〉，載《比較法研究》，1991 年第 3 期。

究。……他們考察法律的內在結構和意義。……法律學者們採用的方法主要有兩種，即：描述性的（Descriptive）方法和規範性的（Prescriptive）方法，這種區分來自於大衛·休謨（David Hume）那十分著名的"實然"（is）與"應然"（ought）之分。

他並未給出內部觀點或內部視角的確切含義，但從其表述過程之中，可以看出這指的是"以法律職業者而不是哲學家或社會科學家的視角"來研究法律。而他所歸納出來的兩種"研究方法"，也完全是把法律規範體系和法律職業活動看成是一種封閉的系統，法學家所做的事情就是描述這個系統的運作，並檢修這一系統的故障。到第一次世界大戰爆發為止，取得獨立地位並被劃歸到社會科學領域的主要學科共有五門，包括：歷史學、經濟學、社會學、政治學和人類學。而法學並不在其中。

鄭戈的觀點是：①在近代社會科學的衝擊下，西方法學之所以能夠保持自己的"自主性"，完全是因為它有着制度性的保障，這種保障一方面來自法學家在法律職業共同體中的成員資格，以及法律職業共同體所享有的"自治權"，另一方面則來自國家和社會兩方面對法律及其相應支持性資源的普遍認同；②法學在建構和維護法律職業共同體的"同一性"方面，發揮了很大的作用；③作為一種主要的統治方式，法律在影響和塑造社會方面起到了很大的作用，所以，"法學家的法律觀"雖然與社會現實之間存在一定差異，但這種差異在很多情況下是比較小的。正是以上這幾方面的原因，為西方法學保持其較為封閉的規範式研究路徑，提供了正當性依據。[111]

---

111 鄭戈：〈法學是一門社會科學嗎？〉，載強世功、李光昱主編：《北大法律評論》（第1卷第1輯），法律出版社，1998年版，第19頁以下。

　　亞里士多德曾經將人類的知識分作三大類：純粹理性、實踐理性和技藝。所謂純粹理性，在亞里士多德時代，大致是幾何、代數、邏輯之類可以精密研究的學科，如今似乎還應當包括某些（例如，傳統的物理、化學）而不是所有的自然科學（例如，宇宙起源理論或生物進化理論）；而實踐理性則是人們在實際活動中用來作出選擇的方法，用來確定命題之真假、對錯和行為善良與否，如倫理學、政治學，此外還包括另外一些科學技術學科；技藝則是指那些無法或幾乎無法用言辭傳達的，似乎只有通過實踐才可能把握的知識，有時甚至是只有某些具有特殊"天賦"的人才能獲得的，例如，木匠的好手藝就無法通過教學來傳授，又如醫生對疾病的診斷能力。這些幾乎毫無例外都必須通過實踐來自己把握，而且僅僅靠努力實踐也並不總能有所成就。事實上，在歷史上這些行當幾乎都是以帶徒弟方式來傳承的。

　　蘇力認為，重要的是不能將知識的分類和學科的分類混同起來。嚴格說來，即使在歷史上，任何學科都或多或少地同時具有這三類知識。這一特點在當今時代也許尤為顯著，知識的分類與學科的分類已經是交叉了。

　　在國外法學界，上世紀的使法學成為科學的夢已經基本結束了，今天人們已日益承認法學更多是或主要是一種"實踐理性"，儘管法學家所用的"實踐理性"一詞在很大程度上也涵蓋了亞里士多德的"技藝"領域。從知識的分類來看，法學絕不僅僅是一種純粹理性的、思辨的學科。它絕不是只要從理論上講通了，實踐上就可以做、並可以做好的學科。法治作為一種社會的實踐，而不僅僅是法學家或法律家的實踐，其構成必定也同時需要這三種知識：思辨理性、實踐理性和技藝。法學是一門具有高度實踐性的學科，它並不只是一些普遍正確的命題所構成，而且需要大量的實踐理性，需要許多難以言說、難以交流的知識。

如果中國的法治要想建立並成熟起來，中國的法學能擺脫"幼稚"之標籤，那麼我們作為法學家就不僅應當重視純粹理性，而且應當重視實踐理性，重視法律技藝；並在可能情況下，將後兩種知識以恰當的方式轉化為可言說、可交流且交流起來經濟的知識。[112]

舒國瀅也認為，所謂法學，就是研究法律現象的知識體系，是以特定的概念、原則來探求法律問題答案的學問。也可以說，法學是一門實踐學問、實踐知識，即通過"實踐之思"獲取的知識。實踐性構成了法學的學問性質，我們可以從以下幾點來看：①法學的研究總是指向法律現象或法律問題的。故此，法學的興衰註定是與一個國家法律制度的發展相關聯：法制興則法學繁榮；法制衰則法學不振。其他學問的發展，並不一定以法制和秩序的存在為條件。②法學具有務實性。法學並非"純思"，它的理論興趣不在於尋求"純粹的知識"或"純粹的真理"。法學必須關注和面向社會的世俗生活，為人們社會生活中的困惑、矛盾和衝突尋找到切實的法律解決方案，確立基本的原則，或為法律的決定作出合理而有說服力的論證。法學實踐活動的所有方面（法律認識、法律判斷、法律理解、法律解釋等）都是圍繞着這個領域而展開的。③法學是反映人的經驗理性的學問，是人的法律經驗、知識、智慧和理性的綜合體現。在法學中，邏輯分析是必要的，但經驗的審慎判斷更為重要。④法學是職業性知識體系，它所使用的語言是冷靜的、剛硬的、簡潔的、合邏輯的，是經過法學家們提煉、加工和創造出來的行業語言，與人們日常語言存在一定的差別。⑤法學不同於自然科學，在

112 蘇力：〈知識的分類〉，載《讀書》，1998 年第 3 期。

於它研究的是一種"價值性事實",即反映人類的價值觀、價值傾向和價值意義的社會事實。無論在立法、司法,還是在守法中,人們的行為和行為關係都是具有價值意義的。在法學中很難做到"價值無涉"(Value-free)或進行無立場的研究。[113]

鄭永流認為,拉丁文 *Jurisprudentia* 本意為法的實踐智慧,關於它的學問稱為法學,所以烏爾比安(Ulpian)說"法學是神人之事,公正非公正之藝術"。這與今人將法學看作知識不同。法學經歷了從智慧到知識的變化,顯然是受當時日益興盛的科學的影響所致。為了準確反映從前法學的實踐智慧(*Prudentia*)的品質,鄭永流常將 *Jurisprudenz* 譯為實用法學。[114]

在實踐哲學的傳統中,大體可以分為以伊曼努爾·康德(Immanuel Kant)為代表的形式主義的實踐哲學,和以亞里士多德為代表的以反思為特點的實踐哲學。康德的實踐哲學的核心,是要回答人們在社會行動的時候的依據是甚麼。康德認為,慾望、個人幸福等沒有統一的依據,難以達成一致。只有在形式的問題上才能達成一致。所以,他的實踐哲學強調人們依形式規則的行動和判斷的能力。亞里士多德的傳統則強調反思性。首先,要聯繫特定的場景或場域,考慮到特別事務的具體情況;其次,它不從規定性出發,而特別強調人們自我反思和調整的能力;再次,這種能力既不可教,也不可學,只有在實踐中才能培養出來,不是預定好的;最後,它強調個別之理,反對教條主義,反對把人物化,機械化,而喪失了自主性。[115]

---

113 舒國瀅:〈法學〉,載舒國瀅主編:《法理學導論》,北京大學出版社,2006 年版,第 1-4 頁;另參見舒國瀅:〈尋訪法學的問題立場——兼論"論題法學"的思考方式〉,載《法學研究》,2005 年第 3 期。

114 鄭永流:〈實踐法律觀要義:以轉型中的中國為出發點〉,載《中國法學》,2010 年第 3 期。

115 鄭永流:《轉型中國的實踐法律觀——法社會學論集》,中國法制出版社,2009 年版,第 277 頁。

鄭永流指出，實踐法律觀力倡先踐行法律，以反對有法不依，對法律的忠誠感，法律教義學的方法，缺一不可；再在踐行中反思法律，以反對法條主義，這要兼具法哲學的批判和創新精神；最後形成新的法，達至合理的秩序。實踐法律觀以踐行法律，應對中國成就法治的特殊使命，以在踐行中反思法律，滿足世人追求恰如其分的創造之普適要求。[116]

李澤厚在概括中國的智慧時提到 "實用理性"：如果說，血緣基礎是中國傳統思想在根基方面的本源，那麼，實用理性便是中國傳統思想在自身性格上所具有的特色。……把自然哲學和歷史哲學鑄為一體，使歷史觀、認識論、倫理學和辯證法相合一，成為一種歷史（經驗）加情感（人際）的理性，這正是中國哲學和中國文化的一個特徵。這樣，也就使情感一般不越出人際界限而狂暴傾瀉，理知一般也不越出經驗界限而自由翱翔。也正因為此，中國哲學和文化一般缺乏嚴格的推理形式和抽象的理論探索，毋寧更欣賞和滿足於模糊籠統的全域性的整體思想和直觀把握中，去追求和獲得某種非邏輯非純思辨非形式分析所能得到的真理和領悟。……它以儒家思想為基礎構成了一種性格 —— 思想模式，使中國民族獲得和承續着一種清醒冷靜而又溫情脈脈的中庸心理：不狂暴，不玄想，貴領悟，輕邏輯，重經驗，好歷史，以服務於現實生活，保持現有的有機系統的和諧穩定為目標，珍視人際，講求關係，反對冒險，輕視創新……所有這些，給這個民族的科學、文化、觀念形態、行為方式帶來了許多優點和缺點。[117]

就傳統心態說，中國的實用理性有與實用主義相近的一面，即

---

116 鄭永流前引文。

117 李澤厚：〈試談中國的智慧〉，載李澤厚：《中國古代思想史論》，人民出版社，1986 年版，第 303-306 頁。

重視真理的實用性、現實性，輕視與現實人生、生活實用無關的形而上學的思辨抽象和信仰模式，強調 "道在倫常日用之中"。但也有與實用主義並不相近的一面，即實用理性更注意長遠的效果和具有系統內反饋效應的模式習慣，即承認有一種客觀的 "道" 支配着現實社會和日常生活，從而理性並非只是作為行為的工具，而且也是認識（或體認）的途徑。[118]

李澤厚指出，1979 年出版的《批判哲學的批判》通過 "批判" 康德，初步表達了自己的哲學思想，如 "實踐理性"。[119]康德提出了實踐理性的概念，區分了實踐活動中的 "按照自然概念的實踐" 和 "按照道德概念的實踐"。

高秉江專門探討了亞里士多德的相關概念。亞里士多德第一次在人類思想史上對人的意識和實踐行為進行了分類，他將人的靈魂運作分為 Nous（英譯 Intuitive Reason，中譯 "神學智慧"、"直觀智慧"）、Sophia（英譯 Philosophical Wisdom，中譯 "哲學智慧"、智慧）、Episteme（英譯 Scientific Knowledge，中譯 "科學"、"科學知識"）、Phronesis（英譯 Practical Wisdom、中譯 "實踐智慧"、"精明"、"明智"），和 Techne（英譯 Art，中譯 "技藝"）五種形式，使人類思維第一次獲得了自我反思的規定和明晰的分類。

就實踐智慧而言，它是指精於世事的世俗智慧。亞里士多德說：擁有實踐智慧的人的特徵，就在於他能很好地慎思善處（Deliberate）對他有益和適宜的事情。如某人在實現某個目的方面精於計算，我們也說他在那個方面具有實踐智慧。正因為善的行為自身是其目的，因此我們把像伯里克利（Pericles，希臘著名政治

---

118 李澤厚：《馬克思主義在中國》，三聯書店，1988 年版，第 19-20 頁。
119 李澤厚、劉緒源：〈李澤厚談學術思想三階段〉，載《上海文學》，2011 年第 1 期。

家）那樣的人看成是有實踐智慧的；政治智慧與實踐智慧是同樣的心智品質。實踐智慧的主要功能是立法，因此也被稱為政治智慧。*Episteme* 所要解答的是普遍必然性，其主要方法是邏輯證明，而 *Phronesis* 則主要關注達到某個目的的具體實踐行為，不包含邏輯證明。如果說 *Episteme* 所探討的是確定性知識，那麼 *Phronesis* 就是探討不確定知識。普遍必然者為永恆，具體偶然者為當下，所以前者高於後者。但 *Phronesis* 又高於 *Techne*，因為 *Phronesis* 的行為是出於自身目的，與善和德行相關聯，而 *Techne* 作為純粹技藝，其製作目的源於外在，這就是政治家與匠人的差別。

既然人不可能去慎思善處那些必然的事物，實踐智慧就與科學以及技藝不同。實踐智慧與科學知識不同，是因為實踐智慧的結果可能是變化的；實踐智慧與技藝不同，是因為實踐和製作在目的起源上不同。*Phronesis* 指在確定目標及達到目標的手段中的智慧，亞氏認為 *Phronesis* 不單純是一種技術（Skill）：它不僅是達到某種目的的能力，而且還是對這種目的進行反思的能力。德性不僅僅合乎正確的邏各斯（Logos），而且還是與後者一起發揮作用的品質；它需要生活實踐，所以 *Phronesis* 需要年齡上的成熟：政治智慧所需要處理的，不是共相而是具體事件，所以需要經驗，青年人缺少經驗，因為經驗是日積月累的。[120]

張汝倫認為，我們應該把實踐哲學理解為中國古代的第一哲學，哲學的其他方面或其他哲學，都是在這個基礎上生發出來的。如果說古希臘哲學要靠蘇格拉底才把哲學從天上帶回了人間，那麼中國哲學是從人間逐漸向天上延伸，但始終沒有離開人間。這是我們中國哲學最可寶貴的傳統。

---

120 高秉江：〈亞里士多德論靈魂求真的五種形式〉，載《哲學研究》，2009 年第 10 期。

迄今為止，中國哲學是生命的學問，人生哲學的觀點非常流行。研究者在其他問題上或有分歧，唯獨在這個問題上少有異議。殊不知，所謂人生哲學乃實踐哲學的內涵之一。實踐哲學關心的是人類正確生活的方式和目的，實際上是對人生意義的思索與探究。因此，廣義的實踐哲學總是與人生哲學有關。實踐哲學的概念完全可以涵蓋"中國哲學是生命的學問"或"中國哲學的道德性"之類的說法。

就像中國歷史兩千年來絕不是停滯不前一樣，中國哲學兩千年裏也是有許多發展的。但是其實踐哲學的特質，卻沒有根本的改變和消失。偉大的德國哲學家戈特弗里德·威廉·萊布尼茨（Gottfried Wilhelm Leibniz）曾對中西哲學的特長作過如下的比較。他說："在思考的縝密和理性的思辨方面，顯然我們要略勝一籌"，但"在實踐哲學方面，即在生活與人類實際方面的倫理，以及治國學說方面，我們實在是相形見絀了"。也許是旁觀者清，萊布尼茨的這個觀察基本上是正確的。實踐哲學作為中國哲學的真正特質，也是應該沒有疑義的。[121]

在另一篇論文裏，張汝倫進一步指出：實踐哲學不僅指示了哲學的出路，還體現了它的根本性質。要確立實踐哲學作為第一哲學的地位，首先要明確規定"實踐"概念的哲學含義。實踐不同於生產勞動，它涉及人生的意義和價值，而後者只是滿足人的慾望和需要。馬克思正確地把生產方式看作是人一定的活動方式和生活方式，卻沒有充分說明這種生產方式本身的前提。非經濟的實踐不是從生產勞動中派生出來的，而是相反。亞里士多德將理論作為最高的實踐的結果，他的第一哲學是形而上學，而不是實踐哲學。因

---

121 張汝倫：〈實踐哲學：中國古代哲學的基本特質〉，載《文匯報》，2004 年 7 月 25 日。

此，作為第一哲學的實踐哲學必須超越亞里士多德，而不是回到亞里士多德。[122]

筆者認為，上述哲學討論和法學反思，都啟發我們高度重視法學的實踐性特點。有論者指出，《基本法》本身就反映了鄧小平的實踐理性。[123]正是內蘊着實踐理性的改革開放，使我國的經濟體制改革取得巨大成功，使陳弘毅教授感慨道："一國兩制"構想產生的二十世紀80年代初期，香港對於整個中國的經濟發展，具有關鍵作用。"一國兩制"是指在香港維持資本主義，這對大陸的社會主義建設有積極意義。但20年過去了，滄海桑田，今天的中國已今非昔比。在這種情況下，"一國兩制"中的"兩制"在經濟上的差距逐漸縮小，香港的比較優勢逐漸降低，[124]認同度越來越高。由此帶來的啟發是：如果我們的法治建設、憲政水平和政治體制改革繼續順利進行，"兩制"的差距會更小，認同度會更高。重視法學的實踐性就不僅要關注法的制定，更要關注法的實施、法的實行、法的實踐。香港回歸已經18年了，香港法院已解釋了不少於三分之一的《基本法》條款，全國人大常委會也已發佈了4個有關《基本法》的解釋和13個相關決定，[125]至於涉及《基本法》的判決書更是相當可觀，這些都是實實在在的《基本法》的實踐。但迄今為止內地學者對此關注的不多，認真研究的更少，這確實是我國法學界不應有的狀況和態勢。

---

122 張汝倫：〈作為第一哲學的實踐哲學及其實踐概念〉，載《復旦學報》(社會科學版)，2005年第5期。

123 陳勇、胡軍良：〈鄧小平改革開放思想的三重理性意蘊〉，載《海南大學學報》(人文社會科學版)，2008年第4期。

124 陳弘毅：《《香港家書》之七：回歸五周年〉，載陳弘毅：《香港特別行政區的法治軌跡》，中國民主法制出版社，2010年版，第214-215頁。

125 中國法律法規章司法解釋全庫，載"北大法律信息網"(http://vip.chinalawinfo.com)，瀏覽時間：2011年11月11日。

就像拿破崙對《法國民法典》的自信那樣，鄧小平也毫不謙虛地給予《基本法》最高的評價，"一部具有歷史意義和國際意義的法律"、"一個具有創造性的傑作"。"一國兩制"從構想，到談判，再到制定成法律，無疑傾注了鄧小平大量的心血。《基本法》可以當之無愧地稱之為"鄧小平基本法"，它屬於 1982 年憲法的有機組成部分。這部法律和憲法一起，反映了鄧小平對中國政治的完整想像。因此，《基本法》不是普通的法律，作為中央與特區關係法，實際上是對 1982 年憲法的補充和擴展。《基本法》的制定過程無疑是第二次建國過程，這個國家不再是單一的社會主義國家，而是包括了資本主義制度在內的混合型國家。[126]

1984 年，鄧小平曾說："要相信香港的中國人能治理好香港。""凡是中華兒女，不管穿甚麼服裝，不管是甚麼立場，起碼都有中華民族的自豪感。香港人也是有這種民族自豪感的。香港人是能治理好香港的，要有這個自信心。"20 年後，陳弘毅回應道："'一國兩制'是歷史性的事業，'港人治港'是歷史性的挑戰，我相信我們不會辜負此重託，我們也會把鄧小平先生的話銘記於心：凡是中華兒女，起碼都有中華民族的自豪感。香港人是能治理好香港的，要有這個自信心。"[127]

《基本法》已經對中國和世界作出了貢獻。以研究中國法律（當然也要研究外國法律）安身立命的中國法學工作者，特別是內地法學工作者，我們是否也應該多點自信、多點對《基本法》實踐的關注和研究、多點屬於我們的貢獻呢？

126　強世功：〈基本法之謎〉，載《讀書》，2008 年第 9 期。
127　陳弘毅：〈讀《鄧小平論"一國兩制"》〉，載《文匯報》，2004 年 7 月 13 日。轉引自陳弘毅：《香港特別行政區的法治軌跡》，中國民主法制出版社，2010 年版，第 169 頁。

結 論

　　《基本法》是一部具有原創性的法律，對它的認識也有一個逐步提高的過程。筆者認為，"小憲法"或"憲法的特別法"的提法，既不準確也不嚴謹，不宜採用。與老一輩法學家普遍稱其為"基本法律"不同，筆者結合法的淵源和法律部門的理論，兼顧《基本法》內容和程序的特殊性，把《基本法》定位為"憲法性法律"。此定位兼容香港、內地部分學者的觀點，易於溝通，而且從法學立場出發，從中國的法律和法學實際出發，可以起到"低調"但不"低效"的作用。

　　作為《基本法》解釋主體的全國人大常委會和香港法院 —— 特別是香港終審法院，在《基本法》的解釋實踐中起着極為重要的作用。香港終審法院的設立是香港回歸前後司法體制的最大變化。《基本法》的制度真空為香港法院 —— 特別是終審法院的司法能動主義提供了客觀條件，終審法院的擴權衝動導致其在"吳嘉玲案"中出現了角色錯位。當然，歷史地看，這也可看作是終審法院作為具有政治功能的法院的一種角色適應過程。全國人大常委會迄今為止的正式解釋，除了刑法領域外幾乎都與特別行政區有關，而且在《基本法》實施後的正式解釋都是有關《基本法》的解釋，由此可以說，《基本法》的實施激活了全國人大常委會的法律解釋權。

　　結合"吳嘉玲案"反映出來的實踐需要和全國人大常委會解釋角色的變化，筆者認為全國人大常委會的釋憲釋法活動應向專業化方向努力，比如更多注重法律手段（聽證會之類），盡快健全《基本法》解釋程序，以及提高全國人大常委會組成人員的法律素質。在現有法律框架內可考慮更多發揮全國人大常委會特別行政區基本法委員會的作用。鑒於全國人大常委會法制工作委員會具有較高的法律素質，在條件成熟時，提升其法律地位使它扮演更重要的司法角色，不失為一個成本較低、操作性較強的設想。

筆者通過對香港《基本法》第158條的規範分析，將香港《基本法》解釋權及相互之間的關係概括為"一元兩級主從解釋體制"。認真思考我國現有法律解釋體制，實際上也可概括為"一元兩級主從解釋體制"。因此，我國現有法律解釋體制完全可以兼容香港《基本法》的解釋權配置。香港《基本法》的解釋實踐激活了全國人大常委會的解釋權，由此帶來的思考是：全國人大常委會也應該"認真對待"其他被授權機關的解釋實踐，此種"獨有"的法律手段──釋憲釋法權──不該被"虛置"、"懸置"或"閒置"。

香港法院的解釋技術給人留下了深刻影響。通過對香港法院釋法過程的考察，可以發現衝突表現在全國人大常委會與香港終審法院之間，但分歧首先並主要出現在香港特區內部（如特區政府、立法會與法院之間以及不同法院之間），而且內部無法解決。全國人大常委會的解釋不過是肯定了香港某一個法院的解釋。"吳嘉玲案"與其說是終審法院犯了一個"不必要"的"技術錯誤"，不如說是一次"判斷"失誤。全國人大常委會的前三次釋法，在釋法前後徵求意見及說明解釋的溝通工作越來越規範有效，在法律解釋的技藝和法理運用方面一次比一次嫻熟。香港終審法院提請解釋和全國人大常委會第四次釋法更是一次良性互動。全國人大常委會的釋法是一種法律作業，考慮到香港終審法院、澳門終審法院、最高人民法院都是專業的司法機構，作為全國最高的釋憲釋法機關──全國人大常委會有必要也應該努力學習普通法法系、民法法系的法律解釋技術，有必要也應該提高自己的法律專業水平，從而使其解釋不但具有法律約束力，而且具有內在說服力，成為在權威和專業方面的"最高"釋法機關。

筆者認為，可以將香港《基本法》的解釋衝突歸結為不同解釋體制磨合、不同法系碰撞，以及兩地缺乏信任等三方面原因。對此應該有一種符合"一國兩制"精神的"和而不同"的胸襟和着力提高內地綜合實力的信心和責任。香港《基本法》本身反映了鄧小平的實踐理性。正是內蘊着實踐理性的改革開放，使我國的經濟體制改革取得巨大成功，"一國兩制"中的"兩制"在經濟上的差距逐漸縮小，認同度越來越高。由此帶來的啟發是：如果我們的法治建設、憲政水準和政治體制改革繼續順利進行，"兩制"的差距會更小，認同度會更高。客觀看待香港《基本法》的解釋衝突，可看作是一種實踐互動，也説明相關主體都"認真對待"香港《基本法》。從十多年來的香港《基本法》實踐（包括解釋實踐）來看，可以認為香港《基本法》已從"書本上的法"變為"活法"，而且充滿生命力，正在健康成長。

實踐理性呼喚中國法學的實踐品格，要求中國的法學不僅重視法的制定，更要重視法的實施、法的實行、法的實踐。香港《基本法》已經對中國和世界作出了貢獻。以研究中國法律（當然也要研究外國法律）安身立命的中國法學工作者 —— 特別是內地法學工作者，應該多點自信、多點對香港《基本法》的關注和研究、多點屬於我們自己的貢獻！

參考文獻

一、中文參考書目 (以筆劃排序)

（一）著作類

［英］丹寧：《法律的正當程序》，李克強、楊百揆、劉庸安譯，法律出版社，1999 年版。

—— ：《法律的界碑》，劉庸安、張弘譯，法律出版社，1999 年版。

—— ：《法律的訓誡》，龔祥瑞校，楊百揆、劉庸安、丁健譯，羣眾出版社，1985 年版。

—— ：《法律的訓誡》，楊百揆、劉庸安、丁健譯，法律出版社，1999 年版。

—— ：《家庭故事》，劉庸安譯，法律出版社，1999 年版。

—— ：《最後的篇章》，劉庸安、李燕譯，法律出版社，1999 年版。

毛澤東：《毛澤東選集》（一卷本），人民出版社，1964 年版。

—— ：《毛澤東選集》（第 5 卷），人民出版社，1977 年版。

王 禹：《“一國兩制”憲法精神研究》，廣東人民出版社，2008 年版。

王振民：《中央與特別行政區關係 —— 一種法治結構的解析》，清華大學出版社，2002 年版。

—— ：《中國違憲審查制度》，中國政法大學出版社，2004 年版。

［英］白芝浩，沃爾特：《英國憲法》，夏彥才譯，商務印書館，2005 年版。

［美］安修，詹姆斯：《美國憲法判例與解釋》，黎建飛譯，中國政法大學出版社，1999 年版。

［英］克羅斯，魯珀特：《法律解釋》，孔小紅、夏道虎、黎建飛譯，西南政法學院法學理論教研室，1986 年印行。

李澤厚：《中國古代思想史論》，人民出版社，1986 年版。

—— ：《馬克思主義在中國》，三聯書店，1988 年版。

沈宗靈：《比較法研究》，北京大學出版社，1998 年版。

—— ：《法理學》，高等教育出版社，1994 年版。

—— ：《法理學》，北京大學出版社，2003 年版。

—— ：《法理學研究》，上海人民出版社，1990 年版。

—— ：《法學基礎理論》，北京大學出版社，1988 年版。

沈宗靈、王晨光編：《比較法學的新動向》，北京大學出版社，1993 年版。

334

佳日思、陳文敏、傅華伶主編：《居港權引發的憲法爭論》，香港大學出版社，2000 年版。

周旺生：《規範性文件起草》，中國民主法制出版社，1998 年版。

周　楠：《羅馬法原論》（上），商務印書館，2004 年版。

［德］拉倫茨，卡爾：《法學方法論》，陳愛娥譯，商務印書館，2003 年版。

林來梵：《從憲法規範到規範憲法》，法律出版社，2001 年版。

　　——：《剩餘的斷想》，中國法制出版社，2007 年版。

［美］波斯納：《法理學問題》，蘇力譯，中國政法大學出版社，2002 年版。

［德］阿列克西，羅伯特：《法律論證理論》，舒國瀅譯，中國法制出版社，2002 年版。

胡玉鴻：《法學方法論導論》，山東人民出版社，2002 年版。

　　——：《法律原理與技術》，中國政法大學出版社，2007 年版。

胡錦光：《中國憲法問題研究》，新華出版社，1998 年版。

范健、邵建東、戴奎生主編：《中德法律繼受與法典編纂》，法律出版社，2000 年版。

桑本謙：《理論法學的迷霧》，法律出版社，2008 年版。

［德］茨威格特，K.、克茨，H.：《比較法總論》，潘漢典、米健、高鴻鈞、賀衛方譯，法律出版社，2003 年版。

馬克思、恩格斯：《馬克思恩格斯選集》（第 2 卷），人民出版社，1972 年版。

高鴻鈞等：《英美法原論》（上、下），北京大學出版社，2013 年版。

［英］密爾，J. S.：《代議制政府》，汪瑄譯，商務印書館，1982 年版。

張文顯主編：《法理學》（第 3 版），法律出版社，2007 年版。

張汝倫：《現代西方哲學十五講》，北京大學出版社，2003 年版。

　　——：《意義的探尋——當代西方釋義學》，遼寧人民出版社，1986 年版。

張志銘：《法律解釋操作分析》，中國政法大學出版社，1999 年版。

強世功：《中國香港：政治與文化的視野》，三聯書店，2010 年版。

戚淵、鄭永流、舒國瀅等：《法律論證與法學方法》，山東人民出版社，2005 年版。

梁治平：《法治十年觀察》，上海人民出版社，2009 年版。

　　——：《法律解釋問題》，法律出版社，1998 年版。

梁慧星：《民法解釋學》，中國政法大學出版社，1995 年版。

許傳璽主編：《中國社會轉型時期的法律發展》，法律出版社，2004 年版。

郭華成：《法律解釋比較研究》，中國人民大學出版社，1993 年版。

陳弘毅：《法治、啟蒙與現代法的精神》，中國政法大學出版社，1998 年版。

　　——：《法理學的世界》，中國政法大學出版社，2003 年版。

—— :《香港特別行政區的法治軌跡》，中國民主法制出版社，2010 年版。

—— :《憲法學的世界》，中國政法大學出版社，2014 年版。

陳弘毅、陳文敏:《人權與法治:香港過渡期的挑戰》，廣角鏡出版社有限公司，1987 年版。

陳端洪:《憲治與主權》，法律出版社，2007 年版。

[美] 博登海默, E.:《法理學:法律哲學與法律方法》，鄧正來譯，中國政法大學出版社，2004 年版。

喬曉陽主編:《立法法講話》，中國民主法制出版社，2000 年版。

[英] 惠爾, K. C.:《現代憲法》，吳擷英校訂，甘藏春、覺曉譯，寧夏人民出版社，1989 年版。

程漢大、李培鋒:《英國司法制度史》，清華大學出版社，2007 年版。

舒國瀅主編:《法理學導論》，北京大學出版社，2006 年版。

黃江天:《香港基本法的法律解釋研究》，三聯書店(香港) 有限公司 2004 年版。

楊仁壽:《法學方法論》，中國政法大學出版社，1999 年版。

董茂雲、杜筠翊、李曉新:《香港特別行政區法院研究》，商務印書館，2010 年版。

[英] 詹寧斯:《法與憲法》，龔祥瑞、侯健譯，三聯書店，1997 年版。

蔡定劍:《中國人民代表大會制度》，法律出版社，1998 年版。

鄭永流:《法律方法階梯》，北京大學出版社，2008 年版。

—— :《轉型中國的實踐法律觀 —— 法社會學論集》，中國法制出版社，2009 年版。

蕭蔚雲:《論香港基本法》，北京大學出版社，2003 年版。

—— :《一國兩制與香港基本法律制度》，北京大學出版社，1990 年版。

—— :《香港基本法的成功實踐》，北京大學出版社，2000 年版。

[英] 霍布斯, 托馬斯:《哲學家與英格蘭法律家的對話》，姚中秋譯，三聯書店，2006 年版。

[英] 戴雪:《英國憲法》，雷賓南譯，中國法制出版社，2001 年版。

謝懷栻:《大陸法國家民法典研究》，中國法制出版社，2004 年版。

韓大元主編:《外國憲法》，中國人民大學出版社，2009 年第 3 版。

魏勝強:《法律解釋權研究》，法律出版社，2009 年版。

[德] 魏德士:《法理學》，法律出版社，2003 年版。

[英] 邊沁:《政府片論》，沈叔平等譯，商務印書館，1996 年版。

[美] 龐德, 羅斯科:《法理學》(第 1 卷)，鄧正來譯，中國政法大學出版社，2004 年版。

—— :《通過法律的社會控制·法律的任務》，沈宗靈、董世忠譯，商務印書館，1984 年版。

蘇　力：《也許正在發生：轉型中國的法學》，法律出版社，2004 年版。

龔祥瑞：《比較憲法與行政法》，法律出版社，1985 年版。

——：《憲政常談》(上)，北京大學法律系、政治及行政系，1990 年，內刊。

（二）期刊文章

王長斌：〈"一國兩制"：中國憲政實踐的一個里程碑〉，載《"一國兩制"研究》，2009 年第 2 期。

王振民：〈"一國兩制"實施中的若干憲法問題淺析〉，載《法商研究》，2000 年第 4 期。

——：〈論回歸後香港法律解釋制度的變化〉，載《政治與法律》，2007 年第 3 期。

田飛龍：〈法律的抑或政治的？—— 香港基本法模式下的中央與地方關係反思〉，載《研究生法學》，2007 年第 6 期。

白　晟：〈香港特別行政區基本法的法理學思考〉，載《政法論壇》，1998 年第 3 期。

朱國斌：〈香港基本法第 158 條與立法解釋〉，載《法學研究》2008 年第 2 期。

朱景文：〈從規範的比較到功能的比較：比較法發展的一個趨勢〉，載《法學家》，1993 年第 2 期。

江國華、朱道坤：〈世紀之交的英國司法改革研究〉，載《東方法學》，2010 年第 2 期。

李昌道：〈香港基本法解釋機制探析〉，載《復旦學報》(社會科學版)，2008 年第 3 期。

李　琦：〈特別行政區基本法之性質：憲法的特別法〉，載《廈門大學學報》(哲學社會科學版)，2002 年第 5 期。

李澤厚、劉緒源：〈李澤厚談學術思想三階段〉，載《上海文學》，2011 年第 1 期。

沈宗靈：〈比較法學的方法論〉，載《法制與社會發展》，1996 年第 3 期。

——：〈論法律的實行〉，載《法學研究》，1988 年第 2 期。

——：〈論法律解釋〉，載《中國法學》，1993 年第 6 期。

佳日思：〈基本法訴訟：管轄、解釋和程序〉，載佳日思、陳文敏、付華伶主編：《居港權引發的憲法爭論》，香港大學出版社，2000 年版，第 37 頁。

季奎明：〈香港基本法的解釋權 —— 芻議全國人大常委會和香港法院在基本法解釋上的關係〉，載《甘肅政法學報》，2006 年第 3 期。

季　濤：〈論疑難案件的界定標準〉，載《浙江社會科學》，2004 年第 5 期。

侯　猛：〈中國法律社會學的知識建構和學術轉型〉，載《雲南大學學報》(法學版)，2004 年第 3 期。

胡玉鴻：〈方法、技術與法學方法論〉，載《法學論壇》，2003 年第 1 期，

—— ：〈作為"方法"的法律解釋〉，載《法商研究》，2004 年第 2 期，

—— ：〈法律技術的內涵及其範圍〉，載《現代法學》，2006 年第 5 期，

—— ：〈法律技術的正當性基礎〉，載《法學》，2007 年第 7 期。

—— ：〈關於法學方法論的幾個基本問題〉，載《華東政法大學學報》，2000 年第 5 期。

胡　橋：〈現代大陸法系法律方法的嬗變軌跡及其背後〉，載《政治與法律》，2008 年第 11 期。

孫國華、郭華成：〈法律解釋新論〉，載《政治與法律》，1988 年第 5 期。

徐繼強：〈法哲學視野中的疑難案件〉，載《華東政法大學學報》，2008 年第 1 期。

桑本謙：〈法律解釋的困境〉，載《法學研究》，2004 年第 5 期。

秦前紅、黃明濤：〈文本、目的和語境 —— 香港終審法院解釋方法的連貫性與靈活性〉，載《現代法學》，2011 年第 1 期。

秦前紅、黃明濤：〈對香港終審法院就"剛果金案"提請人大釋法的看法〉，載《法學》，2011 年第 8 期。

—— ：〈普通法判決意見規則視閾下的人大釋法制度 —— 從香港"莊豐源案"談起〉，載《法商研究》，2012 年第 1 期。

高全喜：〈政治憲法學的興起和嬗變〉，載《交大法學》，2012 年第 1 期。

高秉江：〈亞里士多德論靈魂求真的五種形式〉，載《哲學研究》，2009 年第 10 期。

張中秋：〈技藝理性視角下的司法職業化〉，載《華東政法大學學報》，2008 年第 6 期。

張汝倫：〈作為第一哲學的實踐哲學及其實踐概念〉，載《復旦學報》（社會科學版），2005 年第 5 期。

—— ：〈實踐哲學：中國古代哲學的基本特質〉，載《文匯報》，2004 年 7 月 25 日。

張志銘：〈法律解釋原理〉（上），載《國家檢察官學院學報》，2007 年第 6 期。

—— ：〈法律解釋原理〉（中），載《國家檢察官學院學報》，2008 年第 1 期。

—— ：〈法律解釋原理〉（下），載《國家檢察官學院學報》，2008 年第 2 期。

—— ：〈法律解釋概念探微〉，載《法學研究》，1998 年第 5 期。

—— ：〈當代中國的法律解釋問題研究〉，載《中國社會科學》，1996 年第 5 期。

—— ：〈轉型中國的法律體系建構〉，載《中國法學》，2009 年底 2 期。

—— ：〈關於中國法律解釋體制的思考〉，載《中國社會科學》，1997 年第 2 期。

強世功：〈中國憲法中的不成文憲法 —— 理解中國憲法的新視角"，載《開放時代》，2009 年第 12 期。

—— ：〈文本、結構與立法原意 —— “人大釋法”的法律技藝〉，載《中國社會科學》，2007 年第 5 期。

—— ：〈司法主權之爭 —— 從吳嘉玲案看“人大釋法”的憲政意涵〉，載《清華法學》，2009 年第 5 期。

—— ：〈和平革命中的司法管轄權之爭 —— 從馬維錕案和吳嘉玲案看香港憲政秩序的轉型〉，載《中外法學》，2007 年第 6 期。

—— ：〈香江邊上的思考之八 —— “一國”之謎：Country vs. State〉，載《讀書》，2008 年第 7 期。

—— ：〈香江邊上的思考之九 —— “一國”之謎：中國 vs. 帝國〉，載《讀書》，2008 年第 8 期。

—— ：〈基本法之謎〉，載《讀書》，2008 年第 9 期。

梁慧星：〈法解釋方法論的基本問題〉，載《比較法研究》，1993 年第 1 期。

—— ：〈論法律解釋方法〉，載《法學》，1999 年第 3 期。

陳弘毅：〈1997 年前後香港法律體制的過渡與銜接〉，載《法學評論》，1994 年第 1 期。

—— ：〈“一國兩制”的法治實踐：十年的回顧與反思〉，載《中國人大》，2007 年第 12 期。

—— ：〈普通法權限中的憲法解釋〉，載《學習與探索》，2007 年第 1 期。

陳守一、沈宗靈：〈論法學的範圍和分科〉，載北京市法學會首屆年會論文集編輯組：《法學論集》，法學雜誌社，1981 年版。

陳金釗：〈論法律解釋權的構成要素〉，載《政治與法律》，2004 年第 1 期。

陳勇、胡軍良：〈鄧小平改革開放思想的三重理性意蘊〉，載《海南大學學報》（人文社會科學版），2008 年第 4 期。

［瑞典］博丹，米凱爾：〈不同的經濟制度與比較法〉，載《法學譯叢》，1980 年第 5 期。

焦洪昌：〈香港基本法解釋衝突之原因分析 —— 以居港權系列案件的討論為例〉，載《廣東社會科學》，2008 年第 3 期。

程潔：〈中央管治權與特區高度自治 —— 以基本法規定的授權關係為框架〉，載《法學》，2007 年第 8 期。

—— ：〈論雙軌政治下的香港司法權〉，載《中國法學》，2006 年第 5 期。

舒國瀅：〈從方法論看抽象法學理論的發展 —— 兼論法律論證理論〉，載《浙江社會科學》，2004 年第 5 期。

—— ：〈尋訪法學的問題立場 —— 兼談“論題學法學”的思考方式〉，載《法學研究》，2005 年第 3 期

賀衛方：〈法律學是一門科學嗎？〉，載《比較法研究》，1991 年第 3 期。

黃文藝：〈論當代西方比較法學的發展〉，載《比較法研究》，2002 年第 1 期。

黃江天：〈香港基本法的解釋機制磨合兩種法律體系〉，載《中國法律》，2005 年 6 月號。

董　皞：〈司法解釋之管見〉，載《政法論壇》1997 年第 6 期。

　——：〈我國司法解釋體制及其改革芻見〉，載《法商研究》，2001 年第 5 期。

鄒平學：〈香港基本法解釋機制基本特徵芻議〉，載《法學》，2009 年第 5 期。

劉永奇：〈香港基本法研究綜述〉，載《東南大學學報》（哲學社會科學版），2010 年第 S1 期。

劉　星：〈大陸法系、英美法系和我國司法解釋方法比較〉，載《比較法研究》，1989 年第 2 期。

　——：〈描述性的法律概念和解釋性的法律概念 —— 哈特和德沃金的法律概念理論之爭〉，載《中外法學》，1992 年第 4 期。

劉茂林：〈香港基本法是憲法性法律〉，載《法學家》，2007 年第 3 期。

蔣朝陽：〈論基本法在國家法律體系中的法律地位〉，載《"一國兩制" 研究》，2009 年第 1 期。

鄭　戈：〈法學是一門社會科學嗎？〉，載強世功、李光昱主編：《北大法律評論》（第 1 卷第 1 輯），法律出版社，1998 年版。

鄭永流：〈出釋入造 —— 法律詮釋學及其與法律解釋學的關係〉，載《法學研究》，2002 年第 3 期。

　——：〈義理大道，與人怎説？ —— 法律方法問答錄〉，載《政法論壇》，2006 年第 5 期。

　——：〈道德立場與法律技術 —— 中德情婦遺囑案的比較和評析〉，載《中國法學》，2008 年第 4 期。

　——：〈實踐法律觀要義：以轉型中的中國為出發點〉，載《中國法學》，2010 年第 3 期。

鄭賢君：〈我國憲法解釋技術的發展 —— 評全國人大常委會 '99《香港特別行政區基本法》釋法例〉，載《中國法學》，2000 年第 4 期。

　——：〈聯邦制和單一制下國家整體與部分之間關係之理論比較〉，載《法學家》，1998 年 4 期。

蕭蔚雲：〈關於香港特別行政區基本法的幾個問題〉，載《法學雜誌》，2005 年第 2 期。

薛喜成：〈略論香港基本法的法律地位〉，載《政府法制》，1997 年第 8 期。

韓德培：〈論我國的區際法律衝突〉，載《人大複印資料》，1989 年第 1 期。

魏　瑋：〈英國法律解釋三大規則之應用〉，載《法律適用》，2002 年第 2 期。

蘇　力：〈中國法學研究格局中的社科法學〉，《法商研究》，2014 年第 5 期。

　——：〈知識的分類〉，載《讀書》，1998 年第 3 期。

龔祥瑞：〈中國需要甚麼樣的憲法理論〉，載《法學》，1989 年第 4 期。

　——：〈法與憲法 —— 讀詹寧斯《法與憲法》〉，載《比較法研究》，1995 年第 4 期。

（三）文集文章

劉兆興主編：《比較法在中國》(2009年卷)，社會科學文獻出版社，2009年版。

鄭永流主編：《法哲學與法社會學論叢》（六），中國政法大學出版社，2003年版。

（四）網絡文章

〈人大法工委發言人發表談話〉，載"人民網"（http://www.people.com.cn），瀏覽時間：2011年3月18日。

中華人民共和國全國人民代表大會：〈中華人民共和國全國人民代表大會公告〉，載"新華網"（http://news.xinhuanet.com），瀏覽時間：2010年2月14日。

《北大法寶‧中國法律檢索系統》，載"北大法律信息網"（http://www.pkulaw.cn），瀏覽時間：2015年1月26日。

田飛龍：〈在政治憲法學第四場對話中主持人發言〉，載"北大公法網"（http://www.publiclaw.cn），瀏覽時間：2011年3月1日。

〈在政治憲法學第四場對話中主持人發言〉，載"清華公法網"（http://www.law.tsinghua.edu.cn），瀏覽時間：2011年3月1日。

〈全國人大常委會《關於〈中華人民共和國香港特別行政區基本法〉第22條第4款和第24條第2款第3項的解釋》〉，載"中國人大網"（http://www.npc.gov.cn），瀏覽時間：2011年3月23日。

〈全國人大常委會《關於中華人民共和國香港特別行政區基本法附件三所列全國性法律增減的決定》〉（1997年7月1日）、〈全國人大常委會《關於增加〈中華人民共和國香港特別行政區基本法〉附件三所列全國性法律的決定》〉（1998年11月4日）、《《關於增加〈中華人民共和國香港特別行政區基本法〉附件三所列全國性法律的決定》》（2005年10月27日），載"中國人大網"（http://www.npc.gov.cn）。瀏覽時間：2011年3月3日。

林來梵：〈憲法學界的一場激辯〉、〈交鋒在規範法學的死地〉、〈"政治憲法學"的非分之想〉等，載"梵夫俗子"（林來梵的法律博客）（http://linlaifan.fyfz.cn），瀏覽時間：2011年3月1日。

香港行政長官：〈香港行政長官向國務院提交的報告〉，載"香港特別行政區政府基本法網站"（http://www.basiclaw.gov.hk），瀏覽時間：2011年2月20日。

香港特別行政區司法機構：〈特別行政區的法院架構〉，載"香港特別行政區司法機構官方網站"（http://www.judiciary.gov.hk），瀏覽時間：2011年3月3日。

香港特別行政區律政司：〈香港的法律制度 —— 法院〉，載"香港特別行政區律政司網"（http://www.doj.gov.hk），瀏覽時間：2011 年 3 月 3 日。

張志銘：〈法學自覺與中國法學品質之提升〉，載"國際經濟法網"（http://ielaw.uibe.edu.cn2010），瀏覽時間：2011 年 2 月 10 日。

陳弘毅：〈"一國兩制"的法治實踐：十年的回顧與反思〉，載"法律思想網"（http://www.law-thinker.com），瀏覽時間：2011 年 3 月 18 日。

舒國瀅：〈走向顯學的法學方法論〉，載"法律思想網"（http://www.law-thinker.com），瀏覽時間：2011 年 3 月 18 日。

（五）工具書

《中國大百科全書‧法學》，中國大百科全書出版社，1984 年版。

［英］沃克，戴維‧M. 編：《牛津法律大辭典》，北京社會與科技發展研究所組織編譯，光明日報出版社，1988 年版。

薛波主編：《元照英美法詞典》，潘漢典總審訂，法律出版社，2003 年版。

《辭海》，上海辭書出版社，1979 年版（縮印本）。

（六）案例

香港特區終審法院：〈"吳嘉玲案"判決書〉（Ng Ka-Ling and Others v. Director of Immigration），FACV14/1998、FACV15/1998、FACV16/1998，載"香港特區司法機構網站"（http://www.judiciary.gov.hk），瀏覽時間：2011 年 3 月 12 日。

—— ：〈"吳嘉玲案""聲明"〉（Ng Ka-Ling and Others v. Director of Immigration），FACV000014AY/1998，載"香港特區司法機構網站"（http://www.judiciary. gov.hk），瀏覽時間：2011 年 3 月 23 日。

—— ：〈"剛果民主共和國"案判決書〉（Democratic Republic of the Congo and Others v. FG Hemisphere Associates LLC），FACV 5, 6 & 7/ 2010，載"香港特區司法機構網站"（http://www.judiciary.gov.hk），瀏覽時間：2011 年 9 月 10 日。

—— ：〈"莊豐源案"判決書〉（The Director of Immigration v. Chong Fung-yuen），FACV26/2000，載"香港特區司法機構網站"（http://www.judiciary.gov. hk），瀏覽時間：2011 年 3 月 12 日。

—— ：〈"陳錦雅案"判決書〉（Chan Kam Nga and Others v. The Director of Immigration），FACV13/1998，載"香港特區司法機構網站"（http://www.judiciary.gov. hk），瀏覽時間：2011 年 3 月 12 日。

342

——：〈"劉港榕案"判決書〉（Lau Kong Yung v. The Director of Immigration），FACV11/1999，載"香港特區司法機構網站"（http://www.judiciary.gov.hk），瀏覽時間：2011 年 3 月 12 日。

——：〈"談雅然案"判決書〉（Tam Nga Yin and Others v. The Director of Immigration），FACV000020/2000，載"香港特區司法機構網站"（http://www.judiciary.gov.hk），瀏覽時間：2011 年 3 月 25 日。

香港高等法院上訴法庭：〈"吳嘉玲案'判決書〉（上訴審稱為"張麗華案"）（Cheung Lai Wah v. The Director of Immigration），CACV 216/1997，載"香港特區司法機構網站"（http://www.judiciary.gov.hk），瀏覽時間：2011 年 3 月 12 日。

——：〈"剛果民主共和國案"判決書〉（Democratic Republic of the Congo and Others v. FG Hemisphere Associates LLC），CACV 373/2008、CACV 43/2009，載"香港特區司法機構網站"（http://www.judiciary.gov.hk），瀏覽時間：2011 年 9 月 10 日。

——：〈"馬維錕案〉判決書）（HKSAR v. Ma Wai Kwan David and Others），CAQL1/1997，載"香港特區司法機構網站"（http://www.judiciary.gov.hk），瀏覽時間：2011 年 3 月 12 日。

——：〈"莊豐源案"判決書〉（Chong Fung-yuen v. The Director of Immigration），CACV61/2000，載"香港特區司法機構網站"（http://www.judiciary.gov.hk），瀏覽時間：2011 年 3 月 12 日。

——：〈"陳錦雅案"判決書〉（Chan Kam Nga and Others v. The Director of Immigration），CACV40/1998，載"香港特區司法機構網站"（http://www.judiciary.gov.hk），瀏覽時間：2011 年 3 月 12 日。

——：〈"劉港榕案"判決書〉（Lau Kong Yung v. The Director of Immigration），CACV108 & 109/99，載"香港特區司法機構網站"（http://www.judiciary.gov.hk），瀏覽時間：2011 年 3 月 12 日。

香港高等法院原訴法庭：〈"莊豐源案"判決書〉（Chong Fung-yuen v. The Director of Immigration），HCAL67/1999，載"香港特區司法機構網站"（http://www.judiciary.gov.hk），瀏覽時間：2011 年 3 月 12 日。

——：〈"吳嘉玲案"判決書〉（原訴審稱為"張麗華案"）（Cheung Lai Wah v. The Director of Immigration），CACV203/1997，載"香港特區司法機構網站"（http://www.judiciary.gov.hk），瀏覽時間：2011 年 3 月 12 日。

——：〈"FG 半球聯營公司案"判決書〉（FG Hemisphere Associates LLC v. Democratic Republic of the Congo and Others），HCMP 928/2008，載"香港特區司法機構網站"（http://www.judiciary.gov.hk），瀏覽時間：2011 年 9 月 10 日。

——：〈"呂尚君案"判決書〉（Lui Sheung Kwan & Ngan Sau Ying v. Director of Immigration），HCAL109/97，載"香港特區司法機構網站"（http://www.judiciary.gov.hk），瀏覽時間：2011 年 3 月 25 日。

——：〈"陳錦雅案"判決書〉（Chan Kam Nga and Others v. The Director of Immigration），HCAL104/1997，載"香港特區司法機構網站"（http://www.judiciary.gov.hk），瀏覽時間：2011 年 3 月 12 日。

——：〈"劉港榕案"判決書〉（Lau Kong Yung v. The Director of Immigration），HCAL20/99，載"香港特區司法機構網站"（http://www.judiciary.gov.hk），瀏覽時間：2011 年 3 月 12 日。

二、英文參考資料

Chan, Johannes M.M., Fu, H.L., Ghai Yash, *Hong Kong's Constitutional Debate: Conflict Over Interpretation*, Hong Kong: Hong Kong University Press, 2001.

Chan, Ming K., Clark, David J. ed., *The Hong Kong Basic Law: Blueprint for "Stability and Prosperity" under Chinese Sovereignty?* Armonk N.Y.: East Gate Book, 1991.

Cheek-Milby, Kathleen and Mushkat, Miron ed., *Hong Kong: The Challenge of Transformation*, Hong Kong: Centre of Asian Studies, University of Hong Kong, 1989.

Cross, Rupert, *Statutory Interpretation*, London, Butterworth & Co., 1976, p.118.

Faigman, David L., *Constitutional Fiction: A Unified Theory of Constitutional Facts*, New York: Oxford University Press, 2008.

Fisher, Louis, *Constitutional Conflicts between Congress and the President*, Lawrence, Kan.: University Press of Kansas, 2007.

Ge Guangzhi and Kou Qi, *The Basic Law: A Blue Print for the Hong Kong SAR*, Beijing: China Intercontinental Press, 1997.

Ghai Yash, *Hong Kong's New Constitutional Order: The Resumption of Chinese Sovereignty and the Basic Law*, Hong Kong University Press, 1997（2nd ed. 1999）.

Hsu, Berry, *The Common Law: In Chinese Context*, Hong Kong: Hong Kong University Press, 1992.

Hsu, Stephen C., *Understanding China's Legal System: Essays in Honor of Jerome A. Cohen*, New York: New York University, 2003.

Kautz, Steven and others ed., *The Supreme Court and the Idea of Constitutionalism*, Philadelphia, PA.: University of Pennsylvania Press, 2009.

Leung, Priscilla M. F., Zhu Guobin editors-in-chief, *The Basic Law of HKSAR: From Theory to Practice*, Hong Kong : Butterworth Asia; Charlottesville, Va.: LEXIS Law Pub., 1998.

Mushkat, Roda, *One Country, Two International Legal Personalities*, Hong Kong University Press, 1997.

Ng Kwai Hang, *The Common Law in Two Voices*, Stanford, Calif.: Stanford University Press, 2009.

Perry, Michael J., *Constitutional Rights, Moral Controversy, and The Supreme Court*, New York: Cambridge University Press, 2009.

Wacks, Raymond ed., *The Future of the Law in Hong Kong*, Hong Kong: Oxford University Press, 1989.

Xiao Weiyun and others, *One Country, Two Systems: An Account of the Drafting of the Hong Kong Basic Law*, Beijing: Peking University Press, 2001.

後　記

　　本書的主體部分是筆者的博士學位論文。筆者是在職讀博士，寫作時間很有限，西文資料利用率很低，查找香港等境外的資料也多有不便，更不利的是筆者迄今從未到過香港。這些因素無疑會使本書有明顯的局限性。考慮到本書是舊作再版，記錄的是當時的閱讀和思考，主體部分基本未做變動，只對"前言"和本"後記"做了適當調整；部分論證理由及理論和實踐的新發展，均以腳註方式加以說明並注明"補註於 2015 年 1 月"。

　　筆者有感於梁治平先生"認真對待《基本法》"的呼籲，更受益於陳弘毅教授的諸多著述，嘗試從法理學角度做了一些思考。如果說陳弘毅的著述是"從香港看天下"（陳弘毅著《法理學的世界》原定副標題）的話，筆者的嘗試實為"從內地看香港"。一個沒有到過香港的學者關於香港的思考肯定會有諸多不足甚至謬誤，同意出版繁體版是希望有更多的交流並聽到真誠的批評。

　　再版之際，筆者願意以原"後記"的文字再次表達致謝：

　　在本書即將完稿之際，我要真誠地感謝中國政法大學法學院和瑞士弗里堡大學聯邦研究所（Institute of Feudalism, University of Fribourg），兩個單位的合作項目給了我在聯邦研究所交流訪問半年（2009 年 9 月至 2010 年 3 月）的機會。正是在該所的研究為我的學位論文奠定了基礎，積累了很多資料。更加重要的是，半年的訪問交流，使我有機會走進了伏爾泰、盧梭、加爾文等西方先賢的精神世界，近距離地觀察了瑞士、法國、德國等國的法治實踐，從而獲得一種觀察香港基本法的不同視角。

　　感謝參加我論文答辯的高鴻鈞教授、許傳璽教授、高翔教授、

346

張生教授和柳經緯教授。幾位教授從題目章節到文字表述，從材料運用到註釋規範都提出了細緻而中肯的意見。正是吸收了幾位教授的意見，本書對博士學位論文的文本做了必要的修改。

我更要由衷地感謝我的導師潘漢典先生。正是先生的執著學術、淡泊名利的精神，促使我最終選擇了雖有難度但更有現實意義的論文題目。潘先生不但對我的論文選題給予了肯定和鼓勵，而且細緻地閱讀了我的論文初稿、二稿等並提出了指導意見。更令我感到不安和感動的是，先生不顧盛夏難耐的酷熱和年過九旬的高齡，在親自查閱大量資料的基礎上，又為本書作序。我深知本書存在諸多不足，很多問題有待進一步深入。也許是巧合，我於 2011 年 5 月通過了博士學位論文答辯，香港終審法院於 2011 年 6 月首次提請全國人大常委會解釋《基本法》。在本書文本提交中國政法大學出版社之際，全國人大常委會作出了關於《基本法》的第四次解釋，香港終審法院據此於 2011 年 9 月作出了終審判決。我高興地注意到香港基本法解釋的最新發展，並對相關文字作了必要的修改，但未能展開深入討論。我會牢記先生的寄語，繼續關注和研究香港基本法解釋問題。

先生已是耄耋之年，每天仍在潛心做學問。每當我稍有懈怠之時，先生忙碌的身影就浮現在眼前，激勵我奮發上進。我在 2008 年中國政法大學中美法學院與比較法研究所聯合主辦的"比較法發展 30 年暨潘漢典先生從教 60 年座談會"上曾發言：潘先生值得我不但用腦而且用心去學習。時至今日，這種感受更加強烈。能師從先生，是我此生的幸事。先生的學問、見識、境界都是我難以企及的，但我會認真地向先生學習，學習先生的為學和為人。

學習永無止境，我將以先生為榜樣，繼續前行。

2015 年 1 月 31 日